李 斌 著

流言与真相
革命视野中的郭沫若

社会科学文献出版社
SOCIAL SCIENCES ACADEMIC PRESS (CHINA)

1945年冬，在重庆天官府4号寓所书斋中读书的郭沫若。墙边的"书架"是用弹药箱垒放而成的，它们跟随郭沫若经历了艰苦的抗战生活

1941年重庆各界庆祝郭沫若五十诞辰暨创作二十五周年

1952年4月9日,郭沫若在莫斯科接受1951年度"加强国际和平"奖

郭沫若《金文丛考》卷首题诗　　　　　　1948年郭沫若为中国歌舞剧艺社题词

郭沫若书《咏武则天》

郭沫若部分著译作品

郭沫若部分被译介至国外的作品

目　录

绪　论　/　1

第一章　郭沫若的信仰与党龄　/　25
　　第一节　郭沫若马克思主义信仰的确立　/　29
　　第二节　郭沫若的党籍与党龄　/　65

第二章　并非"投机"：郭沫若修改旧作的原因　/　89
　　第一节　郭沫若与"《女神》形象"的成长史　/　93
　　第二节　张治中与《洪波曲》的修改　/　122

第三章　论抗战结束后郭沫若对沈从文的批评　/　143
　　第一节　《从现实学习》与《新书业和作家》
　　　　　　引发的批评　/　147
　　第二节　"摩登文素臣"与"文字上的春宫"　/　179

第四章 "做学问的革命家" / 213
　　第一节 郭沫若的治学目的与成就 / 220
　　第二节 《李白与杜甫》的著述动机 / 244

第五章 陈明远伪造书信与"阴阳脸"郭沫若 / 273
　　第一节 陈明远与层累的"郭沫若现象" / 279
　　第二节 建立在伪史料基础上的"晚年郭沫若"
　　　　　研究 / 300

余　论 / 321

参考文献 / 343

后　记 / 365

出版后记 / 375

绪 论

绪　论

1978年，郭沫若的个人生命与中国的"短二十世纪"①几乎同时结束，此后中国的思想文化出现了断裂和翻转，对郭沫若的"妖魔化"是其重要表征之一。20世纪中国各种思潮异彩纷呈，各种文化争奇斗艳，最终在推翻帝国主义对中国的压迫、实现民族解放和推动人民享有更多权利上发挥了重要作用的是中国共产党领导的中国革命。围绕中国革命产生的革命文化是20世纪中国文化的内核及其留下的重大遗产。郭沫若不仅是新诗的奠基者、古文字和古史研究的大师，也是坚定的马克思主义者，他始终处于20

---

① "短二十世纪"最初由英国历史学家霍布斯邦提出，汪晖在《短二十世纪：中国革命与政治的逻辑》（牛津大学出版社，2015）一书中将中国的20世纪界定为从1911年至1976年，作为"漫长的革命"的"短二十世纪"。

流言与真相
革命视野中的郭沫若

世纪中国的旋涡中,他的学术研究和文学创作都是在中国革命的语境之下展开、为中华民族和人民的解放事业服务的,他是革命文化的重要代表。郭沫若非常值得研究,在严肃研究的基础上对他进行"反思"是我们汲取历史经验和教训的重要一环。但1978年以来,一些人通过伪造书信、回忆录等材料或用遮蔽历史的复杂面向、有意诬陷和栽赃等行为,将郭沫若在政治上塑造成阿谀奉承、表里不一的佞臣,在文化上塑造成态度粗暴、置人于死地的酷吏,在学术上塑造成抄袭剽窃、献媚争宠的小人,在道德上塑造成风流成性、玩弄女性的"渣男"。这些所谓的"反思"都是不严肃的、虚假的,事实上是要通过否定郭沫若,拒绝与20世纪中国对话。有学者最近提出了"作为思想对象的二十世纪中国",要求"我们将自己从审判者的位置上解放出来",并"重建我们与20世纪中国的对话关系",将20世纪中国作为"我们必须通过与其对话、辩驳、自我反思而重建自我认知的主体"。[①] 这是对待历史的理性态度。所谓"对话关系",就是以平等的态度,实事求是地分析和研判20世纪中国,既包括对其经验的汲取,也包括对其教训的总结。用各种流言"妖魔化"郭沫若的实质是站在审判者的位置拒绝与20世纪中国对话,这既不是平等的态度,也不是实事求是的作风,这样的"反思"是虚假的。虚假

---

① 汪晖:《作为思想对象的二十世纪中国(上)——薄弱环节的革命与二十世纪的诞生》,《开放时代》2018年第5期。

的反思是对真正反思的回避。基于此，本书从事实出发，以第一手材料为依据，澄清"妖魔化"郭沫若的各种流言，不仅要揭示有关郭沫若的事实真相，而且希望以此为契机，重建与20世纪中国的对话关系，以通向真正的反思。

一

郭沫若在1924年翻译完河上肇的《社会组织与社会革命》后，通过与孤军派的论战，接受列宁的理论，向往苏俄道路，从此坚定了马克思主义信仰。1927年，在南昌起义撤退途中，他在中共处境最为艰难的情况下，由周恩来、李一氓介绍，加入了中国共产党。1928年，他在党组织的同意下，流亡日本从事中国古代社会和古文字的研究，取得了丰硕成果。1937年全面抗战爆发后，郭沫若秘密回到国内。他一回国就与党组织取得联系，接受中共长江局的直接领导，以代号K的名义缴纳党费。他是中国共产党的秘密党员，对外的公开身份是无党派民主人士。这一身份直到1958年才以重新入党的方式结束。无论是全面抗战时期、解放战争时期，还是中华人民共和国成立后的和平建设时期，郭沫若始终站在中国共产党的立场上，以争取民族解放和推翻阶级压迫为奋斗目标。革命不会是一帆风顺的，作为革命队伍中的一员，郭沫若也跟着走了一些曲折的道路，但他始终不会站在革命之外或革命之上，以旁观者的态度对革命冷嘲热讽，更不会对权力朝秦暮楚、摇摆不定。

但近年来,对于郭沫若的立场和表现逐渐形成一种较为普遍的看法:他是风派人物,见风使舵,是墙头草。这是有关郭沫若的最为盛行的流言。

有人把郭沫若写于1937年的《蒋委员长会见记》贴在天涯论坛,认为这篇文章的目的是向蒋介石"忏悔表忠",并进一步引申说:"人们皆知郭氏有《请看今日之蒋介石》,却不知此公还有《蒋委员长会见记》。也难怪,《蒋委员长会见记》在大陆已经见不到踪影,《郭沫若全集》当然也不会收录。"从语气来看,发帖子的应该是海外华人。又有人在博客转载这篇文章后评论说:"小妹还是以'文革'幸存的那位作家送给郭沫若的评价,结束本文:'软软腰肢,弯弯膝盖。朝秦暮楚,门庭常改','大风起兮云飞扬,风派细腰是弹簧'。哦,据说这位作家的大名是:沈从文。"这些网络文章大都出自一知半解者之手,不值一驳。但居然有学者受到影响,在论文中认为郭沫若"在刚刚死去之后便被人在官方的《人民日报》上讥讽其为'大风起兮云飞扬,风派细腰是弹簧'"。①

"大风起兮云飞扬,风派细腰是弹簧"是华君武发表在《人民日报》1978年6月4日上的一幅漫画的题目,发表时间在郭沫若逝世之前。"软软腰肢,弯弯膝盖","朝秦暮

---

① 徐径:《寒风阵阵雨潇潇:1949年之后郭沫若的文艺思想和诗歌创作分析》,《集宁师范学院学报》2013年第2期。

楚，门庭常改"出自池北偶的《四派人物脸谱》。池北偶是《人民日报》总编辑谭文瑞的笔名，他所谓的"风派"人物中并没有郭沫若。可见这些话既不是针对郭沫若，更非出自沈从文之口，明显属于张冠李戴。

《蒋委员长会见记》作为《在轰炸中来去》的第十部分收入《郭沫若全集·文学编》第 13 卷，并非如发帖者所谓的不见踪影、不入全集。事实上，在整个大革命、全面抗战和民主运动时期，郭沫若都是坚定的马克思主义者，他以是否有利于无产阶级的解放，是否有利于中华民族的解放作为判断蒋介石的标准，并以此决定对蒋介石的态度。他最先发现蒋介石背叛工农大众的迹象，写下反蒋檄文，并向周恩来报告了这一信息。在南昌起义撤退、中共处于低谷时，他毅然加入中国共产党。西安事变后，蒋介石在抗日力量的推动下，决定联共抗日，这对于中华民族的解放是有益的。郭沫若秘密回到国内，接受蒋介石的接见，这在联合抗战的背景下是无可非议的。后来蒋介石逐渐走向独裁，郭沫若则始终坚定地站在反独裁的前沿。上述帖子认为郭沫若对蒋介石前倨后恭，1949 年后不敢将《蒋委员长会见记》收入文集，都是不顾事实的诽谤，目的是将坚定的马克思主义者郭沫若歪曲为见风使舵的小人，这种从人格上将郭沫若打入另册的做法是以审判者的傲慢姿态，拒绝走进郭沫若及中国革命道路的深处。

笔者批驳有关郭沫若是"风派人物""软软腰肢"的

流言的证据是郭沫若是坚定的马克思主义者，是长期的中共秘密党员，他以高度的组织纪律性和党性原则要求自己，为革命事业做出了巨大牺牲。这一证据是如何得来的呢？本书第一章将对此做出讨论。在"风派人物"这一流言影响下，部分学者认为郭沫若晚年修改旧作，是出于"媚俗""投机"。本书第二章主要针对这些不实之词，讨论郭沫若修改旧作之动机。笔者以《女神》和《洪波曲》的修改为例，再现了郭沫若修改旧作的复杂背景，驳斥了"媚俗""投机"的片面指责。通过这两章，笔者不仅想辨明郭沫若并非风派人物，更不是墙头草，也试图讨论以郭沫若为代表的中国革命知识分子的理想信念、行为方式及现实遭遇。

二

鲁迅逝世后，中国共产党将郭沫若定位为继鲁迅之后文化界的旗手。1941年，周恩来在重庆发起郭沫若五十寿辰暨创作生活二十五周年的纪念活动，并在《新华日报》上发表《我要说的话》："鲁迅自称是'革命军马前卒'，郭沫若就是革命队伍中人。鲁迅是新文化运动的导师，郭沫若便是新文化运动的主将。鲁迅如果是将没有路的路开辟出来的先锋，郭沫若便是带着大家一道前进的向导。鲁迅先生已不在世了，他的遗范尚存，我们会愈感觉到在新文化战线上，郭先生带着我们一道奋斗的亲切，而且我们也

绪 论

永远祝福他带着我们奋斗到底的。"①这次讲话确定了郭沫若在文化界的领导地位。郭沫若逝世后，邓小平代表中共中央再次确认："他是继鲁迅之后，在中国共产党领导下，在毛泽东思想指引下，我国文化战线上又一面光辉的旗帜。"②

作为文化界的主将和旗帜，作为共和国主管文化工作的重要领导人，郭沫若是如何与其他文化人相处的呢？近年来，有舆论认为郭沫若对待其他文化人态度凶狠、痛下杀手，把郭沫若塑造成置知识分子于死地的酷吏，这是有关郭沫若的较为盛行的第二种流言。

这种流言的典型案例是指责郭沫若在沈从文转行、"胡风事件"中的表现。本书第三章以抗战结束后郭沫若对沈从文的批评为讨论重点，除了澄清有关郭沫若导致沈从文转行的说法外，也试图深入梳理以郭沫若为代表的革命知识分子和以沈从文为代表的自由主义知识分子在1949年前后的不同选择及内在理念，并希望这一讨论有助于深入了解中共确立的"新文化运动的主将"的郭沫若和同时代其他知识分子的关系，这对于理解当时的知识分子政策也有所帮助。

除沈从文外，郭沫若在"胡风事件"中的表现也被诟病。有些网络文章危言耸听，说郭沫若主张判胡风死刑，依据是郭沫若发表在《文艺报》1955年6月15日第11号

---

① 周恩来：《我要说的话》，《新华日报》1941年11月16日。
② 邓小平：《在郭沫若同志追悼会上的悼词》，《悼念郭老》，生活·读书·新知三联书店，1979，第2页。

流言与真相
革命视野中的郭沫若

上的《严厉镇压胡风反革命集团——在中国文联主席团和中国作家协会主席团联席扩大会议上的发言》。这篇发言认为:"在今天对这样的反革命分子,我个人认为,应该严厉地镇压。比几年前镇压反革命的时候要更加严厉地镇压!"这里的"严厉地镇压",后来被解读为"判死刑"。

郭沫若的发言需要联系当时的历史背景,不能孤立地看。在发表郭沫若文章的当期《文艺报》上,还以《坚决彻底粉碎胡风反革命集团》为总题,发表了茅盾、曹禺、周立波、张天翼、王朝闻、白朗、艾青、臧克家、杨朔等作家的文章。他们的严厉一点不亚于郭沫若。文艺界之所以对胡风集团如此严厉,一是因为《人民日报》定性了,二是因为在公布的胡风"反革命"材料中,有胡风在大革命失败后为国民党写的"清党"的文章,有胡风在解放战争期间与朋友们对解放军和中共"不信任"的通信。对于当时的知识分子来说,这些材料所反映的胡风的表现当然是"反党"的。

《严厉镇压胡风反革命集团——在中国文联主席团和中国作家协会主席团联席扩大会议上的发言》是在会议上的表态文章,郭沫若真正用心写的关于胡风的文章根本就没有发表出来。这篇文章写于1955年,具体写作日期不详,题为《胡风的思想本质和它的渊源》。郭沫若用毛笔写了整整39页,写好后进行了仔细修改,其中有大段的文字被删去,并在稿子的空白处补充了很多文字。文章详细论证了

绪 论

胡风思想和辩证法的对立、胡风思想和文章与日本"转向"文人的思想和文风间的关系,并说明了胡风长期以来和左翼文人之间分歧的实质。文章最后说:

> 胡风先生,假使他容许我向他劝告的话,我要劝他放下更大的决心,把他自己的矛盾统一起来。成为一位马克思主义理论家是大家所欢迎的,但必须表里如一。我相信爱护胡风的朋友们也必然会这样期待着他。
>
> 我自己也是必须经常进行思想改造的人。错误是人所难免的,但我们决不要坚持错误。往前看吧,整个的国家都可以改造成为社会主义的国家,难道一个人就不能改造成为真正的马克思主义者吗?
>
> 请让我们共同努力!①

郭沫若在这三段文字中,分明是以最大的善意劝告胡风改正错误,成长为一位真正的马克思主义者。郭沫若还以身作则劝诫胡风进行"思想改造"。这根本不是敌我矛盾,而是朋友间的谈心。这篇未刊文和郭沫若的发言在态度上是不一样的。这篇文章郭沫若写得非常认真,肯定希望发表,最后没能发表的具体原因不得而知。最有可能的

---

① 郭沫若:《胡风的思想本质和它的渊源》,郭沫若纪念馆馆藏手稿。

是这篇文章写在《人民日报》公布《关于胡风反革命集团的第三批材料》前。这些材料公布后,郭沫若这篇文章再发表也就不合时宜了。

胡风事件是复杂的,郭沫若在胡风事件中的表现也是复杂的,绝不是所谓主张判胡风死刑这样的简单的结论所能概括的。舆论一方面忽略了胡风事件中文化界的反应,另一方面对胡风的思想和过往的表现缺乏深入研究,只是单纯从同情胡风的角度出发,并将所有的"恶"都归诸郭沫若,这明显是片面的。

作为共和国科学文化战线的重要领导人,郭沫若对于知识分子一贯采取保护的态度。1951年,中国科学院语言研究所研究人员马学良在他的《撒尼彝语研究》中歌颂了传教士,引起了陆定一的重视,要求中国科学院采取具体措施,"使此类政治错误不致发生"[①]。中国科学院做了检讨,郭沫若在总结中一边指出马学良的错误,一边要求保护马学良:"国内少数民族的语文研究者不多,像马学良同志这样对于少数民族语文有素养的学者,我们是应该珍惜的。这次所犯下的错误,主要是由于我们负行政领导责任的人帮助不够,但马学良同志却能够认真检讨,接受批评,为我们的学术界树立了一个良好的作风,我们认为是难能

[①] 《政务院文教委员会陆定一副主任致中国科学院郭沫若院长的信》,《科学通报》1951年第10期。

可贵的。"①曾任中国科学院党组书记的张劲夫后来回忆说，郭沫若在反右斗争中主张保护科学家，中国科学院为此向中央打了报告，中央同意中国科学院的意见，"保护了不少好同志"。"我们虽然减少、减轻了对科技人员的伤害，但还是伤害了一些同志。如果不是有像郭老这样的院长关怀帮助，我们在当时'左'的思想影响下，犯的错误还要大。"②这与我们现在一些学者和舆论所塑造的郭沫若的"酷吏"形象相差很大。遮蔽历史的复杂性，片面夸大某一事件，这样得出的结论必然是扭曲的，与历史真相不符，也是拒绝对历史进行真正的反思。

三

郭沫若是马克思主义史学派的领军者，在古文字和古代社会研究等领域取得了丰硕的成果，但一些国内学者与海外学者遥相呼应，指责郭沫若在学术上存在抄袭剽窃等不端行为，或者认为郭沫若的学术研究是为了献媚，从而将郭沫若的学术研究放逐到严肃的学术领域之外，这是有关郭沫若的第三种流言。

郭沫若因为写下了《请看今日之蒋介石》，被国民党通缉，被迫于1928年流亡日本。在流亡日本的十年期间，郭

---

① 郭沫若：《〈撒尼彝语研究〉的检讨·结语》，《科学通报》1951年第10期。
② 张劲夫：《深切怀念老院长郭沫若同志》，《怀念集》，中共中央党校出版社，1994，第39~40页。

沫若并未消沉,而是抱着"大夫去楚,香草美人。公子囚秦,《说难》《孤愤》"的情怀,开始了对中国古代社会和甲骨文、金文的研究。他在这些领域迅速取得了巨大成就,先后出版了《中国古代社会研究》《甲骨文字研究》等十余部学术著作,获得了海内外学术界的高度认可。日本学者内藤湖南,中国学者鲁迅、钱玄同、董作宾、容庚等人都对郭沫若的学术贡献给予了高度肯定。1937年全面抗战爆发后,郭沫若秘密回国参加抗战。抗战进入相持阶段后,国民党对大后方的学者文人加强管制,郭沫若不能直接从事抗战宣传,于是埋头研究先秦学术思想史,出版《青铜时代》和《十批判书》。这两部著作代表了郭沫若以唯物史观为指导的学术研究的新高度,受到了闻一多、朱自清等人的推崇。中华人民共和国成立后,郭沫若在繁重的行政工作之余,花大力气完成了《管子集校》,被著名学者马非百评价为"解放以来第一部博大精深的批评继承祖国遗产的巨大著作"[①];他还继续考证青铜器铭文,指导考古发掘,发起兰亭论辩,最后完成《李白与杜甫》,可谓笔耕不辍、卓有贡献。

但是,对于这样一位有着突出贡献的马克思主义史学派的代表学者,有学者却将他的研究定性为"抄袭"或者"献媚"。

---

① 马非百:《对〈管子集校〉及所引各家注释中有关〈轻重〉诸篇若干问题之商榷》,《郭沫若研究文献汇要》(卷十),上海书店,2012,第166页。

绪 论

　　从这一角度最先对郭沫若学术研究发难的是美国汉学家余英时。1954年,他在香港《人生》半月刊分三期连载《郭沫若抄袭钱穆著作考——〈十批判书〉与〈先秦诸子系年〉互校记》(简称《互校记》),指责《十批判书》在材料和观点上大量抄袭《先秦诸子系年》。此后,余英时多次提起旧作,并将其收进《钱穆和中国文化》在上海出版。由于余英时是著名学者,又"言之凿凿",故而很多人深受影响。丁东就曾在《博览群书》《书屋》上发表《学术中不能承受之轻》《逢场作戏的悲哀》,宣传余英时的观点。1998年,丁东还将余英时的《互校记》收进他编的《反思郭沫若》,进一步为余英时造势。

　　余英时毫不掩饰他因为在1949年读到郭沫若赞扬斯大林的诗歌后所生的"偏见",他在这种"偏见"之下对郭沫若"抄袭"的指证,违背了实事求是的学术精神。比如,他一口咬定郭沫若在论述秦始皇与吕不韦关系时所引的王世贞的某书抄自《先秦诸子系年》。王世贞的这本书一般人很难见到,属于生僻史料。《先秦诸子系年》所引的书名是《读书后辨》,而《十批判书》引用时书名则为《读书后记》。余英时在引用《先秦诸子系年》时却写成"王世贞读书后记辨之曰"。其实,王世贞这本书的名字为《读书后》,钱穆根本就没有看到这本书,只是从《史记志疑》中引出。而郭沫若没有和钱穆错成一样,说明郭沫若根本没有抄袭钱穆。但为了说明郭沫若抄袭,余英时却将郭沫若和钱穆

流言与真相
革命视野中的郭沫若

所引的书名统一,替钱穆将"读书后辨"改为"读书后记辨"。余英时这种随意修改史料的行为才是真正的学术"不德"。此外,在余英时的《互校记》中,"凡《十批》论诸子所引用的材料见于《系年》的,便断定《十批》关于此子的研究'抄袭'《系年》。至于《十批》所引材料不见于《系年》的,以及对于同一材料《十批》的考辨不同于《系年》的,余英时就视而不见了。""余英时存有偏见,甚至于连一些常见的基本史料或已经成为学者们基本常识的论点,都要把发明权归于钱穆名下而指责郭沫若抄袭。"① 可见余英时对郭沫若的偏见严重影响了他的学术判断。

在余英时看来,《十批判书》是郭沫若最后的学术结晶,只要《十批判书》抄袭成立,"我们便不能不对他的一切学术论著都保持怀疑的态度了"②。其目的十分明确,就是要将郭沫若的学术成果置于不可对话之列。这显示了余英时的片面性,如果说他的"偏见"导致他不认可1949年后大陆学界对郭沫若的高度肯定,那鲁迅、钱玄同、董作宾、容庚、闻一多、朱自清等人对郭沫若的高度评价如何解释?1948年郭沫若当选为国民政府中央研究院院士如何解释?奇怪的是,就在余英时的观点已经被翟清福、耿清珩等人驳倒了的20年后,还有青年学者在文章中认为《互

---

① 翟清福、耿清珩:《一桩学术公案的真相——评余英时〈《十批判书》与《先秦诸子系年》互校记〉》,《中国史研究》1996年第3期。
② 余英时:《〈十批判书〉与〈先秦诸子系年〉互校记》,曹剑编《公正评价郭沫若》,中共中央党校出版社,1999,第204页。

校记》"抉发近现代史上一桩隐而不彰的学术不端事件,展示了以校勘作为文史研究的进路、分析工具的可能"。①这些都体现了余英时偏见的巨大影响。

余英时在1992年为《互校记》写的第二则跋语中认为,1950年后的郭沫若"事实上已无时间也没有兴趣从事严肃的古史研究了"。"《李白与杜甫》,那是与章士钊的《柳文指要》属于同一性质的作品。"②所谓不"严肃",就是指不值得讨论。这些观点曾长期影响学界对郭沫若的《李白与杜甫》等著作的评价。事实上,《李白与杜甫》是严肃的学术著作,是为了与萧涤非、冯至、傅庚生等学者的著作乃至上千年的杜甫研究、李白研究进行学术对话,是郭沫若的学术探索。这种充满挑战精神的学术探索,值得给予关注和分析。而余英时的"献媚"、不"严肃"说将这一充满创见的著作打入另册,一定程度上影响了学术研究的深入。

本书第四章"做学问的革命家",首先讨论郭沫若的治学目的与成就,他在学问上兼擅考据与批判,站在当时世界学术的前沿,一定程度上代表了20世纪中国学术的进程。郭沫若最被抹黑的两部学术著作是《十批判书》和《李白与杜甫》。关于《十批判书》,翟清福等学者已经写过精彩

---

① 王贺:《作为研究工具的校勘之学》,《东方早报·上海书评》2016年8月21日,第394期。
② 余英时:《〈《十批判书》与《先秦诸子系年》互校记〉跋语二》,曹剑编《公正评价郭沫若》,中共中央党校出版社,1999,第255~256页。

文章，此不赘论。本章重点讨论《李白与杜甫》的著述动机，驳斥对这本著作的各种不严肃的指责，也试图讨论围绕李白与杜甫的评价所呈现的 20 世纪中国不同派别知识分子迥异的人生态度和心路历程，以及郭沫若学术研究的某些特点。

四

中华人民共和国成立后，郭沫若担任全国政协副主席、政务院副总理、文化教育委员会主任、中国科学院院长、中国文联主席、全国大人常委会副委员长等要职，是科学文化教育战线上的重要领导成员。自 1978 年以来，有人开始诽谤郭沫若在"十七年"期间的表现，把他在政治上塑造成阿谀逢迎、表里不一、逢场作戏的"阴阳脸"，这是有关郭沫若的第四种流言。

2012 年，《腾飞中国：文化纪事（76）郭沫若与领袖和诗》的视频中出现了《毛主席赛过我亲爷爷》这首诗，节目未给出处。后来，高晓松在他那套影响甚大的《鱼羊野史》第 1 卷（湖南文艺出版社 2014 年版）第 93 页也提到这首诗，将诗名写成《毛主席，你赛过我的亲爷爷》，但同样没给出处。如今，这首诗在网络上广泛流传，网络上给的出处是《郭沫若文选》第 12 卷第 765 页。这样的《郭沫若文选》根本就不存在。笔者曾长期参与编撰《郭沫若年谱长编》和《郭沫若全集补编》，为了查找郭沫若佚作，多年来查阅了多种报纸、杂志和档案,但都没有找到这样的诗。

网络上还广泛流传了一封康生的信,信是写给比目鱼同志的,内容是"若论书法,我用脚趾夹根木棍都比郭沫若写的强"。这封信被很多人引用,但如果仔细考察,一眼就能看出这是伪造的。首先,信笺上印的是"中华人民共和国主席办公厅",康生担任的最高职务是中共中央副主席、政治局常委。中共中央副主席和中华人民共和国主席,一个是党的职务,另一个是政府职务,担任党的职务的康生没有担任过政府职务,不可能用政府的信笺,这是要避嫌的。其次,不符合书信体例。这封信没有上下文,十分突兀,不符合写信常规。大家读名人手札,开头至少会交代为何写信,此外嘘寒问暖,此致敬礼也都得有。这封信什么也没有。书信都会有落款日期,一般是月日,至少也有个日子,但这封信也没有。最后,康生是中共高层,深谙政治规矩,如果不是特别亲密的人,他不可能在信中明目张胆地鄙视另一高层人物,而且康生的朋友中并没有比目鱼这个人。

《毛主席赛过我亲爷爷》和康生信这两份伪造材料有着同一目的:将郭沫若塑造成阿谀奉承却不受权力待见的下流文人。毛泽东等中央领导人十分重视文化工作,十分尊重郭沫若。郭沫若和毛泽东、周恩来等人是革命同志,他们为了共同的理想奋斗,存在领导和被领导的关系,也存在分工合作的关系。作为一名共产党员，郭沫若始终真心佩服毛泽东。在抗战时期，他和毛泽东有多次书信往来；在20世纪50~70年代，他和毛泽东诗词唱和，并写了一系列文章阐释毛泽东诗词。当然，革命道路是曲折的，由于认识上不一致，他们也有过分歧。从1968年10月中共八届十二中全会的闭幕式开始，直到"尊法反儒运动"，郭沫若的《十批判书》多次被毛泽东点名批判，此非一般人所能承受，但他并没有急于表态。由此看来，郭沫若对毛泽东绝非谄媚。伪造《毛主席赛过我亲爷爷》，将现代的革命同志关系扭曲为君臣关系，将革命文人歪曲为封建佞臣，是非常不负责任的一种做法，负面影响很大。

将郭沫若塑造成阿谀奉承的"阴阳脸"集中体现在1998年作家出版社出版、丁东编的《反思郭沫若》一书中。

《反思郭沫若》的封面上印了两张郭沫若的半边脸，左边的半边脸是红色的，右边的半边脸是蓝色的，这种阴阳脸的设计隐喻了郭沫若的两面人形象。翻阅该书，有关郭沫若"阴阳脸"的证据都来自黄淳浩编《郭沫若书信集》（中国社会科学出版社1992年）中的郭沫若致陈明远的69封信。但是，这69封信只有12封有手迹依据，且其中部分内容也被篡改过，其余57封属于伪造。在这些伪信中，"郭沫若"集中表达了对他所处时代的憎恶，对自己多种身份的厌烦，对他在"十七年"期间写作的诗歌的不屑。丁东等人见到这些伪信后欣喜若狂，认为这才是通往郭沫若内心世界的窗口。在他们看来,郭沫若在公开的文字中大唱赞歌,却在私信中对他所歌颂的对象充满鄙夷,这不是两面人是什么呢?事实上,陈明远伪造这些信件有特殊的动机,他因"伪造毛主席诗词案"在"文革"期间被隔离审查,这段特殊的经历为他伪造信件提供了土壤。1978年后,他加入了伤痕文学的书写队伍中。他一直宣称是郭沫若的学生,郭沫若亲自教他写诗,并帮他修改诗歌。这就出现了悖论,一位赞誉那个时代的老诗人怎么会培养出一位痛恨那个时代的小诗人?师徒二人是怎样实现思想上的裂变的?为了自圆其说,陈明远杜撰出这些信件。他解释说,郭沫若赞誉那个时代,是违心的表态,他的真实态度体现在他的书信中。陈明远造假的书信被丁东等人大肆渲染后,逐渐出现在郭沫若研究的论文和专著中,成为很多学者深信不疑的"事实"。但是,除了这些伪信外,我们在任何郭沫若留下的文字中都找不到他对那个时代的诅咒和痛恨、对自己行为的自责和悔恨。郭沫若是那个时代的重要领导者,他热情投入那个时代的生产和建设之中,是那个时代的有机知识分子,即便他对那个时代的具体政策有不同意见,他也不会违背组织原则用冷嘲热讽的语调诉诸一个只有通信关系的年轻人。当下一些知识分子习惯漂浮在任何阶层之外,对任何生产和建设都指指点点、冷嘲热讽。如果将这种倾向移情于郭沫若身上,就不可能真正去和郭沫若及他所在的时代展开对话。

流言与真相
革命视野中的郭沫若

本书第五章讨论陈明远伪造书信与"阴阳脸"郭沫若的由来。陈明远等人层累塑造了"不真诚的郭沫若"形象,并在此基础上建构出"阴阳脸"郭沫若,给"晚年郭沫若"研究带来了严重的负面影响。

五

关于郭沫若的流言还有很多,比如他的婚恋情况、考古发掘工作等,笔者另有文章讨论①,本书仅从郭沫若的信仰和党籍、郭沫若修改作品的因由、郭沫若对沈从文的批评、郭沫若作为"做学问的革命家"的治学特点、陈明远伪造书信与"阴阳脸"郭沫若五个方面展开论述,澄清有关郭沫若的"墙头草""媚俗与投机""酷吏""抄袭""逢场作戏""表里不一"等流言,从而指出当前"反思"郭沫若的虚假性。

有学者认为:"事件当时出现的说法,即使是谣传,至少也是无风不起浪。这类认知有可能是'错误'的(特别是涉及政治斗争的说法,不排除有意的党派作用),但一个不实的'谣'能够'传',就反映出某种时代的认知,应予足够的尊重。很多时候,挖掘出的史料虽增强了怀疑,却

---

① 参见拙文《有关郭沫若的五个流言及真伪》(《中国文学批评》2019年第2期)、《"妖魔化"郭沫若就是拒绝与中国的"短二十世纪"对话》(《东方学刊》2018年冬季刊)中的相关论述及笔者在"观天下讲坛"第30期中的答观众问。

不足以证伪。据一些看似'可靠'但未必足据的史料做出对或错的翻案，不如探讨那些不准确的当时说法何以形成。"①这有一定的道理，但历史总有真伪之分，在能搞清楚真相的情况下，如果不进行"辟谣"，久而久之，"谣传"就变成了"真相"，这是学者的失责。

　　郭沫若不是不需要反思，相反，对于这样一位20世纪中国的代表性知识分子，对他的反思可以从各个角度进行。对他的深入反思，对他所留遗产的继承，对他失误的分析和规避，通向我们对20世纪中国的真正超克，是中国知识界义不容辞的责任。但真正的反思必须通过对第一手历史资料进行仔细搜集、整理、校勘、比对和分析，通过实事求是的深入研究才有可能。况且，当下对郭沫若的反思，无论是出于什么立场和态度，都已经够多了，处于压倒性的优势。但正如本书所分析的，对于郭沫若的多数所谓的"反思"，是建立在伪造材料或者随意剪裁史料的基础上，从而是虚假的，这不仅拒绝深入理解郭沫若所代表的革命文化和社会主义文化，而且回避了对郭沫若的真正反思，也阻止了我们对20世纪中国的真正超克。在此情况下，我们需要对"反思郭沫若"进行反思，反思这些建立在伪造史料和不实之词基础上的"反思郭沫若"得以产生的观念结构和传播机制，以通向对郭沫若的真正反思。

---

① 罗志田：《近四十年史学的流变蠡测》，《腾讯·大家》2018年12月16日。

流言与真相
革命视野中的郭沫若

将《请看今日之蒋介石》认定为向汪精卫等国民党左派投机,将郭沫若抗战归国之后写作的《蒋委员长会见记》认定为讨好处于权力巅峰的蒋介石,都意欲将郭沫若塑造成无节操的墙头草,阻止对以郭沫若为代表的中国共产党人的马克思主义信念和革命策略的深入思考,从而也不可能真正总结中国革命的经验教训。"十七年"期间的郭沫若究竟是不是阴阳脸、阳奉阴违、逢场作戏?这涉及"十七年"期间的社会和文化实践。只有认清事实,同时看到问题,才能真正汲取经验教训。把郭沫若塑造成置知识分子于死地的酷吏,污蔑《十批判书》《李白与杜甫》等郭沫若的代表著作为抄袭和献媚之作,事实上是要阻止对知识分子在革命中国和社会主义中国中的作用和地位的深入思考,拒绝与20世纪中国的主流学术展开深入对话。

20世纪中国是复杂的,其内孕的诸多面向尚待我们发掘,然后才能做出真正的反思。作为20世纪中国文化领域的代表,郭沫若也是复杂的,我们对他的深入研究长期以来其实并没有完全展开。通过假造证据或者有意遮蔽历史的方式把郭沫若塑造成"佞臣"、"酷吏"、"小人"甚至"渣男"危害极大,这种历史虚无主义的态度,不仅无助于对历史的真正反思,也阻断了我们通过历史重建自我主体的道路。

第一章
郭沫若的信仰与党龄

第一章 郭沫若的信仰与党龄

笔者认为，之所以出现很多关于郭沫若是"墙头草""无节操"之类的流言，主要是由于普通大众甚至部分学者对郭沫若的信仰和党龄所知甚少。

郭沫若是坚定的马克思主义者。五四时期，郭沫若是浪漫主义诗人，是创造社的领袖。1924年，他翻译了日本学者河上肇的《社会组织与社会革命》，在翻译过程中，他以列宁学说和苏俄道路为参照，批判了河上肇的观点，逐渐向马克思主义者转变。不久，他又参加了北伐战争，经过实际战争的淬砺，更加坚定了马克思主义信念。从1924年到北伐战争，这段时间郭沫若的思想经历了一个转变的过程。他曾经多次说，在翻译完《社会组织与社会革命》后，他的思想就定型了，再也没有改变。遗憾的是，从20世纪80年代至今，学术界淡化了郭沫若的马克思主义者身

流言与真相
革命视野中的郭沫若

份,导致一些关于郭沫若是"墙头草""无节操"的说法有机可乘。

郭沫若是中共长期的秘密党员,革命者是他的首要身份。在南昌起义撤退途中,他由周恩来和李一氓介绍,加入中国共产党。当时是中国共产党处境最为危险的时候,国民党正在清党,很多优秀的共产党员都被杀害了,也有很多共产党员意志不坚定选择脱党。郭沫若在这时加入中国共产党,充分说明了他认同中共的革命理念,并甘愿为此献身。这当然可以说明他绝不是人们所说的投机文人。全面抗战爆发后,郭沫若秘密回到国内。其公开身份是无党派民主人士,实际上,他回国后就恢复了组织关系,是周恩来单线领导下的秘密党员。他以代号 K 的名义缴纳党费,这一身份一直保持到 1958 年以公开入党的方式结束。对于这个身份,很多学者不大明了。笔者到郭沫若纪念馆工作后,有一位学者每年都将他指责郭沫若脱党的文章寄给笔者,也有研究者公开质疑郭沫若在抗战时期的秘密党员身份[①],还有研究者认为中共和国民党在抗战时期争夺郭沫若,因为中共对郭沫若礼遇有加,郭沫若才支持中共。正因为有人否定了郭沫若作为隐蔽战线的秘密党员身份,关于郭沫若献媚投机的说法自然就多起来了。

---

① 谢新华:《郭沫若同志和党的关系探疑》,《郭沫若学刊》1999 年第 1 期。

第一章 郭沫若的信仰与党龄

第一节 郭沫若马克思主义信仰的确立

跟那些批评郭沫若善变,或指责郭沫若仅凭权势转移而改变自己观念的看法不同,郭沫若本人认为,以1924年翻译日本学者河上肇的《社会组织与社会革命》为契机,他的思想有一次大转变,从此对"社会革命"有了理性认识,相信"科学的社会主义所告诉我们的'各尽所能各取所需'的时代"①终究会到来。时隔26年,他在《社会组织与社会革命》再版《序》和《郭沫若选集·自序》中两次指认:"我自己的转向马克思主义和固定下来,这部书的译出是起了很大的作用的。"②通过翻译《社会组织与社会革命》,他的思想从此"分了质,而且定型化了","自此以后便成为了一个马克思主义者"③。再过9年,他又说:"我跑到日本去介绍马克思主义的书籍,找到了一把钥匙,以后思想就有了一个大转变,写作上,生活上都有了一个方向。宇宙观,比较认识清了;泛神论,睡觉去了。从此,我逐步成为了马克思主义者,以后参加了大革命。"④可见,郭沫若通过反复追认,确定自1924年,他的思想就定型了,再

---

① 郭沫若:《孤鸿》,上海《创造月刊》第1卷第2期,1926年4月16日。
② 郭沫若:《序》,《社会组织与社会革命》,商务印书馆,1951,第1页。
③ 郭沫若:《自序》,《郭沫若选集》(上),开明书店,1951,第9页。
④ 《郭沫若同志答青年问》,《文学知识》1959年5月号。

无变化。①

　　郭沫若本人关于自己思想发展的指认，获得了研究者的普遍认同。② 有关郭沫若与河上肇之关系，学界不乏探讨，但已有研究多是传记式展开，即从他的生活境遇与人际关系的角度去探讨他翻译该书的动机，以及根据他的自述去探讨他对该书的不满、"修改"和"分歧"之处，或者探讨该书的翻译对于他文艺观转变的影响③，而对他思想究

---

① 关于郭沫若向马克思主义者的转变，卜庆华《"飞向自由的王国"——试论郭沫若成为马克思主义者的道路》[《湖南师院学报》（哲学社会科学版）1983年S1期]、张剑平《郭沫若向马克思主义者转变史料略论》（《郭沫若学刊》2010年第3期）等文章从史料上进行了分梳；廖久明《正题戏说——〈马克思进文庙〉之我见》（《郭沫若学刊》2005年第1期）、柳阳《"西来意"与"东土法"——郭沫若之马克思主义唯物史观的接受》（《郭沫若学刊》2008年第4期）、颜炼军《1925，马克思与孔子对话——以郭沫若小说〈马克思进文庙〉为中心》（《现代中文学刊》2013年第1期）等文章从中国传统文化与马克思主义理论融合的角度进行探讨；田居俭《郭沫若与中国马克思主义史学》（《历史研究》1992年第2期）、林甘泉《郭沫若早期的史学思想及其向唯物史观的转变》（《史学史研究》1992年第2期）等文章则从史学思想的角度展开探讨，都有一定的深度。本书在此基础上，对郭沫若对各种马克思主义的理论资源如何选择和探索，进行更深入的梳理。

② 也有学者认为，相比河上肇的理论，"苏俄无产阶级革命文化的巨大影响"才是郭沫若思想转变的根本原因（刘悦坦、魏建《苏俄无产阶级革命文化与郭沫若的思想"转换"》，《长白学刊》2002年第2期）。这种观点与本书的看法有相似处，值得借鉴。

③ 关于郭沫若与河上肇的关系，就笔者所见，已有如下成果：朱受群《郭沫若与河上肇及其〈社会组织与社会革命〉》，《江西师院学报》1980年第2期；靳明全《河上肇学说：郭沫若前期文艺思想转变的"中介"》，王锦厚等编《郭沫若纵横论》，成都出版社，1992；叶桂生《翻译〈社会组织与社会革命〉所起的影响和作用——为纪念郭沫若百年诞辰而作》，王锦厚等编《郭沫若纵横论》，成都出版社，1992；〔日〕中井政喜《有关郭沫若和〈关于社会组织与社会革命的若干研究〉的笔记——"革命文学"论证（转下页注）

第一章　郭沫若的信仰与党龄

竟如何转变、"定型化"后的思想究竟呈现何种面貌在理论上则缺乏更细致的梳理。

问题的关键还在于，已有研究很少注意到这样一个事实：河上肇在他的自传中认为1928年，即50岁前后，他的思想发生了重大转变，"在经济学的领域里完成了从最初出发点——地道的资产阶级经济学到它的对立物——马克思主义经济学的完全转化，在哲学的领域里完成了从掩盖着一层宗教的神秘云雾的最初出发点——唯心论到它的对立物——彻底唯物论的完全转化的"。①而1922年写作的《社会组织与社会革命》，不过是河上肇还处于"资产阶级经济学"阶段的著作而已，这个时候他还不是一个马克思主义者，这本书在他的自传中甚少提到，他自己很不重视。郭沫若对此也有清醒的认识："著者河上肇博士写这本书时，他还只是一位进步的经济学教授。"②这就提出了值得重视的

（接上页注③）录》，《郭沫若与中西方文化》，当代中国出版社，1998；陈俐《郭沫若政治转向过程中的人际关系探微》，《新文学史料》2011年第3期；蔡震《遗香犹自透尘埃——郭沫若纪念河上肇的若干佚诗文》，《现代中文学刊》2012年第5期；刘奎《郭沫若的翻译及对马克思主义的接受（1924—1926）》，《现代中文学刊》2012年第5期；李虹《河上肇与中国的马克思主义传播》，武汉大学博士学位论文，2013；熊权《郭沫若对河上肇的接受与修改》，《中国现代文学研究丛刊》2017年第1期；周海林《郭沫若与河上肇：在相遇与分歧的路上》，《郭沫若研究》2017年第1辑。

① 《河上肇自传》（上），储元熹译、龙仁校，商务印书馆，1963，第126页。已有研究中仅叶桂生在《翻译〈社会组织与社会革命〉所起的影响和作用——为纪念郭沫若百年诞辰而作》中意识到"《社会组织与社会革命》的作者写作此书时还不是一个真正的马克思主义者"，但他没有就此展开深入论述。

② 郭沫若：《序》，《社会组织与社会革命》，商务印书馆，1951，第1页。

流言与真相
革命视野中的郭沫若

问题：郭沫若通过翻译一位非马克思主义者的著作，竟然完成了向马克思主义者的转变，其背后是否有更为隐蔽的问题？

事实上，郭沫若在对河上肇观点的批判中完成了向马克思主义者的转变。这必须与1925～1926年郭沫若和孤军社的论战联系起来，因为他的主要论敌孤军社的郭心崧、林灵光正是河上肇的学生①，在郭沫若看来，孤军社"对于河上肇的初年的学说是实地信奉着的"②，郭沫若对他们的批判事实上是完成了对自己思想中河上肇因素的清算。研究郭沫若与孤军社的成果也不少，但事实层面的描述多于理论分析，而且甚少将这件事与河上肇联系起来。③ 同时，郭沫若的思想转变也需要与郭沫若的实践经验联系起来，这才是他确定信仰的生活基础。

而问题更复杂的一面在于，无论是当年的河上肇，还是孤军社的郭心崧、林灵光，他们都十分熟练地运用了马

---

① 关于河上肇与林灵光、郭心崧等人的师生关系，参考三田刚史《留日中国学生论马列主义革命——河上肇的中国学生与〈孤军〉杂志》（《徐州师范大学学报》2005年第5期）。
② 郭沫若：《创造十年续编》，上海：北新书局，1938，第158页。
③ 相关论述可参考潘世圣《关于郭沫若与"孤军派"关系的概略考察》（《广西师院学报》1986年第1期）；何刚《郭沫若对马克思主义的早期理解——以郭沫若与孤军社论战为主的考察》（《辽宁行政学院学报》2010年第7期）；小谷一郎《郭沫若与二十年代中国的"国家主义""孤军派"》（白井重范、王风编《左翼文学的时代——日本"中国三十年代文学研究会"论文选》，北京大学出版社，2012）；周文《郭沫若与"孤军派"——兼论其对国家主义的批判》（《新文学史料》2016年第2期）。

第一章 郭沫若的信仰与党龄

克思主义理论,引用马克思主义经典著作,"他们说,他们是忠于马克思的唯物史观的"①,他们甚至指责郭沫若没有读懂马克思主义著作②。郭沫若在批判河上肇等人的理论时,跟河上肇等人对马克思主义理论的引用和解读,区别究竟何在?同时,实践经验究竟给郭沫若带来了哪些不同于这些学院派经济学家的特质?鉴于这些问题在郭沫若思想发展中具有"回心"的意义③,而长期却没有得到认真讨论,故需郑重展开。

一

作为著名经济学家、京都帝国大学经济学部教授的河上肇,在《社会组织与社会革命》上篇"关于资本主义之若干考察"中运用《资本论》的观点,指出了资本主义必然灭亡、共产主义必然到来的社会发展趋势。河上肇认为,资本无限增殖,生产无限扩张,当全世界都包含在资本主义领域之时,"其属于领外之外被全失,于是乎资本之复生产便不得不绝对地停窒了"④。所以,"资本主义组织自身是

---

① 郭沫若:《到宜兴去》,《郭沫若全集·文学编》(第12卷),人民文学出版社,1992,第333页。
② 郭心崧:《马克思主义与国家——评郭沫若先生的〈新国家的创造〉》,《独立青年》第1卷第3期,1926。
③ 熊权:《郭沫若对河上肇的接受与修改》,《中国现代文学研究丛刊》2017年第1期。
④ 〔日〕河上肇:《社会组织与社会革命》,郭沫若译,上海:商务印书馆,1925,第110页。下文有关本书的注释均出自本版。

自动地准备着向社会主义推移的"①。承认共产主义在将来必定会实现，是当时包括河上肇在内的接受马克思主义理论的知识分子的共识。但是，共产主义如何取代资本主义？需要经过什么样的途径和具备什么样的条件？对于这些问题，河上肇和马克思主义者的回答是不同的。

河上肇抓住了马克思主义理论的最重要的内在张力。一方面，马克思在《〈政治经济学批判〉序言》中认为："无论哪一个社会形态，在它所能容纳的全部生产力发挥出来以前，是决不会灭亡的；而新的更高的生产关系，在它的物质存在条件在旧社会的胎胞里成熟以前，是决不会出现的。"②另一方面，马克思、恩格斯又希望政治革命能够尽早到来，尤其是在《共产党宣言》中，马克思、恩格斯认为，共产主义者的目的"只有用暴力推翻全部现存的社会制度才能达到"③。

马克思主义理论不仅是认识世界的理论，更是改造世界的理论，正如论者所说："理论解释世界最完备的状态是将世界描述为一个决定论的体系，而实践改变世界却必须以世界的可改变性即世界的非决定论为前提。马克思主义作为一种以改变世界为鹄的的理论，决定了它必然内含解

---

① 《社会组织与社会革命》，第 127 页。
② 马克思：《〈政治经济学批判〉序言》，《马克思恩格斯文集》（第 2 卷），人民出版社，2009，第 592 页。
③ 《共产党宣言》，《马克思恩格斯文集》（第 2 卷），人民出版社，2009，第 66 页。

第一章 郭沫若的信仰与党龄

释世界与改变世界、理论与实践之间的张力。"①对于这一张力,自第二国际以来,包括卢卡奇、李大钊、葛兰西和阿尔都塞在内的很多学者和马克思主义者都认识到了,并给予了不同的解释。而河上肇对此用"进化主义者"和"革命主义者"这两个概念进行区分:"在前关于唯物史观作理论的思索时,他们在人类所负的运命之重担下,那样极端隐忍顺从的人,现在却猛烈抬起头来,宣言社会组织之改造,只有强压地颠覆一切从来的社会组织才能实现了。即是——暂且用不精确的通用语表示时——他们在前是沉着的进化主义者(evolutionist),在后却又成为狂热的革命主义者(revolutionist)了。在前他们是很像右倾,在后他们却很像左倾了。"②河上肇是如何将"进化主义者"和"革命主义者"的马克思进行统一的呢?

对于一些学者的看法——比如,有学者认为《〈政治经济学批判〉序言》体现了马克思的现实主义精神,而《共产党宣言》则反映了"除受有力的敌人嘲弄,轻蔑,憎恶,侮辱及迫害之外什么也没有经验着"的"亡命客"马克思的"病的心理"③——河上肇并不认同。他认为《〈政治经济学批判〉序言》体现的是马克思主义的"一般的理论",而《共产党宣言》则是"其原理之'实际的应用'"。"一

---

① 王南湜:《李大钊对马克思主义内在张力的意识及其意蕴》,《南京大学学报》(哲学·人文科学·社会科学)2012年第6期。
② 《社会组织与社会革命》,第210~211页。
③ 《社会组织与社会革命》,第212、214页。

般的理论"是马克思主义理论不变的部分,具有真理性,而"实际的应用"则随着马克思、恩格斯对具体问题认识的变化而变化。在写作《共产党宣言》时,马克思、恩格斯"以为实现资本主义的组织向社会主义的组织推移的社会革命之可能性,在当时是已经具备着了的";但在他们晚年,尤其是恩格斯在《1848—1850年法兰西阶级斗争·导言》中,则认为他们以前的观点是错误的。①

在这些论述的基础上,河上肇在《社会组织与社会革命》中根据马克思主义理论,将"革命"分为社会革命与政治革命。社会革命的结果是社会形态的变化,比如封建社会向资本主义社会的转变,资本主义社会向社会主义社会的转变,而政治革命不过是"政治之局面上所起的政权移动之一个历史的事件罢了"②。河上肇认为,当某一社会中生产力还有发展余地时,"马克斯主义者所当采取的手段是在助长使社会革命及为社会革命的政治革命促进的各种方策","在资本家的组织之下尽力迅速地使社会之生产力发达,这决不是马克斯主义者所宜妨害,宜是所大欢迎的了。马克斯主义者之利害与资本家之利害相一致处正在此点"③。同时,河上肇认为,"社会之经济组织立于不能由权力者之任意而变更的物质的基础之上",以社会革命为目的

---

① 《社会组织与社会革命》,第222页。
② 《社会组织与社会革命》,第217页。
③ 《社会组织与社会革命》,第240、241页。

第一章　郭沫若的信仰与党龄

的政治革命即使成功，"在目前只能是政治革命之成功而已"。①他称在生产力还有发展余地的资本主义社会进行无产阶级革命为时机未熟之革命，可能"会招致生产力之减退"，在他看来，十月革命就是时机未熟的革命。

在《社会组织与社会革命》中，河上肇没有针对中国进行具体讨论。但他的中国学生回到中国后，开始运用其理论讨论中国问题。

早期中共党员、1922~1924年在京都帝国大学经济学部求学的周佛海，后来回顾河上肇的影响时说："本为共产党员的我，听了他的讲，反不赞成中国实行共产主义来了。""他极力反对'早熟的革命'，他以为时机过早的社会革命，不仅不能促进社会进步，而且要引起社会的退化，他并且引了许多事实，证明他的理论，因是我便感觉到在经济状态等于产业革命之英吉利的中国，企图共产主义的社会革命，实在'时机尚早'。"在河上肇思想的影响下，周佛海1924年一毕业就脱离了中国共产党。周佛海还说，他同学萨孟武、李超桓等人"都是爱听河上的讲，爱读河上的书的人，然而都反对中国采用共产主义"②。郭心崧和林灵光就是持这种观点的典型代表。

曾于1922~1925年在京都帝国大学经济学部求学的郭

---

① 《社会组织与社会革命》，第249页。
② 周佛海：《逃出赤都武汉》，载闻少华《周佛海评传》，武汉出版社，1990，第50~51页。

流言与真相
革命视野中的郭沫若

心崧在《中国经济现状与社会主义》中认为，像中国这样产业落后的国家，如果不经过资本主义的阶段直接跳进社会主义，会遇到很多困难，比如外部的帝国主义干涉、内部的反革命暴动、革命主体的阶级意识不够、作为社会主义基础的产业不完善等。所以，"中国内则产业还未发达，外则在于资本主义各国注视之下，欲蔑视环境，举行社会主义革命，非但成功之可能性很少，恐怕反会阻碍产业上之发展"。①不久，郭心崧又在《进化论与革命论》中说，中国的资本主义还在萌芽，生产力还有很大的发展余地，阶级矛盾不突出，因此没有立刻实行社会主义的可能。②

曾在东京帝国大学求学的林灵光根据河上肇的理论，重申了马克思在《〈政治经济学批判〉序言》中的观点。他认为这个观点是"基本原理"，至于对这个观点如何运用，各国可以有自己的特殊办法，比如中国进入共产主义的步骤与列宁领导下的苏俄就应该不同。在他看来，俄国采取了新经济政策，所以十月革命失败了，"而那一番的失败，则未始不是我们后进国很好的教训"，所以中国"只须采用社会主义的社会政策，而不变更现经济制度，已可达到共产的目的，且可免除时机未熟之革命的危险了"。当下，他"只主张打倒军阀，恢复国权。对内先谋国民的独立，对外

---

① 郭心崧：《中国经济现状与社会主义》，《学艺》第 5 卷第 5 期，1923 年 9 月 1 日。
② 郭心崧：《进化论与革命论》，《孤军》第 2 卷第 7 期，1924 年 11 月。

第一章 郭沫若的信仰与党龄

先谋国家的独立,再施行社会主义的社会政策,以适应世界的大势,以集中国中的资本,以作为马克斯政策中第一步的预备"①。

可见,河上肇关于十月革命仅仅是政治革命,时机不成熟,可能造成社会倒退的观点给周佛海、郭心崧、林灵光等人带来了深刻影响。后者用这一观点分析中国问题时,坚持认为中国不具备进行无产阶级革命的条件,当务之急是在不改变现有国家政权性质的情况下发展国家资本主义。同样是以河上肇为媒介接触了马克思主义,郭沫若与周佛海等人的观点是否有所不同呢?

二

关于时机尚早的革命可能会导致生产力倒退的观点,郭沫若是不能接受的。

郭沫若明确表示:"我对于河上先生所说的'时机尚早的社会革命是招生产力之减退,而终归于失败,即以此为目的之政治革命纵可成功,而其成功亦不限于政治革命而已'的话,我是不敢赞成的。""河上先生把革命解释为定要以资本主义之行将破产为前提,我恐怕有失马克斯的本

---

① 灵光:《读了〈穷汉的穷谈〉并〈共产与共管〉以后质沫若先生并质共产党人》,《独立青年》第 1 卷第 1 期,1926 年 1 月。

意罢?"① "我对于这书的内容虽然也并不能十分满意,如他不赞成早期的政治革命之企图,我觉得不是马克斯的本质。"②他除了认为河上肇在论述时机不成熟的社会革命时论据不足,不足以说明问题外,还表明了自己的观点:"时机尚早之社会革命,在我看来,不见得一定有招致生产力之减退,以此为目的之政治革命也不见得仅仅限于政治革命,就是时机未熟之社会革命不见一定有什么危险。""社会革命之成败并不专在乎时机之早迟,而在于企图的方策之完备与否。"③也就是说,即便在生产力尚有发展余地之资本主义社会,如果通过政治革命的途径完成社会革命,只要方策完备,就能促进生产力的发展,争取共产主义的早日实现。既然跟河上肇观点不一致,郭沫若的依据是什么呢?

在与孤军社的论战中,郭沫若反对河上肇有关政治革命作用的理论依据主要是德国社会学家施陶丁格尔(Staudinger)在《道德之经济的基础》中的观点,其实这篇文章河上肇在《唯物史观研究》中曾有过节译。郭沫若根据施陶丁格尔的观点,将《〈政治经济学批判〉序言》中所阐明的观点称为人类社会发展的"必然",将《共产党宣言》中的政治革命诉求称为"当然"。"必然"指社会发展

---

① 郭沫若:《社会革命的时机》,《洪水》第1卷第10、11期合刊,1926年2月5日。
② 郭沫若:《孤鸿》,上海《创造月刊》第1卷第2期,1926年4月16日。
③ 郭沫若:《社会革命的时机》,《洪水》第1卷第10、11期合刊,1926年2月5日。

第一章 郭沫若的信仰与党龄

的客观规律,"当然"指主观能动性。人类在认清客观规律后,可以通过主观能动性促进社会的发展。所以郭沫若认为《〈政治经济学批判〉序言》与《共产党宣言》之间并不存在矛盾:"有许多学者(如象 Toenies, Sombart)以为完全是马克斯思想的矛盾,但我们把自然的研究和当然的要求一划分明显出来,何尝能够说他是矛盾呢?"郭沫若进一步认为,《〈政治经济学批判〉序言》是马克思"以纯粹自然科学的态度来研究得的社会进展的结果",但人类社会"根本是'当然'sollen 的世界,不是纯全的'必然'sein 的世界","我们已经发见了这种社会的因果律,我们人类难道真是自然的死物,不能采用何种手段来使旧社会早早发展到了尽头,使新社会早早产生吗?"①可见,郭沫若认为人类应该发挥主观能动性,通过政治革命促成社会革命,从而早日实现共产主义。

施陶丁格尔关于"必然"和"当然"的区分,之所以被郭沫若吸纳过来批判河上肇,与郭沫若一直以来的思想状态有关。郭沫若是浪漫主义诗人,他在《天狗》等诗歌中所表现出来的气吞日月的精神充分体现了他对个人主体力量的张扬。他翻译接受过尼采的思想,尼采的超人思想对他影响很大。超人的主要特点之一是超越了现实中的善

---

① 郭沫若:《社会革命的时机》,《洪水》第 1 卷第 10、11 期合刊,1926 年 2 月 5 日。

恶观念，自己制定规则，是创造者。① 尼采强调"生命就是强力意志"②，郭沫若赞美"创造个光明的世界"③，即体现了对主体精神的高张。

马克思主义一方面坚持经济基础的决定作用，另一方面认为上层建筑对经济基础具有反作用，这两方面是辩证统一的。恩格斯在1890年的一封书信中表示："如果有人在这里加以歪曲，说经济因素是唯一决定性的因素，那么他就是把这个命题变成毫无内容的、抽象的、荒诞无稽的空话。经济状况是基础，但是对历史斗争的进程发生影响并且在许多情况下主要是决定着这一斗争的形式的，还有上层建筑的各种因素：阶级斗争的各种政治形式及其成果。"④《社会组织与社会革命》片面着眼于经济基础的决定作用，而不强调"上层建筑的各种因素"，不重视人民群众创造历史，这是对马克思主义基本原理的背离，也不符合作为接受过尼采影响的郭沫若的思想状态，正如郭沫若后来对它所批评的："全书偏重于学究式的论争，对于马克思主义的骨干——辩证唯物主义，根本没有接触到。"⑤

河上肇和他的中国学生在强调十月革命的失败以及其

---

① 李斌：《郭沫若思想中的尼采资源新探》，《中国现代文学研究丛刊》2016年第4期。
② 〔德〕尼采：《善恶的彼岸》，朱泱译，团结出版社，2001，第205页。
③ 郭沫若：《创造者》，上海《创造》第1卷第1期，1922年3月15日。
④ 《马克思恩格斯文集》（第10卷），人民出版社，2009，第591页。
⑤ 郭沫若：《序》，《社会组织与社会革命》，商务印书馆，1951，第2页。

第一章　郭沫若的信仰与党龄

他国家不适合进行社会革命时，主要着眼于生产力，以是否促进生产力的发展来判断革命的作用，他们没有考虑到无产阶级的阶级利益。郭沫若和他们的关键区别，是除了着眼于生产力之外，还着眼于无产阶级的命运："在私人资本主义未到破产之前，早早企图有计画有目的的社会革命，以'缩短'而且'缓和'大多数无产阶级的痛苦，岂不是于理当然，而且事实上亦不见得是不可能的事体么？"①

对于无产阶级命运的关注，是郭沫若创作于1923年后来收到《前茅》诗集中的大部分诗歌的重要主题。在《上海的清晨》中，郭沫若悲愤地写道：

> 马路上，面的不是水门汀，
> 面的是劳苦人的血汗与生命！
> 血惨惨的生命呀，血惨惨的生命
> 在富儿们的车轮下……滚，滚，滚，……
> 兄弟们哟，我相信就在这静安寺路的马道中央，
> 终会有剧烈的火山爆喷！②

1924年底，郭沫若应孤军社的邀请，到江苏宜兴一带调查浙江督军卢永祥与江苏督军齐燮元战争所产生的祸乱。

---

① 郭沫若：《社会革命的时机》，《洪水》第1卷第10、11期合刊，1926年2月5日。
② 郭沫若：《上海的清晨》，《创造周报》第2号，1923年5月20日。

流言与真相
革命视野中的郭沫若

他一路对阶级剥削和压迫感触颇深。在写于1925年的《到宜兴去》中,他说道:"一个阶级吃一个阶级。有一个吃的阶级,同时便有一个被吃的阶级。田地里劳苦着的农民,一天一天地被城里的坐食阶级吃食,他们的血汗熬尽了,剩着的枯骨也还要熬出油来,滋润老爷、揪脚们的肠胃呢!这样明白的一个惨祸,最奇怪是有许多睁眼瞎子的学者(?)竟忍心说中国没有阶级,中国没有地主和农奴的区分。这是怎样瞎说八道的混账话哟!"①

在这样的思想基础上,当郭沫若看到河上肇等人对社会发展的冷静分析、只考虑经济发展而不考虑无产阶级命运的时候,他毅然提出了无产阶级的命运问题。其实,有没有阶级观念,这是区别马克思主义者与非马克思主义者的根本标准。恩格斯在马克思墓前的讲话中曾说:"马克思首先是一个革命家。他毕生的真正使命,就是以这种或那种方式参加推翻资本主义社会及其所建立的国家设施的事业,参加现代无产阶级的解放事业,正是他第一次使现代无产阶级意识到自身的地位和需要,意识到自身的解放条件。"② 而当时的河上肇等人不关注无产阶级的命运,算不上真正的马克思主义者。

正如河上肇后来所反省的,他在《社会组织与社会革

---

① 郭沫若:《到宜兴去》,《郭沫若全集·文学编》(第12卷),人民文学出版社,1992,第362页。
② 恩格斯:《在马克思墓前的讲话》,《马克思恩格斯选集》(第3卷),人民出版社,2012,第1003页。

第一章 郭沫若的信仰与党龄

命》中的观点还不是马克思主义的观点，事实上，他当时是曲解了马克思主义，而表现出与第二国际中机会主义者相似的一面。河上肇和他的弟子们否定十月革命的重要意义，否定进行社会革命和阶级斗争的迫切性，他们的理论并非马克思主义的一种①，更不是与"经过列宁改造的马克思主义"相应的"经典马克思主义"②，而是背离了马克思主义宗旨的非马克思主义。他的弟子郭心崧等人貌似用马克思主义理论分析中国问题，实际上却漠视无产阶级的阶级诉求。当郭沫若站在无产阶级的立场自觉抵制河上肇及其中国学生的非马克思主义理论时，他的政治立场是坚定的。有些学者认为"当时的郭沫若尚无明确的政治立场"③，这种观点不符合实际。

三

河上肇的中国学生郭心崧、林灵光等人，反对在中国进行苏俄式的革命，但郭沫若与列宁的观点相似，认为在中国这样的半殖民地国家进行社会主义革命，不仅是可能的，而且是必要的。

---

① 刘奎：《郭沫若的翻译及对马克思主义的接受（1924—1926）》，《现代中文学刊》2012年第5期。
② 熊权：《郭沫若对河上肇的接受与修改》，《中国现代文学研究丛刊》2017年第1期。
③ 熊权：《郭沫若对河上肇的接受与修改》，《中国现代文学研究丛刊》2017年第1期。

流言与真相
革命视野中的郭沫若

郭心崧、林灵光等人认为中国产业落后，不具备进行无产阶级革命的条件。郭心崧认为，"社会革命，照唯物史观看起来，以物质的经济的产业的诸客观条件具备为前提，只有人们的希望，决意，理想，之主观的动因，是不为实现的"，"现在中国真要开发利源，只好借用外资"，如果不借用外资，不但不能开发资源，"并且最初一般民众，一定陷于贫乏"①。所以不能用无产阶级革命断绝外援。林灵光认为："我对于社会革命时认为时机尚未成熟。'我们目前所能解决的只是我们所能解决的问题'，即社会革命的预备。"②他认为帝国主义之间虽有冲突，但一致仇视共产主义，中国可以利用帝国主义间的冲突发展自己的经济，如果中国贸然进行社会主义革命，列强就会联合起来干预，中国的经济更不能够发展。他说："现在我们若立脚于国家主义而不立脚于共产主义，我们可以利用他们利害不同之点使其互相牵制，以自谋独立，俟内乱平定国防充实之后，再进而恢复我们的国权，等得国权恢复，中国完全成为独立国之后，爱怎么干再怎么干好了。"③

对于林灵光、郭心崧等人认为的在不改变国家政权性质的情况下，利用资本主义国家之间的矛盾来发展中国的

---

① 郭心崧：《中国经济现状与社会主义》，《学艺》第 5 卷第 5 期，1923 年 9 月 1 日。
② 灵光：《读了〈穷汉的穷谈〉并〈共产与共管〉以后质沫若先生并质共产党人》，《独立青年》第 1 卷第 1 期，1926 年 1 月。
③ 灵光、一卒：《共产党与中国》，《孤军》第 3 卷第 5 期，1925 年 10 月。

第一章 郭沫若的信仰与党龄

资本主义的观点,郭沫若是如何看待的呢?

在第一次世界大战期间,中国国内的纱厂利用帝国主义无暇顾及的机会,发展如雨后春笋,但一战结束,中国的纱厂陆续倒闭。郭沫若从这件事上得出教训:"我们资本敌不过国际的大资本家们,我们不能和他们自由竞争","我们于发展资本主义最重要的自国市场,已经被国际资本家占领了。"① "我们中国人现在处的是什么地位呢?我们中国人的中国是全世界资本国的唯一的商场,唯一的主顾",国外资本家如"雄大的古木盘据在我们中国的身上,我们的几株嫩苗想起来和他们竞参天之势,这是能够的吗?"② 五卅惨案爆发时,郭沫若就在现场,这次惨案不仅激发了他的民族情感,他还从经济角度进行分析:"现在吞无可吞的列强与后进发展无地之日本都向着一个地大物博的中华来榨取我们的脂膏,吮吸我们的血液,我们身受他们的侵略已经快要满一世纪了。"③ 从对于中国纱厂兴衰的观察和五卅惨案的刺激这些切身经验出发,郭沫若认为深受帝国主义侵略和压榨的中国,是不可能在不改变现政权的条件下发展国家资本主义的。

除这一切身体验之外,郭沫若的观点还同列宁的帝国主义论等理论基本一致。

---

① 郭沫若:《序》,漆树芬:《帝国主义经济侵略下之中国》,上海:光华书局,1925,第14页。
② 郭沫若:《一个伟大的教训》,《晨报副刊》1925年5月1日。
③ 郭沫若:《四川旅沪学界同志会五卅案宣言》,《晨报副刊》1925年7月13日。

流言与真相
革命视野中的郭沫若

与河上肇等人对于十月革命的观感不同，郭沫若在翻译《社会组织与社会革命》之前，就多次表达了对列宁和十月革命的敬意。他希望中国人民"如俄罗斯产业大革命一样，/把一切的陈根旧蒂和盘推翻，/另外在人类史上吐放一片新光"①。列宁逝世后，他热情歌颂列宁，"无衣无业的穷困人们/受了他从天盗来的炎炎圣火"，"四海的潮音那在同声哀悼"。②在翻译《社会组织与社会革命》的过程中，他感叹列宁没有改宗。该书翻译完后，他给成仿吾写信并没有过多赞美作者河上肇，而是将最高的赞美给予了列宁："我费了两个月的光景译完了此书，译述中我所最感到惊异的是：我们平常当成暴徒看待的列宁，才有那样致密的头脑，才是那样真挚的思想家。"③对于列宁和十月革命，郭沫若与河上肇等人站在了完全相反的立场，他认同"走社会主义的道路，走劳农俄国的道路"④。

列宁在《帝国主义是资本主义的最高阶段》等经典著作中根据资本主义在垄断阶段的发展特点，提出了帝国主义的理论，他认为"帝国主义是资本主义的垄断阶段"，"帝国主义已经从萌芽状态生长为统治的体系，资本主义垄

---

① 郭沫若：《黄河与扬子江的对话》，《孤军》第 1 卷第 4、5 期合刊，1923 年 1 月。
② 郭沫若：《太阳没了——闻列宁死耗作此》，《创造周报》第 38 期，1924 年 1 月 13 日。
③ 郭沫若《孤鸿》，上海《创造月刊》第 1 卷第 2 期，1926 年 4 月 16 日。
④ 郭沫若：《一个伟大的教训》，《晨报副刊》1925 年 5 月 1 日。

第一章 郭沫若的信仰与党龄

断组织在国民经济和政治中居于首要地位,世界已经瓜分完毕"。帝国主义国家剥削殖民地国家,"极少数最富有的国家享有垄断高额利润"。① 根据列宁的帝国主义理论,帝国主义对"落后地区的兼并不是为了促使这些地区经济的发展,而是要拼命维持其落后的经济关系,以利其统治"。② 此外,列宁还在《论我国革命》中认为:"世界历史发展的一般规律,不仅丝毫不排斥个别发展阶段在发展的形式或顺序上表现出特殊性,反而是以此为前提的。""俄国能够表现出而且势必表现出某种特殊性,这些特殊性当然符合世界发展的总路线,但却使俄国革命有别于以前西欧各国的革命,而且这些特殊性到了东方国家又会产生某些局部的新东西。"③正如论者所说,列宁在《论我国革命》等文章中论述了"在帝国主义战争造成的民不聊生的环境下,即使经济十分落后的国家夺取无产阶级革命的胜利,也是可能的。不仅如此,在这样的国家里,无产阶级夺取政权比那些发达国家更容易。因为经济的落后使这些国家的资产阶级经济地位脆弱,其统治也就更易被摧毁。而这些国家劳动人民却因经济的落后和受封建主义、资本主义多重压迫与剥削革命性更强、更坚定。因此在特定情况下夺取政

---

① 列宁:《帝国主义是资本主义的最高阶段》,《列宁专题文集·论资本主义》,人民出版社,2009,第190页。
② 中国人民大学马列主义发展史研究所编《马克思主义史》(第2卷),人民出版社,1995,第600页。
③ 列宁:《论我国革命》,《列宁选集》(第4卷),人民出版社,2012,第776页。

权更为容易些"①。

列宁的《帝国主义是资本主义的最高阶段》的部分译文1924年5月就在《民国日报·觉悟》连载,从郭沫若对列宁的关注和赞扬来看,他对这本著作的基本观点是熟悉的,他在论战中的观点与列宁的观点是基本一致的。郭沫若认为,处在帝国主义时代,唯一的出路就是反抗帝国主义的经济侵略,因为即便利用列强的矛盾,废除了不平等条约,"但他们外国人要发泄他们过剩的资本,他们还是要来侵略我们的"。所以最好的办法就是在共产革命之后"厉行国家资本主义"②。与列宁关于落后国家具有率先进行无产阶级革命的可能性的理论相似,郭沫若认为中国革命的成功可能促进世界革命高潮的到来:"我们中国的共产革命的成功,同时就是各个资本主义国家的失败,他们把商场失掉,过剩的资本没有地方发泄,他们的内部愁他不起变化!那么,我们中国的共产革命的成功说不定就是世界共产的发轫呢。"③

河上肇之所以认为资本主义的发展还有余地,时机过早的社会革命会造成生产力的衰退,很大程度上是根据日本的经验。日本在明治维新后经济获得高速发展,因而在很多具有民族主义思想的知识分子看来,没有进行社会革

---

① 中国人民大学马列主义发展史研究所编《马克思主义史》(第2卷),人民出版社,1995,第678~679页。
② 郭沫若:《共产与共管》,《洪水》第1卷第5期,1926年。
③ 郭沫若:《共产与共管》,《洪水》第1卷第5期,1926年。

第一章 郭沫若的信仰与党龄

命的必要。另一个成功的例子是土耳其，它在1923年改变了自己的殖民地地位，建立了独立的资本主义国家，对殖民地人民的斗争具有鼓舞作用。在郭沫若与孤军社还保持着良好关系时，孤军社内部曾讨论过中国的经济路线，只有郭沫若和杜国庠赞成苏俄的道路，其余人"有一个共同的信仰，便是学习日本和土耳其"①。

在郭沫若和孤军社论战时，瞿秋白和蒋光慈拜访了郭沫若。在瞿秋白这位中国共产党领导人面前，郭沫若力陈中国不能走日本的道路："那已经人满为患的几个岛子，在殖民价值上那里赶得上我们？因此在日本民族觉醒了自行振作起来的时候，欧美人倒也满不在乎，他们乐得有我们这个太牢在手，无暇去争吃小鲜。"②在殖民者的眼中，日本只是"小鲜"，失去不可惜，中国才是美味可口量足够大的"太牢"，必定紧紧抓住，所以中国不能走日本的道路。郭沫若的观点，与列宁的帝国主义论相似，是对中国道路所做的符合实际的分析。

中国只能走苏俄的道路而不能走日本和土耳其的道路，郭沫若对于这一观点是始终坚持的。大革命失败后，他写了长篇小说《骑士》，以郭沫若本人为原型的主人公朱杰民在小说中说："日本之所以成功，土耳其之所以得到解放，都是因为有了我们中国。有了我们中国这样个伟大的殖民

---

① 郭沫若：《创造十年续编》，上海：北新书局，1938，第159页。
② 郭沫若：《创造十年续编》，上海：北新书局，1938，第162~163页。

地，所以日本那蕞尔三岛可以暗度陈仓，在短期间内未为先进资本国家所十分注意便把羽翼丰满了起来。土耳其之在近东问题的焦点位置，明明是因为有我们中国这个远东问题的焦点替它置换了的。"① 1930年，郭沫若又在《文学革命之回顾》中认为："外来的资本主义要把中国束缚成一个恒久的乡村，作为发泄它们过剩资本，过剩生产的尾闾，同时便是把中国作为世界革命的缓冲地，有中国这个庞大的乡村存在，世界资本主义的寿命便得以延长。""中国的薄弱的资产阶级势力受着内外的夹攻，不能够遂行它的使命，而始终是萎缩避易以图其妥协的存在。"②这些例子说明，郭沫若坚持列宁的帝国主义理论，坚持中国走苏俄式的道路的观点是一贯的。

四

郭沫若与孤军社在排斥个人资本主义、发展国家资本主义这一经济方略的观点上是相同的。③ 只是对于如何发展

---

① 郭沫若：《骑士》，《地下的笑声》，上海：海燕书店，1947，第442页。
② 郭沫若：《文学革命之回顾》，《文艺论集续集》，上海：光华书局，1931，第153、154页。
③ 郭沫若认为："在物质后进的国家，比较先生出了对于社会主义的景仰。因种种经济以外的机缘，社会主义者得到政治革命的成功，要促进物质的生产力，舍国家资本主义而外没有别的道路！聪明的列宁，他所以指导俄罗斯的便是这样。我们中国正好学他，正好由有主义、有计划、当然是不赞成自由放任主义的人，纠合主义相同的人以实行社会主义的政治革命。革命成功之后再施行国家资本主义。舍此之外，我们也别无他法。"（郭沫若：《到宜兴去》，《郭沫若全集·文学编》（第12卷），第334页）。叶桂生（转下页注）

第一章　郭沫若的信仰与党龄

国家资本主义，他们给出的路径不同：郭沫若主张学习苏俄，无产阶级先掌握国家政权，然后发展国家资本主义；而孤军社则主张在保持现政权不变的情况下发展国家资本主义。这就涉及国家政权的问题。

郭沫若敏锐意识到国家政权的性质是革命需要面对的重要问题。"'国家'这种制度可以有两种形式的成立：一种是旧式的国家，一种是新式的国家。旧式的国家是有产阶级所形成的，他是掠夺榨取的一种武器，他的本身就包含酝酿战争的毒素。新式的国家是反对旧式的国家而起，他是要采取公产的制度的，他当然只能构成于无产阶级，而他的目的是在实现永远平和。""居今日二十世纪的世界，居今日深受资本帝国主义压迫的我们中国，无论从学理上，从经济的事实上，从人道上，都没有再提倡旧国家主义的余地了。我们真真是爱国的，我们真真是想救中国，想救我们中国的国民的，我们是只有采取新国家主义的一条路，就是实行无产阶级的革命以厉行国家资本主义！"①郭沫若明

（接上页注③）认为郭沫若此处对中国问题的认识有偏颇："如果政治革命成功了，就是施行国家资本主义'别无他法'，这一番话，实际上没有抓住中国的特点。农民问题乃是中国革命的中心。一切问题，包括革命胜利后的经济建设和改革，都以此为准绳。像中国这样的国情，高谈'国家资本主义'是一种不合时宜"，郭沫若真正参加革命后，"实际上也就抛弃了这一主张"（叶桂生：《翻译〈社会组织与社会革命〉所起的影响和作用——为纪念郭沫若百年诞辰而作》，王锦厚等编《郭沫若纵横论》，成都出版社，1992，第107、108页）。

① 郭沫若：《新国家的创造》，《洪水》第1卷第8期，1926年1月1日。

确"新国家"为无产阶级领导的国家,这是与"旧国家"的本质区别。① 郭沫若的这一思想,与列宁在《国家与革命》中的观点基本一致。

列宁早在 1917 年就在《国家与革命》中明确指出:"既然国家是阶级矛盾不可调和的产物,既然它是站在社会之上并且'日益同社会相异化'的力量,那么很明显,被压迫阶级要求得解放,不仅非进行暴力革命不可,而且非消灭统治阶级所建立的、体现这种'异化'的国家政权机构不可。""整个觉悟的无产阶级将同我们一起进行斗争,不是去争取'力量对比的变动',而是去推翻资产阶级,破坏资产阶级的议会制,建立公社类型的民主共和国或工兵代表苏维埃共和国,建立无产阶级的革命专政。"②这实际上为无产阶级改变自己的命运指明了方向。

但作为经济学家的河上肇似乎并不关心这部著作,他在著作中并没有对资产阶级的国家和无产阶级专政的国家做出区分,从而不可能认识到无产阶级打碎资产阶级国家机器、建立无产阶级专政的国家政权的重要意义。河上肇甚至诉求在保持现有政权不变的情况下,通过改良发展国家资本主义,从而以不流血的方式进步到共产主义。受河

---

① 关于郭沫若对"新国家主义"和"旧国家主义"的论述,可参考李怡《国家与革命——大文学视野下郭沫若的思想转变》(《学术月刊》2015 年第 2 期)。
② 列宁:《国家与革命》,《列宁选集》(第 3 卷),人民出版社,2012,第 115、219 页。

第一章 郭沫若的信仰与党龄

上肇的影响，他的中国学生都没有将国家资本主义限定在"无产阶级的革命"下，他们主张保持现有资本主义国家政权的性质不变，并在此基础上发展国家资本主义。虽然郭沫若对国家的认识也还不可能达到列宁的高度①，但他毕竟提出了国家政权的性质问题。对这一问题的不同认识也是区别列宁主义者和非列宁主义者的重要依据。

河上肇认为："俄国革命仅是以实现社会主义为目的的政治革命，革命以后还有一个时期之中社会主义之实现几乎是全未就绪的。""经济的经营期，尤其是在俄国，是应该要靡费长久的岁月的"，所以"听说俄罗斯起了社会主义的政治革命便以为社会主义是在俄罗斯国内实现了，这是大错而特错的"②。这些观点被林灵光进行了发挥。林灵光认为十月革命失败了，理由是俄国采取了新经济政策。"我对于俄国的共产革命，则不能认为成功，其成功只是革命二字，他虽然作过一番共产的革命，其结果是新经济政策仍旧不能不行。""不必说土地也归国有，农人种地收成之后须纳若干成于国家，但其结果俄国大饥荒了"，"所以列宁不得已，一变而采用新经济政策，即承认私有财产，自是之后，俄国的产业才日有进步，同时而共产革命的颜色亦日以减褪，号称共产革命，无产阶级专政的苏俄，至今

---

① 比如他曾天真地邀请"有产阶级的衮衮诸公""前来实行新国家主义，前来作无产阶级的伴侣"（郭沫若：《新国家的创造》，《洪水》第1卷第8期，1926年1月1日）。
② 《社会组织与社会革命》，第251、258页。

日已变成新资本家阶级与特权阶级的专政了"。① 可见,在林灵光看来,列宁已经从无产阶级革命家变成资本主义国家领袖了。

《社会组织与社会革命》下编第六章,是河上肇对列宁《农业税之意义》的芝加哥大学出版社的英译本的转译,而英译本相对于原文于"末尾处大有省略"。郭沫若翻译《社会组织与社会革命》时,没有依据河上肇的译文,而是从何公敢处借得收有列宁该文完整版本的 Soviet Russia 杂志,根据该杂志翻译并收入中译本《社会组织与社会革命》。郭沫若于译后附白:"日译与杂志原文稍有出入处,但无关紧要,故仍旧。惟最末处一小节日译本中完全省略了,兹特补译出来使成完璧。日译者所据英译单行本及德译本均未到手,殊引为遗憾。此文于社会革命之道途上非常重要,故人对此颇多误解,有人以为列宁改宗,遂援引为例,欲于中国现状之下提倡私人资本主义者,这真是侮辱列宁,遗憾社会了。译此文竟,倍感列宁之精明和博大,追悼之情又来摇震心旌,不禁泪之潸潸下也。"②所谓"列宁改宗",所指应该就是林灵光所谓的列宁领导下的苏俄"变成新资本家阶级与特权阶级的专政了"的观点。那么,究竟是什

---

① 灵光:《读了〈穷汉的穷谈〉并〈共产与共管〉以后质沫若先生并质共产党人》,《独立青年》第 1 卷第 1 期,1926 年 1 月。
② 《社会组织与社会革命》,第 288 页。

第一章　郭沫若的信仰与党龄

么让郭沫若坚持认为列宁没有改宗呢?①

在收入《社会组织与社会革命》中的列宁《农业税之意义》的完整译文中，列宁谈到了产生社会主义的两个条件。第一是物质基础，"没有由科学上最新之智识所建的大规模之资本家的技术，没有系统的国家组织可以使数百万人服从于生产物之生产及分配的同一标准之严密的遵守时，社会主义到底是不可能的"；第二是政治保障，"没有国内的无产者之支配，社会革命也是不可能的"。②河上肇的日译本对于该文最末一节完全省略③，正是在被省略的该文的末尾处，列宁说："我们不怕资本主义，因为资本主义底范围由于地主与有产阶级之经济的废灭，由于劳农政府之存在，已经十分受了限制，十分受了调节了。"④从这些表述来看，列宁强调了"无产者之支配"，"劳农政府之存在"，这都分明强调他的新经济政策是在无产阶级领导之下的"新国家"内实现的。只要保证了国家政权的无产阶级性质，就不存在"列宁改宗"的问题。郭心崧等人没有强调这一点，曲

---

① 刘奎在《郭沫若的翻译及对马克思主义的接受（1924—1926）》（《现代中文学刊》2012 年第 5 期）中对《社会组织与社会革命》下编第六章的版本有所注意，并做出了精彩分析，对本书有所启发。但由于论题不同，该文对郭沫若为什么会认为列宁没有改宗这一重要问题没有进一步追问。
② 《社会组织与社会革命》，第 275 页。
③ 日本学者中井政喜查出了被河上肇省略而后被郭沫若译出的列宁《农业税之意义》中的那段文字。参考中井政喜《有关郭沫若和〈关于社会组织与社会革命的若干研究〉的笔记——"革命文学"论证录》（《郭沫若与中西方文化》，当代中国出版社，1998，第 217 页）。
④ 《社会组织与社会革命》，第 288 页。

解列宁,但郭沫若通过重新翻译"倍感列宁之精明和博大,追悼之情又来摇震心旌,不禁泪之潸潸下也"。

五

早在翻译完《社会组织与社会革命》后,郭沫若就立即意识到"要回中国去了,在革命途上中国是最当要冲"。①郭沫若后来指责《社会组织与社会革命》"对于马克思主义的实践——怎样来改造世界,更差不多采取回避的态度"。②"他没有从无产阶级革命运动出发,只强调社会变革在经济一方面的物质条件,而忽略了政治方面的问题。"③参与"改造世界"的革命运动和政治工作,正是郭沫若在翻译完该书后确立的重要人生方向。

在与孤军社的论战中,郭沫若明确表示,"同是要有绝对的国家权力才能发达的东西,我们自然当采取较近的捷路走,在这一点上我赞成'孤军'的国营政策,但是这种政策的先决条件是要推倒现政府","我觉得现在所当讨论或者实行的便是如何造成一种势力以推倒政府,如何推倒政府以攫取政权","在我们现在是在社会革命的宣传期中,如何团聚势力以攫取政权,也正是这个时期应有的事"。④多

---

① 郭沫若:《孤鸿》,上海《创造月刊》第1卷第2期,1926年4月16日。
② 郭沫若:《序》,《社会组织与社会革命》,商务印书馆,1950,第2页。
③ 《郭沫若同志答青年问》,《文学知识》1959年5月号。
④ 郭沫若:《社会革命的时机》,《洪水》第1卷第10、11期合刊,1926年2月5日。

第一章　郭沫若的信仰与党龄

年以后,他还清楚地描述当时的思想状态:"我想一方面仍旧继续着自己的学艺生活,而在另一方面从事实际活动。"① 可见,参加实际革命工作已经成为他翻译完河上肇著作后的迫切需要。

郭沫若对于参加实际革命工作的愿望,在 1925 年的《到宜兴去》中表现得也很明白。他这次调查过黄渡与安亭时,车上一位杨姓朋友给他指点着附近的战迹,他看见了毁坏的农家房屋和田地里戴孝的女子。但郭沫若并不像五四初期那样给予这些女子以单纯的人道主义的同情,而是对这些女子不反抗表示遗憾:"他们平时上粮纳税,要去供养一些猪,猪发了疯时要咬死他们,这有谁能够替他们流泪呢?"在蜀山镇上,郭沫若听人讲有两兄弟遇着拉夫的兵士,吓得跳了河,弟弟淹死了。郭沫若也不同情:"我觉得商桥的兄弟是懦弱得连兔子也还不如的人,他们有胆量跳河寻死,为甚么不回头与兵士们决一死斗呢?"死去丈夫的女子和被拉夫的兄弟,都属于社会底层大众。郭沫若所希望于他们的,不是听任别人宰割自己的命运,而是奋起反抗,自己掌握自己的命运:"陈涉、吴广也是秦始皇的时候拉的夫子,他们终竟把天下推翻了。现在的夫子里面,就只有囫吞糟豆腐的人吗?"②这样的思想,必然导向实际革命

---

① 郭沫若:《创造十年续编》,上海:北新书局,1938,第 32~33 页。
② 郭沫若:《到宜兴去》,《郭沫若全集·文学编》(第 12 卷),人民文学出版社,1992,第 330、374、376 页。

流言与真相
革命视野中的郭沫若

斗争。

1926年,郭沫若南下广东,不久参加北伐,这是在列宁和十月革命的影响下使然,而并非如论者所说:"虽然他的思想越来越倾向'共产主义派',但并未表现出加入实际政治活动的意愿,他的姿态仍然是一个超越党派的独立批评家。"①他对参加实际政治活动的意愿和兴趣,在翻译完河上肇著作后就已经确立,终其一生未曾改变。这种意愿与兴趣,是在马克思主义指导下产生的,所以当他发现蒋介石破坏工人组织时,会不顾名利诱惑和个人安危,写下《请看今日之蒋介石》这篇战斗檄文;在北伐失败、革命进入低潮时,毅然加入中国共产党,从此以中国共产党的组织纪律来严格要求自己。

相对于学术研究和文学创作,实际的革命和政治活动,即"团聚势力以攫取政权"以及如何建设新生的无产阶级政权,是郭沫若生命中的头等大事。

在北伐失败后蛰居上海的短暂时间里,他针对后期创造社成员在理论上的繁复和较劲儿,写了《战取》一诗,用"莱茵的葡萄"这一来自《浮士德》的隐喻,规劝年轻的朋友,"中国革命是当下正在发生的客观历史,也是正在不断充血的主观时间('血液不断涌上心头'),而不是外来

---

① 程凯:《革命的张力》,北京大学出版社,2014,第36页。

第一章　郭沫若的信仰与党龄

的理论或话语,不是对西方现代性的摹写"①,表示自己"酿出一片的腥风血雨在这夜间,／战取那新的天阳和新的宇宙!"②指向的是革命的实际行动。

在被迫流亡日本埋首甲骨文、金文研究的岁月里,郭沫若一直念念不忘的,正是十月革命和中国共产党人的长征。他在《周金中的社会史观》的末尾写下这样的附记:"1929 年 11 月 10 日夜,一个人坐在斗室之中,心里纪念着一件事情。"③这件事就是十月革命。三年前的 11 月 10 日,郭沫若在武昌筹备纪念十月革命,三年后他隐居在东京郊外的书斋中仍然忘不了这个特殊的日子,这充分说明他对革命斗争的系念。他在北伐时代的同事李一氓参加了长征。1937 年,他给李一氓写信说:"二万八千里的行程,我的肉体未能直接参加,我是十二分抱歉的。但我始终是和从前一样,记得前些年辰早就写过信给你,说我就骨化成灰,肉化成泥,都不会屈挠我的志气。"④

后来无论是参加反对日本帝国主义侵略的抗日战争,还是在抗战结束后的民主斗争中,郭沫若始终将革命和实际政治活动放在首位。这招致了一些误解和批评,他不得

---

① 王璞:《从"奥伏赫变"到"莱茵的葡萄"——"顿挫"中的革命与修辞》,《现代中文学刊》2012 年第 5 期。
② 郭沫若:《战取》,《恢复》,上海:创造社出版部,1929 年再版,第 78 页。
③ 郭沫若:《中国古代社会研究》,上海:联合书店,1930,第 314 页。
④ 林甘泉、蔡震主编《郭沫若年谱长编》(第 2 卷),中国社会科学出版社,2017,第 687 页。

流言与真相
革命视野中的郭沫若

不多次表明态度。1941年,有人指责郭沫若抗战归国四年来创作很少,也有人说他学术研究荒废了,但他说,他"并不引以为憾","在大动荡的惊涛恶浪中,我这些小船固定在一座珊瑚礁上了。我不仅没有功夫写,也没有功夫看"。"在目前这样天翻地覆的时代,即使有更适当的环境让我从事研究,我也不会有那样静谧的心境。我始终是一个'人',那种'超人'式的行径,的确是超过了我。"① 1947年,当郭沫若积极投身民主运动时,萧乾在《大公报》的社评《中国文艺往哪里走?》中要求"一个有理想,站得住的作家,绝不宜受党派风气的左右,而能根据社会与艺术的良知,勇敢而不畏艰苦的创作"。② 郭沫若愤然反驳说:"我自己在这儿可以公开的宣布:我要取消掉我这个'文艺家'或'作家'的头衔。""不做'文艺家'不要紧,我们总得要做'人';写不出'伟作'可以和萧伯纳相比的也不要紧,总要对得起每天给我们饭吃的老百姓。"③ 这充分说明,他始终是将中国革命和实际政治活动放在生命中的首要位置。从这个角度说,郭沫若正是鲁迅所呼唤的"立意在反抗,指归在动作"的摩罗诗人,更以自己的实际行动,践行了马克思的"哲学家们只是用不同的方式解释世界,而问题在于改变世界"这一革命者的重要信念。

---

① 郭沫若:《序》,《羽书集》,香港:香港孟夏书店,1941,第1、2页。
② 《中国文艺往哪里走?》,《大公报》1947年5月5日。
③ 郭沫若:《序》,《盲肠炎》,上海:群益出版社,1947,第4、5页。

第一章　郭沫若的信仰与党龄

小　结

　　河上肇虽然在《社会组织与社会革命》中明确了资本主义向共产主义发展的趋势，但他当时还不是马克思主义者。他认为在生产力还有发展余地的情况下，不改变现政权尽力发展资本主义，就是为共产主义做准备。他认为十月革命是失败的，因其时机未熟，可能造成生产力倒退。在河上肇影响下，他的中国学生郭心崧、林灵光、周佛海等人大都不赞成在中国进行共产革命。河上肇早年思想对中国革命的消极影响，受到了郭沫若的批判和清算。

　　郭沫若翻译河上肇的《社会组织与社会革命》后，逐渐坚定了马克思主义信念。这种信念的坚定，是在对河上肇及其中国学生的批判中完成的。他从河上肇早年理论中坚定了共产主义必胜的信念，他思想中一贯的尼采和浪漫主义高扬主观能动性的因素，以及对无产大众命运的关注，反而使他更有可能理解马克思主义的本质，从而展开对河上肇早年理论的批判。他批评河上肇等人单纯从生产力发展的角度考虑问题是缺乏"辩证唯物主义"观念的表现。为了使无产阶级尽早解放，他主张发挥主观能动性，促成社会革命的早日到来。

　　与河上肇及其中国学生不同，郭沫若对列宁和十月革命怀着憧憬，认为中国应该走苏俄的道路。郭沫若在与孤军社的论战中传达了与列宁关于帝国主义及国家和革命相一致的观念。他认为在帝国主义的经济侵略下,中国的资本主义很难发展,只有经过无产阶级革命,建立与"旧国家"不同的无产阶级领导的"新国家",然后发展国家资本主义,才能够解救中国和无产大众。郭沫若还批评当时的河上肇等人对"实践"和"改造世界"所采取的回避的态度。在与孤军社论战的后期,他确立了投身革命实践的人生信念,此后,革命实践和政治活动成为他生命的头等大事。

郭沫若信仰马克思主义,走向革命,是在综合了长期以来的学识和经验,通过独立批判河上肇的理论完成的。与此同时,年轻的中国共产党正在开展对国家主义的批判。[①] 郭沫若和中国共产党平行开展了对中国革命的理论探索,他们得出了相似的结论,共同投身无产阶级的解放事业。这是郭沫若加入中国共产党的思想基础。郭沫若此时奠定的马克思主义信念与对中国革命的独特看法指导了他此后的行为方式、学术思想和创作活动,终其一生未曾改变。

---

① 相关论述参考如下论著:张声卫:《第一次国内革命战争时期中国共产党对国家主义派的斗争》,《历史教学》1979年第10期;赵德教:《国家主义派在第一次国内革命战争时期的反革命活动——兼谈共产党人对国家主义派的斗争》,《史学月刊》1982年第2期;朱敏彦:《恽代英对国家主义派的批判》,《山东医科大学学报》(社会科学版)1991年第2期;余建新:《恽代英在反对国家主义斗争中的贡献》,《杭州师范学院学报》(社会科学版)1992年第1期;孙淑:《瞿秋白批判国家主义派的历史功绩》,《瞿秋白百周年纪念——全国瞿秋白生平和思想研讨会论文集》,中央文献出版社,1999;王鹏程、储峰:《大革命时期〈中国青年〉对国家主义的批判探微》,《湖湘论坛》2012年第3期。

第一章　郭沫若的信仰与党龄

第二节　郭沫若的党籍与党龄

关于郭沫若的党籍与党龄，曾经扑朔迷离，绝大多数人并不知情。很多人道听途说，传言郭沫若曾经"脱党"，并由此引申出郭沫若信仰不坚定，是"墙头草"等谬论。故而有必要对郭沫若的党籍和党龄问题做出符合实际情况的考察。

一

1924年，郭沫若在翻译完日本学者河上肇的《社会组织与社会革命》后，开始转向马克思主义。在中共领导人瞿秋白等人的推荐下，1926年3月，郭沫若前往广东，就任广东大学文科学长。在广东大学期间，郭沫若申请加入中国共产党。据当时担任中共广东大学党总支书记兼粤区学生运动委员会委员的徐彬如回忆：

> 1926年北伐前，郭沫若任中山大学文学院院长。不久，郭沫若把文学院整顿得很好。此时，郭沫若要求入党，写了申请书，我当时任总支书记，总支讨论的结果表示同意，报请粤区区委批准。粤区区委讨论的结果认为郭沫若暂时不入党为好，可以等一等，让郭沫若通过实际工作，再锻炼锻炼。区委书记陈延年

流言与真相
革命视野中的郭沫若

同志先让毕磊同志通知他，后由恽代英同志代表党组织和郭沫若进行了谈话。郭沫若听后，表示愿意放弃文学院院长的职务，同意到军队做些实际工作。当时正值北伐军组织政治部，邓演达任军事委员会政治部主任，孙炳文任政治部秘书长，恽代英同志就安排郭沫若任政治部宣传科科长。①

宋彬玉等人于1984年采访了时任中共广东大学党总支委员会宣传委员的韩拓夫。他对郭沫若当年申请入党情况的回忆和徐彬如的回忆相似：

> 中山大学（即广东大学）设中国共产党总支委员会，从一九二六年一月直到一九二七年清党为止。书记是徐彬如，文科三年级学生。我是宣传委员，组织委员是我的一个同乡，已被杀害。还有其他几个委员，……我当时是文学院预科学生，和许涤新同一支部。
>
> 郭沫若到广东大学后曾要求加入中国共产党，经粤区区委研究，认为再等一等，要他到军队里锻炼锻炼。……那时共产党员都参加国民党，要求入党的同

---

① 徐彬如：《忆代英同志》，《六十年历史风云纪实》，中国文联出版公司，1991，第199页。

第一章 郭沫若的信仰与党龄

志,也先参加到国民党里面进行锻炼锻炼。①

在国共合作的背景下,1926年7月,郭沫若加入国民党,参加北伐,并担任北伐军总政治部副主任。郭沫若此时虽然是国民党员,但在思想上他早已是一名马克思主义者,所以当他发现蒋介石有背叛革命的迹象时,毅然写下了《请看今日之蒋介石》这篇战斗檄文。其实,当时蒋介石十分器重他。蒋介石在南昌讲演时,郭沫若曾经在一旁大声将他的话传递给听众。蒋介石的夫人到南昌,是郭沫若陪同的。蒋介石甚至许诺在完成统一后,由郭沫若负责领导江南几省。郭沫若如果不是因为坚定地信仰马克思主义,不会抛弃个人的大好前程,选择"反蒋"这条充满危险的革命道路。

在蒋介石发动"四一二"反革命政变后,郭沫若秘密抵达上海,向周恩来等人汇报了九江、安庆等地的情况。4月16日,周恩来、赵世炎、罗亦农、陈延年、李立三致电中共中央,建议出师伐蒋:

> 武昌三道街省农民协会刘子谷转屈楚豪、李家祥、郭沫若来道及九江、安庆捣毁党部、工会,屠杀民众,

---

① 宋彬玉、张傲卉:《访问韩拓夫谈话记录》(1984年1月17日,记录经韩本人审阅),转引自《大革命时期郭沫若同党的关系——兼谈郭沫若的思想发展》,《郭沫若研究》(第4辑),文化艺术出版社,1988,第224~225页。

流言与真相
革命视野中的郭沫若

纯由蒋氏直接指挥。近日杭州、南京及上海大屠杀与捕杀共产党，要证明蒋氏结帝国主义反动之迹已著。①

从周恩来等人对郭沫若情报的高度重视来看，他们将郭沫若当成了在组织上尚未入党的同志。郭沫若的积极呼吁对于中共中央决定独立自主地开展革命斗争起到了一定的促进作用。

1927年，八一南昌起义爆发，郭沫若在缺席的情况下担任了南昌起义部队主席团成员兼宣传委员会主席。郭沫若在部队撤退的前一天赶到了南昌，随着起义部队撤退。8月底，起义部队撤退至瑞金时，郭沫若由周恩来、李一氓介绍加入中国共产党。据李一氓回忆："在瑞金的时候，周恩来同我商量，要介绍郭沫若入党。究竟是郭沫若提出在先，还是组织上要他入党在先，现在无从说起。我看这不是一个重要问题，因为当时对郭沫若来讲，入党的时机已经成熟。"②郭沫若加入中国共产党在起义部队中是秘密的，起义部队中有些中共党员都不一定知道，更不用说起义部队之外的人了。

1928年春，郭沫若在党组织同意下东渡日本。关于他

---

① 《上海区委电报一则——关于蒋介石叛变及目前时局问题（一九二七年四月十六日）》，中央档案馆等编《上海革命历史文件汇集（中共上海区委文件）一九二六年——一九二七年》，1986，第417页。

② 李一氓：《北伐和南昌起义（下）》，中共中央党史研究室编《中共党史资料》（第40辑），中共党史资料出版社，1992，第24页。

第一章 郭沫若的信仰与党龄

流亡时期和党组织的关系如何,由于东京党组织属于地下组织,又曾遭到破坏,档案不存,这方面没有确凿的证据。

1935年,瞿秋白被国民党军队逮捕。记者去狱中采访他,他对记者曾说过这样一段话:

> 郭沫若到日本后,要求准其脱党,闻系出于其日本老婆之主张,以在日如不脱党,处处必受日本当局干涉,不能安居。苏维埃中央原谅其苦衷,已准其脱党。①

这段访问记成为后来很多人认为郭沫若流亡期间主动脱党的主要证据,但此处存疑较多。第一,瞿秋白和郭沫若是十分亲密的战友。瞿秋白推荐郭沫若去广东,由此才有后来郭沫若的戎马生涯。他们在大革命时期的武汉曾经一起畅谈革命。瞿秋白生前最后一封信就是写给郭沫若的。瞿秋白被捕后,忠贞刚烈、临危不惧。郭沫若在日本以马克思主义理论研究中国古代社会、考释甲金文字,信仰十分坚定。瞿秋白出于掩护战友的目的,可能会说郭沫若已经"脱党",从而给郭沫若减去不必要的麻烦。第二,这篇文字是由一名国民党认可的记者去采访一名作为"囚徒"的中共前领导人,揭载在《国闻周报》上,采访记和瞿秋

---

① 李克长:《瞿秋白访问记》,《国闻周报》第12卷第26期,1935年7月8日。

白的真实回答之间是否有不吻合甚或涂改之处，我们已经无从知晓，因为既没有录音，"囚徒"也不能公开发声辩护，故而只能存疑。第三，除瞿秋白这段文字，笔者没有见到其他任何当时的知情人说郭沫若在日本曾"脱党"。孤证不足为凭。综上所述，笔者觉得《瞿秋白访问记》不足为训。

《瞿秋白访问记》曾经产生了一定的影响。1958年10月30日，中国科学院党组给周恩来、聂荣臻提交关于郭沫若、李四光、钱学森三人的入党报告。报告草案中关于郭沫若的情况表述为："郭老长期以来在党的领导下从事革命工作，但因党籍问题未能公开解决，思想上存在严重的苦闷。根据郭老大革命时期便参加了党，以后虽一度脱党，但在党的领导下为党工作。我们认为可以吸收郭老从新入党，不要预备期，做为正式党员。"报告稿后来修改为："郭沫若同志长期以来，因党籍问题未能公开解决，青年人经常写信质问他，思想上存在苦闷。这次由周恩来、聂荣臻同志介绍沫若同志从新入党，我们意见不要预备期，做为正式党员。"①郭沫若正式入党后，中国科学院物理所实习员黄美蓉坦言："郭老过去脱过党，为什么还要发展他？"②从报告的修改和黄美蓉的反应来看，当时中国科学院内部关于郭沫若的党龄存在不同看法。报告初稿和黄美蓉认为

---

① 《关于同意郭沫若、李四光、钱学森入党问题的报告》，中国科学院档案，档案号 1960 - 11 - 6 - 1。
② 《关于郭沫若、钱学森二同志入党的反映》，中国科学院档案，档案号 1960 - 11 - 6 - 7。

第一章　郭沫若的信仰与党龄

郭沫若"一度脱党""过去脱过党",应该是受到了《瞿秋白访问记》的影响,报告修改稿回避了这个问题,但也没有说清楚郭沫若的党龄。

二

郭沫若在1978年6月12日逝世后,全国人大常委会副委员长乌兰夫和国务院副总理方毅一起去看望于立群。两位国家领导人征求于立群关于郭沫若后事的意见,于立群提出:

> 就是郭老党龄的事。一九二七年八一南昌起义后,在行军中由周恩来同志和李一氓同志介绍郭老入党,这件事许多人都知道的。大革命失败后,郭老去了日本,不少人以为郭老自动脱党,一九五八年报上发表郭老重新入党的消息,举国皆知,误以为这时郭老才是共产党员。事实不是这样的。郭老去日本以前,周恩来同志代表党曾经和郭老谈话,告诉他这是党中央决定,派他去日本,党籍保留。郭老不是自动脱党。郭老从不计较个人的事,所以多少年来,一直不提。我希望党考虑这个问题。①

乌兰夫和方毅将于立群的意见反映给了党中央。党中

---

① 周而复:《缅怀郭老》,《周而复文集》(第19卷),文化艺术出版社,2004,第255页。

流言与真相
革命视野中的郭沫若

央经过调查研究,在邓小平代表党中央给郭沫若所作悼词中,对郭沫若和党的关系有如下表述:

> 一九二七年参加南昌起义,同年八月加入中国共产党。一九二八年旅居日本,从事中国古代史和古文字学的研究工作,并积极支持留日青年和国内文艺界的革命文化运动。抗日战争爆发后,郭沫若同志回到祖国,在敬爱的周总理的直接领导下,贯彻执行毛主席的革命路线,组织和团结国民党统治区的进步文化人士,从事抗日救亡运动。①

邓小平同志的悼词,确定了郭沫若 1927 年 8 月加入中国共产党,并认为郭沫若在流亡日本时期支持了革命工作,全面抗战爆发后在周恩来的"直接领导下"从事革命工作。但悼词没有明说郭沫若是中共的秘密党员,这需要进一步明确。

1980 年,吴奚如发表了《郭沫若同志和党的关系》,文章认为:

> 郭老在 1927 年南昌八一起义后,在行军作战中经周恩来同志和李一氓同志介绍加入中国共产党的,他的党龄应从 1927 年一直算到 1978 年逝世为止,一共五

---

① 邓小平:《在郭沫若同志追悼会上的悼词》,《悼念郭老》,生活·读书·新知三联书店,1979,第 2~3 页。

第一章　郭沫若的信仰与党龄

十一年。

或者有人觉得郭老在大革命失败后去了日本，是自由行动，那十年是自动脱党，所以在全国解放后才重新入党的吧？不是。郭老去日本隐居，专心从事学术研究和著作，那是经过当年党中央决定，保留党籍，完成党给他的一项重大任务的。

……

郭老幸而有当年党的八·七紧急会议后成立的党中央的爱护，才派他和董老、钱亦石等党员去日本（董老去日本后又转往苏联的）隐蔽待命，直到1937年祖国抗战爆发，才逃出日本，归国效劳了。因此，郭老一从日本平安回到上海，他的党籍就恢复了，叫做特别党员，以无党派民主人士的面目，展开了公开的抗日民主的革命活动，去带动当时广大的民主人士向中共靠拢，起了比一个党员更大的作用。他当时是特别党员，受党中央长江局周恩来同志等少数负责人直线领导，不过党的小组生活，不和任何地方党委发生关系。他在被周恩来同志决定出任国民党军委政治部第三厅中将厅长时，也只是让三厅的党特支三个负责人（冯乃超、刘季平、张光年）知道他的特别党员身份，秘密出席党中央长江局有关第三厅工作的重大会议。①

---

① 吴奚如：《郭沫若同志和党的关系》，《新文学史料》1980年第2期。

流言与真相
革命视野中的郭沫若

吴奚如，1925年入黄埔军校，同年加入中国共产党。大革命失败后，曾任中共湖北省委军事委员会代理书记、河南省军事委员会委员兼秘书。1938年2月，到武汉任周恩来的政治秘书。① 也就是说，在1928年郭沫若赴日之前与1938年郭沫若到武汉担任国民政府军事委员会政治部第三厅厅长这两个关键的时间节点上，吴奚若都在党内担任要职。所以他的话是有权威性的。

郭沫若的女儿郭平英等人读了吴奚如的文章后，采访了吴奚如文章中提到的几位知情者。冯乃超说：

——"长江局讨论三厅工作的会议，你们父亲是和我们一起参加的。但是特支不知道他的组织关系……"

——"召开八大时，我看到他。他还坐在党外人士的席位上，我觉得有些意外。他的关系一直在总理手里，你们母亲的关系在邓大姐手里。"

冯乃超肯定了吴奚如所说的郭沫若秘密出席党组织的有关三厅工作的会议，但否定了吴奚如所说的特支知道郭沫若的组织关系。郭沫若的组织关系，周恩来肯定是清楚的，但没有留下这方面的档案，是否还有其他知情者呢？郭平英等人采访了阳翰笙：

---

① 中国新四军和华中抗日根据地研究会编《新四军和华中抗日根据地人物词典》（上），中共党史出版社，2016，第472页。

第一章　郭沫若的信仰与党龄

　　翰老作了十分肯定的补充:"在三厅,你们父亲和我,还有田汉,是三个特殊党员。我们不参加特支的活动,所以特支不清楚我们的身分,我们的党费直接交给中央。你们父亲是用 K 字作代号的,他的党费交得比我们都多。"①

阳翰笙对郭沫若在抗战时期秘密党员身份的肯定,也出现在他写的另一篇文章中:

　　三厅成立后,三厅的几位负责人:郭沫若、冯乃超、田汉、杜国庠和我五个人是一个特别党小组,由周恩来直接领导,周恩来是组长。吴奚如同志是联络员,负责收党费。三厅其他普通党员单成立一个特支,先后由张光年和刘季平任特支书记。特别党小组和特支是完全分开的,彼此没有关系。周恩来指定冯乃超只和特支支部书记联系。党员全部是秘密的,采取单线联系的方式。所以有的党员彼此间也不一定知道。我们这个特别党小组一直存在到皖南事变以后。一天,周恩来同志召集我们几个人在邓颖超的卧室里向大家宣布:我们这个特别小组解散,以后改为单线联系。

---

① 郭平英:《一个共产党员的泰然》,《郭沫若百年诞辰纪念文集》,社会科学文献出版社,1994,第 162 页。

流言与真相
革命视野中的郭沫若

众所周知，郭沫若同志一直到 1958 年才以重新入党的形式公开他党员的身份。郭老对这件事始终处之泰然，足见郭老胸襟之伟大。这是一个真正革命者的本色！①

阳翰笙，1925 年加入中国共产党，参加过南昌起义，担任过左联的党团书记、中共上海局文委书记，1938 年起担任三厅主任秘书，在郭沫若领导下工作。他和郭沫若有着长达半个世纪的工作关系。阳翰笙这段回忆可以和吴奚如、冯乃超两人的回忆相印证。阳翰笙说吴奚如是三厅特别党小组的联络员，他自己是小组成员，阳翰笙和吴奚如都说郭沫若是秘密党员，如果没有特别的证据，是不能质疑二人的回忆的。冯乃超说"特支不知道他的组织关系"，按照阳翰笙的说法，特支和特别小组"是完全分开的，彼此没有关系"，所以特支不知道郭沫若的组织关系，这可以理解。

上述说法都是回忆。时隔多年，回忆不一定准确。这也难怪有人对此提出质疑。我们还需要关键的确凿证据。幸运的是，我们在于立群档案里发现了一封邓颖超 1938 年 5 月 18 日写给于立群的信：

---

① 阳翰笙：《风雨同舟战友情——深深缅怀郭沫若同志》，《阳翰笙百年纪念文集》（第 3 卷），中国戏剧出版社，2002，第 401 页。

第一章　郭沫若的信仰与党龄

亲爱的媳妇小于：

好多天不见你，常常想念着你那个小样，怪可爱的！

你最惦记着的问题已经代你办好了，我和沫若兄二人作介绍人，请你准备好加进来罢！

外附给沫若兄的收条，请转他为荷！匆匆不尽，庐山回来见！

你的妈妈

五月十八日①

这是邓颖超通知于立群，她和郭沫若介绍她加入中国共产党。如果郭沫若当时不是中共党员，他有什么资格介绍别人入党呢？有了这封信，我们可以肯定吴奚如、阳翰笙回忆属实，郭沫若在抗战时期是中国共产党的秘密党员。

郭沫若的真实身份是中国共产党的秘密党员，公开身份是民主人士，这一身份一直持续到1958年。1957年反右运动之后，要求郭沫若入党的呼声越来越高。郭沫若1959年初发表文章说："过去很多青年同志来信问我为什么没有入党？上海还有位少年同志来信要和我比赛：是我先入党，还是他先入团？这都说明很多同志在关心着我的思想立场。我接受很多青少年同志的鼓励，每逢我接到他们的信，我

---

① 手迹复印件，北京郭沫若纪念馆"妈妈屋"展出，2019年。

便告诉他们说,我是在积极创造条件争取入党,并劝他们务必争取入党入团。"① "很多青年同志来信"并不是夸大,笔者就看见一封南京航空学院 1701 班的大一新生林鼎武在 1957 年 12 月 6 日写给郭沫若的信:

> 我认为在前一阶段,作为在青年人当中具有崇高敬仰和重大影响的您——敬爱的郭老,不够关怀我们青年人的成长,几乎没有在报刊上指导我们。严重的问题还在下面。有相当部份的青年人曲解了你,他们认为您是"只专学术不管政治"的民主人士。他们甚至提出来这样的口号,"我只做郭沫若,不做刘少奇","民主人士,比党员的贡献更大","先专后红"等等。必须指出,这种现象的存在和影响是非常广泛而严重的,就以中学时(今年我才转入大学)我班就有 30% 的同学就是如此。我院中反右斗争也有相当部份的同学同样如此,甚至学生右派分子中有一些就是由"不管政治""一心为当专家"而蜕变来的。敬爱的郭老,难道能够让这样的现象存在下去而危害青年人的健康成长吗?我想作为国家机关的领导者的您,一定会重视这个严重问题的,一定会为扫清青年人前进道路的障碍物而作出努力!②

---

① 郭沫若:《学习毛主席》,《中国青年报》1959 年 1 月 3 日。
② 郭沫若纪念馆馆藏手迹。

第一章 郭沫若的信仰与党龄

林鼎武同学要求郭沫若写一篇文章在《中国青年》上发表，讨论"又红又专"问题，但实际上也指出了郭沫若当时作为"民主人士"的负面影响。这种情况，在中国科学院内部也有反映。郭沫若入党后，物理所实习员陈一勋认为："郭老入党对很多人是个教育，过去很多人拿郭老作例子说明只专不红的道路，现在他入党了确实令人兴奋。"①

所以，郭沫若在1958年以重新入党的形式公开他的党员身份，这是形势所需，是响应群众的呼声，是为了党的事业发展的需要。

关于郭沫若的党龄问题，是郭沫若著作编辑出版委员会在编辑《郭沫若全集》时所遇到的重要问题。郭沫若在《学习毛主席》中说："过去很多青年同志来信问我为什么没有入党？"《学习毛主席》编入《郭沫若全集》时，这句话需要给出注释。郭沫若著作编辑出版委员会给1958年郭沫若的入党介绍人聂荣臻和中央组织部写信，请求就郭沫若和党组织的关系给一个权威说法。聂荣臻同志办公室于1985年复信：

中央组织部并抄郭老著作编委会：
　　编委会的来函，我们已报告聂荣臻同志。关于郭老入党时间，荣臻同志讲，应从一九二七年算起。一

---

① 《关于郭沫若、钱学森二同志入党的反映》，中国科学院档案，档案号1960-11-6-7。

流言与真相
革命视野中的郭沫若

九五八年周总理和我介绍郭老重新入党后,在国务院一次会议上,总理讲郭老是恢复党籍的问题。

谨复。

中央军事委员会聂荣臻副主席办公室
一九八五年十二月十二日①

中组部在详尽调查的基础上,于1985年回信郭沫若著作编辑出版委员会,对郭沫若的党籍和党龄问题做了简要清楚的说明。《郭沫若全集·文学编》(第17卷)在《学习毛主席》一文的注释中照录了中组部的批复:

> 作者系于一九二七年八月参加南昌起义时加入中国共产党。翌年经组织同意,旅居日本,继续为党工作。抗战时期归国后,即恢复了组织关系,在周恩来同志的直接领导下,以无党派民主人士的身份,从事抗日救亡运动和民主革命运动。一九五八年以重新入党的形式,公开共产党员身份。②

这是迄今为止最权威的关于郭沫若党籍和党龄的说法。1928~1937年,郭沫若流亡日本期间继续"为党工作",党组织对于他这段时期的工作是认可的。全面抗战爆发后;他一回

---

① 手迹复印件,郭沫若纪念馆资料室藏。
② 《郭沫若全集·文学编》(第17卷),人民文学出版社,1989,第278页。

第一章 郭沫若的信仰与党龄

国就恢复了组织关系,是中共的秘密党员;1958年重新入党,是形式,通过这种形式,公开了他的共产党员身份。

三

郭沫若长期作为中共秘密党员,处于隐蔽战线,这就谈不上他个人在党内的地位和影响。他为革命做出了巨大牺牲。

据吴奚如回忆,抗战时期,郭沫若曾要求公开他的中共党员身份,周恩来没有同意:

> 在第三厅未组成之前,郭老曾经和新四军军长叶挺将军住在一道——原汉口日本租界太和里,有时自己不满党外民主人士这一身份的寂寞,就激情洋溢地来到长江局,向周恩来书记请命:"让我住到长江局(当时对外叫作八路军武汉办事处)来,以公开党员的身份进行痛痛快快的工作嘛!"恩来同志总是以老战友的情谊,对郭老慰勉交加,请他还是以非党人士的身份忍受内心的"寂寞"。①

郭沫若即将出任国民政府军事委员政治部第三厅厅长,如果公开了他的共产党员身份,他是不便于担任这个职务

---

① 吴奚如:《郭沫若同志和党的关系》,《新文学史料》1980年第2期。

的。周恩来即将出任政治部副部长,在周恩来看来,只有郭沫若出任第三厅厅长,"我才可考虑接受他们的副部长,不然那是毫无意义的"①。不公开郭沫若的中共党员身份,是出于团结抗战大局的需要。郭沫若这一秘密身份一直持续到1958年。他不仅要忍受"寂寞",还为此做出了牺牲。

中华人民共和国成立后,郭沫若身兼多个重要职务,他付出心血最多的是中国科学院。他以公开的无党派民主人士身份担任中国科学院院长,这符合中国科学院建院之初的情况。当时,知识分子中的中共党员数量较少,中国科学院党组力量较弱。据吴征镒回忆,他在新中国成立之初"调入刚成立的中国科学院工作时,恽子强、丁瓒任正副党委书记,我与汪志华任党支部正副书记,但全院党员只七人,组成党组管理一切,北京各所都无党员"②。当时,中国科学院党组不公开活动,很多决议通过行政领导落实,所以作为院长的郭沫若举足轻重。随着中国科学院中共党员数量的增加,在1952年下半年思想改造运动结束后,中央充实了中国科学院党组的力量。中共中央原西北局宣传部部长张稼夫调任中国科学院党组书记。此后,中国科学院的决策者逐渐由院务会议转向党组,郭沫若的地位出现了微妙变化。

1955年3月,中国科学院召开了党组扩大会议,郭沫

---

① 郭沫若:《洪波曲》,百花文艺出版社,1959,第17~18页。
② 吴征镒:《百兼杂感随忆》,科学出版社,2008,第41页。

第一章 郭沫若的信仰与党龄

若应邀出席。在会上，郭沫若发言："科学院在1952年以前，党的核心力量很弱。自从1952年底稼夫和力生等同志加入之后，确实和过去不同……但我对加强科学院党的领导还有两点建议，一是请中央派一位更高级的、真正有领导能力的同志担任院长职务，只有如此，才可以和政府有关各部有机联系，也可以统筹规划科学工作，我在这里不是说客气话，让我多写两篇文章比当两三年院长更有好处。请陈毅同志把这个意见向中央转达一下，不然，我见了毛主席和周总理还是要提的。请中央不要把我当成统战对象看待。让我领导科学院的工作，确实值得考虑。"① 参会的陈毅当场拒绝了郭沫若的辞职，批评了科学院党组，特别指出："郭院长是够世界水平的科学家，马列主义水平也很高，是很好的院长，和共产党员不同的只是没有党证。因此不同意郭提出的辞职意见。"②

这个细节值得注意，正如论者所说："郭沫若在工作中，与党组产生了一些嫌隙。主要是郭沫若的身份特殊，科学院党组并不清楚他共产党员的身份。"③也就是说，郭沫若因为不能公开他的中共党员身份，做出了牺牲。如果此

---

① 《中国科学院党组扩大会议一次会议记录·郭沫若发言》，中国科学院档案，档案号1955-01-001-04。
② 《中国科学院党组扩大会议一次会议记录·陈毅发言》，中国科学院档案，档案号1955-01-001-04。
③ 向明：《"内定"院长郭沫若在中国科学院建院之初的角色与困境》，《郭沫若与新中国暨中国郭沫若研究会第七次会员代表大会论文集》，威海，2019。本书上段论述，参考了向明的这篇文章，特此致谢。

时公开了他的这一身份,他当然会成为中国科学院党组的主要负责人,也就不会被"当成统战对象看待",从而发挥更大的作用,也不会和党组之间产生"嫌隙"。

<h2 style="text-align:center">四</h2>

郭沫若具有牺牲精神,这是一贯的。郭沫若自从有了马克思主义信仰后,一直以共产党员的标准严格要求自己,具有高度的组织纪律性和党性原则。

在南昌起义撤退途中所写的政治小说《一只手》中,郭沫若借小说人物的口吻说:"要想成就大业,不牺牲是没有办法的。你听见过那蚂蚁子过河的话过没有?听说有甚么地方的蚂蚁子要搬家,路上遇着一条小小的河,那领头的蚂蚁子便跳下河去。一个跳下去,两个跳下去,三个跳下去,接接连连地都跳下去。跳下去的不消说是死了,是牺牲了。但是它们的尸首便在小河上浮成一道桥,其余的蚂蚁子便都踏着桥渡过河去了。我们现在就是要做这些跳河的蚂蚁的啦。"[①]将自己与无数同伴的尸首铺成一座浮桥,让后来者踏着前进,其体现出的牺牲精神,表现了郭沫若高度的组织纪律性和党性原则。

"蚂蚁"的比喻后来多次出现在郭沫若的作品中,在1936年出版的《豕蹄》的《序言》中,郭沫若说:"最后

---

① 麦克昂(郭沫若):《一只手(续)》,《创造月刊》第1卷第10期,1928年3月1日。

第一章 郭沫若的信仰与党龄

因为想到要把这个集子献给我的一位朋友,一匹可尊敬的蚂蚁,于是由这蚂蚁的联想,便决心采用了目前的这个名目——《豕蹄》。"①这位朋友就是正在参加长征的成仿吾。在初版本《豕蹄》的《序言》后,有一首《献诗——给C. F.》。在这首诗里,郭沫若将成仿吾比喻为蚂蚁,他和一大群蚂蚁"在绵邈的沙漠中"无声无息地砌叠"Aipotu"(乌托邦),它们摇旗呐喊,热心地把自己"塑成为雪罗汉的/春季"②。不久郁达夫来东京,带来成仿吾在长征中牺牲的谣传,郭沫若尽管不信,但还是写了在《女神》之后最好的诗歌《怀C. F.》,这首诗深情地写道:

> 爬过了千里的平原,万重的高山,浩荡的大川,
> 要在砂漠的边际,建立起理想的社团。
> 我赞美那有纪律的军旗,
> 我赞美着成了蚂蚁的你。
> 你现在,可仍是辛勤地,但可欣幸地,
> 采集着大众的粮食,
> 扫除着内外的污秽,
> 含运着沉重的砂泥?
> ……
> 但我的想念不曾一刻离开过你,

---

① 郭沫若:《序言》,《豕蹄》,不二书店,1936,第7页。
② 郭沫若:《献诗——给C. F.》,不二书店,1936。

流言与真相
革命视野中的郭沫若

> 不曾一刻离开过那千山万水地，千辛万苦地，
> 为着理想的 aipotu 之建立，
> 向砂漠中突进着的军旗。
> 我自己未能成为蚁桥中的一片砖，
> 我是怎样地焦愤，自惭，
> 我相信你是能够同感。
> ……
> 我现在，在电灯光下写着这首诗，
> 生则作为我对于你的献辞，
> 死则作为我对于你的哀祭。
> 但只愿你生是作为一匹蚂蚁而生，
> 你死也是作为一匹蚂蚁而死，
> 理想的蚁塔总有一天要在砂漠中建起！①

这不仅表达了对老朋友的诚挚思念，也是对中国革命的魂牵梦绕。郭沫若将成仿吾等人比喻成一大群蚂蚁。他看重的是蚂蚁的牺牲精神、高度的组织纪律性和集体观念。"理想的蚁塔"正是他心中的共产主义社会。

郭沫若对于具有高度组织纪律性和牺牲精神的蚂蚁的角色认同，是长期一贯的，多年后他给云南大学附中学生自治会主办的《附中报》题词中还说："非洲有一种蚂蚁，

---

① 手稿复印件，北京郭沫若纪念馆展厅展出，2019。

第一章　郭沫若的信仰与党龄

在集体行进的时候，如遇小溪阻隔，前面的蚂蚁便跳下水去，搭成一座蚁桥，让后续的蚁群从它们身上过去。这种蚁命，真可说是重于泰山了。"①

郭沫若对蚂蚁的赞美和角色认同，充分体现了他的牺牲精神。正如熟悉他的李初梨所说："他是伟大的自我牺牲者。为国家民族的独立解放，为后来一代的光明幸福，不惜放弃他个人的事业，牺牲他自己的荣誉以至生命。他就是那投火自焚的凤凰。"②

作为中共长期的秘密党员，郭沫若正是以一贯的牺牲精神，为党和国家做出了重要贡献。

---

① 李衡：《难忘的激情》，《云南日报》1979年12月9日。
② 李初梨：《我对于郭沫若先生的认识》，《解放日报》1941年11月18日。

第二章
并非"投机":郭沫若修改旧作的原因

第二章　并非"投机"：郭沫若修改旧作的原因

在目前郭沫若著作汇校本还没有大量整理出来的情况下，很多读者根据一知半解的情况，认为郭沫若出于个人利益或为了讨好时代对旧作有过大幅度修改，并由此上升到对郭沫若"善变"人格的指责。这其实都是言过其实。郭沫若著作达2000余万字，他又担任了繁重的职务，不可能有那么多精力不断修改每一部旧作。笔者对照过他的很多著作版本，他修改旧作的幅度并非如传言那么大。本来，作家修改旧作是他个人的权力，后人应抱同情之理解；况且作为重要领导人，郭沫若修改旧作有时候并不仅仅是他个人的意愿，而涉及方方面面。但有些学者却以此出发指责郭沫若"善变"，不能不说是将复杂历史简单化了。

著名学者刘再复在一篇文章中说："新诗作家的版本杂

流言与真相
革命视野中的郭沫若

乱当首推郭沫若的诗集的版本,他一生多次重订、增删、修改自己的诗集和诗作,几令细心的读者无所适从。那些被认为代表郭沫若思想和艺术的诗作其实都曾经被他在不同的时期修改过;同样一首诗,在这个集子出现,在下一个集子就不见了,但又在下一个集子重现。作者简直就像变戏法一样,通过重订和改写把自己的真实面目隐藏起来,读者只看见他一次现身的面目。可是,郭沫若也许没有想到,当读者追踪他一系列的变戏法式的重编、改写,将他多次的假面演出串连起来,就能够看见,他的真实面目,看见他的媚俗,看见他的投机,也看见他的恐惧。"①

其实刘再复并没有仔细"追踪",也没有把郭沫若对旧作的修改"串连起来",只是靠着偏见就得出了"媚俗""投机""恐惧"等结论。

笔者就刘再复提到的《女神》进行仔细考察,发现郭沫若四次修改《女神》都有特殊历史条件下的特殊原因,是与批评家长期对话的结果,他的修改都是严肃的,并非"媚俗""投机"。此外,笔者还考察了郭沫若修改篇幅较大的《洪波曲》,发现其中有些修改是出于统战大局的考虑,并非郭沫若的个人意愿。这都提示我们,考察郭沫若修改旧作是有意义的学术话题,需要具体问题具体分析,不能简单斥责郭沫若人格"善变"。

---

① 刘再复:《媚俗的改写》,《当代作家评论》2010 年第 2 期。

第二章　并非"投机":郭沫若修改旧作的原因

第一节　郭沫若与"《女神》形象"的成长史

一部优秀的作品,自诞生之日起,就不再只属于作者本人,而更多的是属于读者,它的经典化过程,是由出版家、批评家、学者和读者等诸多力量共同实现的。《女神》被文学史家誉为"第一部伟大新诗集"[1]和"现代新诗的奠基之作"[2],长期以来被奉为五四时期及郭沫若本人的新诗代表作,亦是新诗研究和郭沫若研究界反复讨论的经典作品。此前学界虽然不乏对《女神》版本和修改情况的梳理[3],不仅明晰了版本演变情况,且进行了一定程度的探究,但终究无力回答针对郭沫若在《女神》的修订与改写中"媚俗"、"投机"与"恐惧"这类明显偏颇的指责[4],其原因在于此前的研究仅专注于郭沫若本人对《女神》的态度,而未将其态度放置在新诗批评的动态场域中。

《女神》中的诗作,自发表伊始,特别是结集出版后,

---

[1]　周扬:《郭沫若和他的〈女神〉》,《解放日报》(延安)1941年11月16日。
[2]　钱理群等:《中国现代文学三十年》,北京大学出版社,1998,第103页。
[3]　其中包括桑逢康《〈女神〉汇校本》(湖南人民出版社,1983)、陈永志《〈女神〉校释》(华东师范大学出版社2008年)、蔡震《〈女神〉及佚诗》(人民文学出版社,2008)等著作,杨芝明《关于〈女神〉的初版和一九二八年版本》(《安徽师范大学学报》(人文社会科学版)1978年第4期)、王维燊《从〈女神〉中两首诗的修改谈〈女神〉的研究》(《破与立》1979年第4期)、桑逢康《郭沫若改文刍议》(《现代文学大师品评》,中央编译出版社,1996)等文。
[4]　刘再复:《媚俗的改写》,《当代作家评论》2010年第2期。

流言与真相
革命视野中的郭沫若

立即受到文坛的高度关注。批评家们大多肯定其成就，誉为杰作。但同时，各人也从自己独特的意识形态立场和新诗观念出发，就《女神》的思想立场和写作技术提出各种看法，并对郭沫若的新诗创作提出箴规和告诫。这都对郭沫若有一定的影响。郭沫若有关《女神》的态度，分别于四个时间点表达出来。一是1926年发表的《写在〈三个叛逆的女性〉后面》和1928年《沫若诗集》的编订；二是1936年《沫若前集》第一辑的编辑及《我的作诗的经过》《郭沫若诗作谈》两文的发表；三是1944年《凤凰》的编订；四是20世纪50年代《郭沫若选集》、《沫若文集》及《沫若选集》的编辑出版。这四次表达，都含着申诉、辩难与表态的意味。郭沫若对于《女神》的态度，又影响了部分批评家的观点。本书的任务不仅在于辩驳刘再复等人的不实指责，更要表明"《女神》形象"正是在郭沫若与新诗批评界的长期协商互动这一动态场域的复杂纠葛下成长起来的。由作者本人参与一部作品的经典化建构过程，这是"《女神》形象"生成史的特殊之处，由此，本书的研究也希望为中国现代文学作品经典化过程的研究提供实例。

一

1920～1926年，对于《女神》的批评，有两种突出的观点：一种认为其形式上"简单""拖沓"，有待锤炼，另一种认为其思想还需进步。对这两种观点，郭沫若于1926

第二章 并非"投机":郭沫若修改旧作的原因

年和1928年做出了回答。

最先提出郭沫若新诗形式上问题的,是郭沫若的好友宗白华与郑伯奇。他们认为郭沫若的新诗"简单""拖沓""欠流动曲折"。这些看法,得到了康白情等人的认同。

1920年1月18日,郭沫若在致宗白华的信中说:"我想我们的诗只要是我们心中的诗意诗境底纯真的表现,命泉中流出来的Strain,心琴上弹出来的Melody,生底颤动,灵底喊叫;那便是真诗,好诗,便是我们人类底欢乐底源泉,陶醉底美酿,慰安底天国。""我想诗这样东西似乎不是可以'做'得出来的。"[①]宗白华接信后,不同意郭沫若的观点,批评郭沫若新发表的一些诗作在形式上还需注意。他拿郭沫若的诗和康白情的诗相比,认为康白情的有些诗"形式构造方面嫌过于复杂,使人读了有点麻烦",而郭沫若的诗"又嫌简单了点,还欠流动曲折",其"小诗的意境也都不坏,只是构造方面还要曲折优美一点,同做词中小令一样。要意简而曲,词少而工"[②]。差不多同时,宗白华在《新诗略谈》中说:"沫若君说真诗好诗是'写'出来的,不是'做'出来的,这自然不错。不过我想我们要达到'能写出来'的境地,也还要经过'能做出'的境地,因诗是一种艺术,总不能完全没有艺术的学习与训练的。"[③] 郑

[①] 《郭沫若致宗白华》,《三叶集》,上海:亚东图书馆,1920,第6页。
[②] 《宗白华致郭沫若》,《三叶集》,上海:亚东图书馆,1920,第26~27页。
[③] 宗白华:《新诗略谈》,《少年中国》第1卷第8期,1920年2月15日。

流言与真相
革命视野中的郭沫若

伯奇同意宗白华对郭沫若诗作"简单""欠曲折流动"的批评:"我相信读者读《凤凰涅槃》、《晨安》,《地球,我的母亲!》几篇也定起这样的感想。"① 1922 年,康白情在《1919 年新诗年选》中,以愚菴的笔名称赞郭沫若的诗"笔力雄劲,不拘拘于艺术上的雕虫小技,实在是大方之家",却又说,"惟以他是散文的,不讲音节,终未免拖塌之弊"②。

闻一多也对诗是"写"出来而非"做"出来的观点提出质疑,并认为其导致了《女神》的诸多缺陷。闻一多提出了《女神》的两点不足。第一,用典过于欧化。原因在于"郭君是个不相信'做'诗的人,我也不相信没有得着诗的灵感者就可以从揉炼字句中作出好诗来。但郭君这种过于欧化的毛病也许就是太不'做'诗底结果。选择是创造艺术底程序中最紧要的一层手续,自然的不都是美的;美不是现成的。其实没有选择便没有艺术,因为那样便无以鉴别美丑了。"第二,"诗中夹用可以不用的西洋文字","无论作者是有意的欧化诗体,或无意地失于检点,这总是有点讲不大过去的。这虽是小地方,但一个成熟的艺术家,自有余裕的精力顾到这里,以谋其作品之完美。"③

宗白华、闻一多等人坦白了他们对《女神》艺术技巧的看法,邓中夏、洪为法等人则批评了《女神》的思想

---

① 郑伯奇:《批评郭沫若的处女诗集〈女神〉》,《时事新报·学灯》1921 年 8 月 21 日,22 日,23 日。
② 北社编《1919 年新诗年选》,上海:亚东图书馆,1922,第 165 页。
③ 闻一多:《〈女神〉之地方色彩》,《创造周报》第 5 号,1923 年 6 月 10 日。

第二章 并非"投机":郭沫若修改旧作的原因

内容。

在发表于 1923 年的《贡献于新诗人之前》中,邓中夏希望新诗人"关于表现民族伟大精神的作品,要特别多做,儆醒已死的人心,抬高民族的地位,鼓励人民奋斗,使人民有为国效死的精神"。他对《女神》颇有微词。"郭沫若君颇喜用古事做新诗新剧,这是对的,有人讥笑他'迷恋骸骨',那就未免'燕雀安知鸿鹄之志'了。不过郭君所作,如《孤竹君之二子》,如《女神》等等,命意为我所不赞成,假如他的作品,尽像《棠棣之花》,那就好了。所以我对于郭君技术上大体赞成,而思想上却希望他更进步。"①

洪为法与邓中夏观点相仿。他认为《星空》和后来收入《前茅》中的部分诗歌,脱离了一己之悲哀,表同情于劳工,且猛烈攻击了资本主义,所以比《女神》要好。他说,郭沫若写作《女神》时:"还真正是学生时代,对于实际社会,只不过偶然的一瞥,刚触到社会的冷酷,黑暗,腥秽,他一团易于激动的心情,满腔正待发泄的热血,立即崩裂而出。他高张着破坏和创造的大纛,不问他人怎样,独自便慷慨高歌而起。"《女神》出版后,郭沫若"接触社会的机会日多。社会上罪恶的症结在那里,人们互相恶斗苦战的实况是如何,作者已真彻知,加之自身所受物质上,精神上的痛苦,于是从前的狂热,变成了现在的沉痛,从前的叫

---

① 邓中夏:《贡献于新诗人之前》,《中国青年》第 10 期,1923 年 12 月 22 日。

流言与真相
革命视野中的郭沫若

号,变成了现在的坚毅,从前空漠的悲愤,变了现在实际的解决"。"《女神》时代的作者,唱《凤凰涅槃》,唱《天狗》,唱《女神之再生》,乃至《光海》《梅花树下醉歌》等等,多半是本着自己的悲哀,郁闷,激怒","《女神》以后,作者便渐次将这悲哀,郁闷,激怒,……推阐开去,于是对资本主义,不合理的旧道德,否定人生的宗教,奴隶根性的文学,……一齐下猛烈的攻击,于是显明的表同情于劳工,乞丐,失业的人们,……"所以,"《女神》中的诗,只告诉我们破坏,《女神》以后的诗,则进而告诉我们破坏的目标,怎样的破坏;《女神》中的诗,只告诉我们创造,《女神》以后的诗,则进而告诉我们创造的目标,怎样的创造,然则说他悲哀的分子更沉痛而着实,当不嫌唐突吧?"① 其列举的"《女神》以后的诗",为《仰望》《大鹫》《朋友们怆聚在囚牢里》《上海的清晨》《励失业的友人》《力的追求者》等。

郭沫若通过1926年3月的《写在〈三个叛逆的女性〉后面》和1928年《沫若诗集》的编订,对上述两种批评做了答复。《写在〈三个叛逆的女性〉后面》虽是《三个叛逆的女性》之跋文,但其部分文字,亦可认为是两年后出版的《沫若诗集》之序文,故统一考察。

相比于《女神》初版本,《沫若诗集》未收《序诗》《无烟煤》《三个泛神论者》《太阳礼赞》《沙上的脚印》

---

① 洪为法:《评沫若〈女神〉以后的诗——〈星空〉和〈周报〉汇刊第二集中的诗》,《创造周报》第42号,1924年3月2日。

第二章 并非"投机":郭沫若修改旧作的原因

《辍了课的第一点钟里》六首诗。其中《三个泛神论者》最为引人注目。后来穆木天敏锐地注意到了这一点。他认为郭沫若的泛神论思想,既有积极的入世倾向,也有消极的出世倾向,"《女神》时代的一篇很重要的作品《三个泛神论者》(不知何故,全集未收),是很清楚地说明了这种出世的倾向的"。在这首诗中,"他的 Tantheism,不就是卢梭的自然主义么?然而,这个泛神论者,并不止是一个卢梭,歌德式的 Sentimentalist,而是浓厚地具有着东方的神秘的彩色。是老庄的虚无主义,是托尔斯泰的虚无主义,是印度的神秘的梵天,是尼采的查拉图的世界。他的泛神论,是一种神秘的宇宙观"①。删除《三个泛神论者》,说明通过编辑《沫若诗集》,郭沫若回应了邓中夏、洪为法等人的批评,从事着其《女神》时代之思想的清算。

这种清算,还表现在郭沫若对《女神》中的部分诗作做出了修改。最有争议的有两处。第一,《匪徒颂》中"倡导社会改造的狂生,瘐而不死的罗素呀!/倡导优生学的怪论,妖言惑众的哥尔栋呀!/亘古的大盗,实行波尔显威克的列宁呀!"改为"发现阶级斗争的谬论,穷而无赖的马克斯呀!/不能克绍箕裘,甘心附逆的恩格尔斯呀!/亘古的大盗,实行共产主义的列宁呀!/西北东南来去今,一切社会革命的匪徒们呀!"第二,《巨炮之教训》中"列宁先生

---

① 穆木天:《郭沫若的诗歌》,《文学》第 8 卷第 1 期,1937 年 1 月。

流言与真相
革命视野中的郭沫若

却只在一旁酣叫,/'为自由而战哟!为人道而战哟!为正义而战哟!"改为"列宁先生却只在一旁酣叫,/'为阶级消灭而战哟!为民族解放而战哟!为社会改造而战哟!"

上述修改,有论者认为"突出地颂扬'饿不死'的马克思和恩格斯的'甘心附逆',同样也寓含着南昌起义后加入中国共产党,坚贞不屈的共产主义战士郭沫若的革命情志"。"是以曲折的方式,歌颂中国共产党人的坚持革命,也是对国民党反动派实行白色恐怖的严正回答。"[①]也有论者认为此属郭沫若迎合时代思潮,因在当时思想界和文坛,"马克思、恩格斯已经是更响亮的名堂"[②]。对同一材料,竟有如此两种绝对对立的观点出现,亦说明郭沫若研究受成见干扰之深。固然,当时马克思、恩格斯受到左转青年的追捧,但刚刚背叛革命的国民党政府加强书报检查,实行白色恐怖。写过《请看今日之蒋介石》,顶着通缉,躲在上海准备流亡的郭沫若,在其代表作中公然提及马克思、恩格斯、阶级消灭、社会改造,这是冒着诗集不能出版、作者被追杀的危险的。与其认为郭沫若1928年对《女神》的改写是在"媚俗",不如说他是勇敢地表明了自己的思想立场。这也是对邓中夏、洪为法等人的一个回应吧。

但是,郭沫若对于邓中夏、洪为法的观点也有不能接

---

① 王维燊:《从〈女神〉中两首诗的修改谈〈女神〉的研究》,《破与立》1979年第4期。
② 刘再复:《媚俗的改写》,《当代作家评论》2010年第2期。

第二章　并非"投机"：郭沫若修改旧作的原因

受之处。在郭沫若看来，《女神》是他的代表作。他认为，自1920年9月译完《浮士德》第一部后，"内在的感情消涸了，形式的技巧把我束缚起来，以后的诗便多是没有力气的诗，有的也只是一些空嚷。很有些人称赞我《女神》以后的诗而痛诋《女神》的，但在我觉得还是《女神》里面是没有欺诳自己的一样"①。事实上，对于洪为法大力称赞的"《女神》以后的诗"，郭沫若本人大多不满意。1928年2月6日，其日记载，《前茅》"并不高妙"，2月19日，日记再次记道："《前茅》并不高妙，只有点历史的意义。"②而《女神》，除少数几首被删除外，绝大部分进入了《沫若诗集》。由此可见，在郭沫若看来，《女神》是自己诗歌的代表作。这就跟洪为法等人的观点大不一样了。

同样，对于宗白华、闻一多等人不同意诗是"写"出来的，并批评郭沫若的诗"简单""拖沓""欠流动曲折"的观点，郭沫若既有接受，也有坚持。

郭沫若修改了部分诗作，以便简洁明了。最明显的是《凤凰涅槃》。《女神》初版本的《凤凰涅槃》中，《凤凰和鸣》共15节，其中13节格式相同，每节更换几个字，《沫若诗集》将这13节压缩为3节。有论者认为，这一修改，"虽然思想内容上并无多大的改动或升华，但艺术上更精练

---

① 郭沫若：《写在〈三个叛逆的女性〉后面》，《三个叛逆的女性》，上海：光华书局，1926，第25页。
② 郭沫若：《离沪之前》，上海：今代书店，1936，第39、60页。

了，减少了不必要的拖沓和繁复。而且由于节奏的加快，把全诗很快推向了欢乐的高潮"①，其实，这正是郭沫若虚心接受了宗白华等人的观点做出的修改。

但是，针对宗白华、闻一多等人关于"写"诗的批评，郭沫若重申了1920年的观点：好诗是"写"出来的，而非"做"出来的。他坚持认为，"诗总当由灵感迸出"，"努力做出来的诗，无论她若何工巧总不能感动人深在的灵魂"。他对《女神》第二辑中的诗最有感情，因为写作时，有"一种不可遏抑的内在冲动，一种几乎发狂的强烈的热情，使我至今犹时常追慕。我那时候的诗实实在在是涌出来，并不是做出来的。像《凤凰涅槃》那首长诗，前后怕只写了三十分钟的光景，写的时候全身发冷发抖，就好像中了寒热病一样，牙关只是震震地作响，心尖只是跳动得不安，后一半部还是临睡的时候摊在被盖里写出的。假使所谓'茵士披里纯'（Inspiration）的状态就是这样，我那时候要算是真是感受过些'茵士披里纯'的了"②。

可见，在1926年与1928年，已经接受了马克思主义、思想立场大为转变的郭沫若，无论是对于来自同一阵营，还是对于来自其他朋友有关《女神》的批评，他都既有接受，也有坚持，是不能简单用"媚俗"来概括的。

---

① 桑逢康：《郭沫若改文刍议》，《现代文学大师品评》，中央编译出版社，1996。
② 郭沫若：《写在〈三个叛逆的女性〉后面》，《三个叛逆的女性》，上海：光华书局，1926，第24~26页。

第二章　并非"投机":郭沫若修改旧作的原因

二

在郭沫若的总答复和《沫若诗集》出版后,左翼批评家接受了郭沫若的部分观点,认为《女神》在技巧上属于郭沫若最杰出的诗集,但在思想内容上还有待甄别。而自由主义知识分子则继续批评郭沫若关于诗是"写"出来而不是"做"出来的观点和《女神》的诗艺技巧。

钱杏邨在1928年有关《女神》的批评代表了部分左翼批评家的观点。钱杏邨认为:"沫若是一个诗人,中国新文坛上最有成绩的一个诗人!""《女神》是中国仅有的一部诗集,也是中国新诗坛上最先的一部诗集。"但是,《女神》时期的郭沫若"虽然也苦闷,也反抗,可是终竟具有着很浓重的当有生之伦都睡着的时候,他披着一件白孔雀的羽衣,在象牙舟上翘首的风味","沫若初期的诗歌,当然不是怎样完善的,也有不少的小疵。即如在这时代,他是很明白的唱着非战的论调,不管战争的意义,只一味的反对战争,这种思想是不妥当的。他虽然自己说,始终是站在民众方面说话,在当时总归忘不了自己,所以他就俨然以大鹫自居了,这种个人主义思想当然是要不得的。还有一个重要点,那就是他高唱其归真返璞的调子,渴求着所谓精神生活,镇日里做着葛天无怀的梦,关于这几点,到后来已经是自己觉悟,而且转变过来了。不过回溯当年,我们是应该提出来的"①。

朱湘、朱自清、废名等人则延续了宗白华、闻一多等人的观点，指责《女神》忽略艺术技巧。朱湘欣赏《蜜桑索罗普之夜歌》《炉中煤》《地球，我的母亲！》《夜别》等诗，赞其"在艺术上都是无懈可击的"，"在形式上，音节上，都极其完美。就是用全付精神在艺术上的人，也不过能作到这种程度"，并认为郭沫若的诗有三个特点：单色的想象、单调的结构和对于一切大的崇拜。同时，他指出了《女神》的不足："郭君在诗的工具上的求新倾向有两种：一是西字的插入，一是上面说过的单调的结构。不幸这两种倾向都是不好的。"②后来，朱湘进一步说明，单调的结构，爱用外国字，都来自惠特曼，而惠特曼本人的这一做法，早就受人诟病。③朱自清的批评则较为含蓄，在《中国新文学大系·诗集·诗话》郭沫若一栏下，他只引用了朱湘的观点；在《导言》中，他除称赞郭沫若的诗具有传统没有的两样新东西外，还说："'诗是写出来的一句'，后来让许多人误解了，生出许多恶果来；但于郭氏是无损的。"④

---

① 阿英：《郭沫若及其创作》，《阿英全集》（第2卷），安徽教育出版社，2003，第34~57页。
② 朱湘：《论郭君沫若的诗》，《中书集》，上海：生活书店，1934，第365~378页。
③ 朱湘：《再论郭君沫若的诗》，《中书集》，上海：生活书店，1934，第397~400页。
④ 朱自清：《导言》，《中国新文学大系·诗集》，上海：良友图书印刷公司，1935，第5页。

第二章 并非"投机":郭沫若修改旧作的原因

废名称赞《女神》中的诗作证明新诗"无疑义可以站得住脚了"。但他对于郭沫若的诗是写出来的,而不是做出来的观点,也持有异议:"郭沫若的诗是直抒的,诗人的感情碰在所抒的东西上面。因为是诗人的感情碰在所接触的东西上面,所接触的如果与诗感最相适合,那便是天成,成功一首好诗。"但是,"郭沫若的诗是写出来的,写出来好就好,不好也就没法子好,有时想做也做不出来的"。比如《梅花树下醉歌》《夜步十里松原》《司春的女神歌》《日暮的婚筵》《偶成》《天上的市街》等诗都有瑕疵,所以废名惋惜说,"他如果能做出来",定然会取得更大的成就。①

1936年上半年,郭沫若曾计划由北新书局出版《沫若前集》,并已经编好以诗歌为主的第一辑,后因种种原因未能出版,但这给了郭沫若一个思考自己诗歌创作并回应批评界的契机。"鉴于到了现在都还有人对于我的诗抱着批评的兴趣,我便起了心,索性让我自己来写出这一篇《我的作诗的经过》。"②《我的作诗的经过》与同一年发表的《郭沫若诗作谈》一起,回应了当时批评界对于《女神》的批评。

在这两篇文章中,郭沫若继续否定《前茅》和《恢复》:"《前茅》是零星的集余,在意识未彻底觉醒之前,她

---

① 废名、朱英诞:《新诗讲稿》,北京大学出版社,2008,第129、139、142、144页。
② 郭沫若:《我的作诗的经过》,《质文》第2卷第2期,1936年11月。

流言与真相
革命视野中的郭沫若

可以值得提起的就只在有左倾的意识那一点。《恢复》也没有多大价值,是革命顿挫,且在我个人大病后,在卧榻上不能睡觉因而流露出来的东西。全部不免有浓厚的感伤情趣。"①"《恢复》是一九二八年(民十七)在沪大病后在病的恢复期中所做的,里面也还有些可读的诗,但嫌气魄不雄厚,而有时更带着浓重的悲抑气味。"②而对于《女神》中的大部分诗篇,郭沫若都有非常深情的回忆,认为这是"比较称心的"③。

对于朱湘、废名等人的批评,郭沫若再次表明诗是"写"出来的,不是"做"出来的。他说:"我对于诗仍然是没有断念的,但我并不像一般的诗人一样,一定要存心去'做'。""在民八民九之交,那种发作时时来袭击我,一来袭我,我便和扶着乩笔的人一样,便写起诗来。有时连写也写不及。但这种发作期不久也就消失了。"并且,他再次回忆了《凤凰涅槃》的写作过程。"那首长诗是在一天之中分成两个时期写出来的。上半天在学校的课堂里听讲的时候,突然有诗意袭来,便在抄本上东鳞西爪地写出了那诗的前半。在晚上行将就寝的时候,诗的后半的意趣又袭来了,伏在枕上用着铅笔只是火速的写,全身都有点作寒作冷,连牙关都只是打战。就那样把那首奇怪的诗也写了

---

① 《郭沫若诗作谈》,《现世界》创刊号,1936年8月16日。
② 郭沫若:《我的作诗的经过》,《质文》第2卷第2期,1936年11月。
③ 郭沫若:《我的作诗的经过》,《质文》第2卷第2期,1936年11月。

第二章 并非"投机":郭沫若修改旧作的原因

出来。"① 这是他第二次对《凤凰涅槃》写作过程的描述,最好地证明了诗是"写"出来而非"做"出来的观点。

同时,郭沫若还在如下两个方面对《女神》做了说明。

第一,强调《女神》中的爱国思想及《女神》与传统文化的关系。郭沫若强调《女神》时代"很渴望中华民族复兴,在《女神之再生》《凤凰涅槃》里都是有意识地去表现着"。针对"《女神》、《星空》时代,你还是过着学生生活,所以其中不免也有一些感伤,或是纯是对于大自然的赞唱"的观点,郭沫若认为:"歌颂自然,也是中国教育有以使然,像陶、王便是大自然的良好歌手。"②强调渴望中华民族复兴和对大自然的赞唱来自中国的传统文化,其实是回应了闻一多的批评。闻一多承认"爱国的情绪见于《女神》中的次数极多",但也批评郭沫若"确实不爱中国的文化,富于西方的激动精神,对于东方的恬静底美当然不大能领略"③。郭沫若此处的申明,成为周扬后来有关《女神》观点的一个重要来源。

第二,自述《女神》诗篇产生的顺序,强调泛神论的积极意义。他强调《女神》第三辑中的大部分诗歌比第二辑中的大部分诗歌写作的时间早。"我自己在作诗的经验上,是先受了太戈尔诸人的影响力主冲淡,后来又受了惠

---

① 郭沫若:《我的作诗的经过》,《质文》第2卷第2期,1936年11月。
② 《郭沫若诗作谈》,《现世界》创刊号,1936年8月16日。
③ 闻一多:《〈女神〉之地方色彩》,《创造周报》第5号,1923年6月10日。

特曼的影响才奔放起来的。那奔放一遇着外部的冷气又几乎凝成了冰块。有好些批评家不知道我这些经过,以为那些奔放的粗暴的诗是我初期的尝试,后来技巧增进了才渐渐地冲淡了起来,其实和事实不符。"①同时,他将泛神论不看成消极的,而是作为马克思主义的先导之一。他强调泛神论思想的重要代表斯宾诺莎的哲学近来在"苏俄给予了新的评价,他的思想是黑格尔、马克思的先导"②。

三

在郭沫若《我的作诗的经过》和《郭沫若诗作谈》发表一年后,穆木天发表了《郭沫若的诗歌》,与郭沫若的意见并不一致。

穆木天认为,《女神》时期的郭沫若,通过《凤凰涅槃》《天狗》《我是个偶像崇拜者》等诗,表露了"极端的超人的个人主义",他"想要作一个 Hero-poet,而更是朦朦胧胧地想要做一个 Proletarian Poet",而后者又跟泛神论紧密联系起来。郭沫若的泛神论,"是向着两个不同的,相矛盾的方向发展的。在积极的方向,泛神论转为无神论,由偶像崇拜者而达到偶像破坏者",在消极的方面,他要"回到原始的共有的社会里,要像原始人似地不停地劳动,这就是他的出世的倾向了"。在《晨安》中,郭沫若将俄罗斯

---

① 郭沫若:《我的作诗的经过》,《质文》第 2 卷第 2 期,1936 年 11 月。
② 《郭沫若诗作谈》,《现世界》创刊号,1936 年 8 月 16 日。

第二章 并非"投机":郭沫若修改旧作的原因

的 Pioneer 和恒河里的灵光放在一起赞美,这正是"革命的流浪人小布尔乔的心理意识的特征"。从三个诗剧到《星空》,郭沫若消极的一面逐渐增长,《前茅》"令人感到作的痕迹",而在五卅的前夜,他却写出《瓶》,"正如别的诗人陶醉在象征的世界中一样。真是小布尔乔亚的悲哀了"。《恢复》虽有反帝反封建的情绪,但"个人主义的英雄主义还是在支配着"。所以,郭沫若"是代表着从'五四'的新生期到'五四'的没落期,以至转变到'五卅'的过度期中国革命的小布尔乔亚的心理意识的国民诗人",是最大的一个"吃奶的诗人"。郭沫若已经尽了他的喇叭手的责任,1928 年后,"新时代的喇叭手的任务,已由新的开拓者,新的诗人在为之执行了"①。

穆木天发表这篇文章半年后,抗战爆发,郭沫若别妇抛雏,投入民族抗战的洪流,出任国民政府军事委员会政治部第三厅厅长,发挥重要作用,成为抗战文化的重要领导者。1941 年 11 月,郭沫若五十大寿,中共发起庆祝活动。作为庆祝活动的有机组成部分,周扬发表了《郭沫若和他的〈女神〉》,这是特殊时期的重要文献,影响了郭沫若本人和后来文学史关于《女神》的书写。

周扬高度肯定《女神》的成就:"《女神》,就是诗人所加于中国诗歌宝库的最初贡献,也是他诗的创作所达到的

---

① 穆木天:《郭沫若的诗歌》,《文学》第 8 卷第 1 期,1937 年 1 月。

流言与真相
革命视野中的郭沫若

最高峰。他唱出了自己最好的，也是我们民族最好的歌。"同时，周扬一面与此前的左翼批评家对话，肯定了《女神》的意义，另一面与自由主义批评家对话，支持郭沫若关于诗是"写"出来的观点，并适应时代的要求，高度肯定了《女神》中表现出的爱国主义精神。

与大多左翼批评家的观点一样，周扬同意郭沫若是"五四启蒙时代的诗歌方面的代表者"，但周扬并不认为郭沫若已经过时了。第一，五四本身是尽到了它的历史责任的，比如，"在反封建的斗争中，个性解放是一个革命要求"。第二，郭沫若是五四的代表诗人，但他与当时其他诗人不一样。"同是一个歌唱自我的诗人，却迥异于当时一般作者，他的自我以特别凸出的姿态在他的诗句中喧嚣着。"第三，《女神》之后的郭沫若"没有悲哀下去，他的民族信念，在他的心中还是一样坚牢，革命热情燃烧得只有更炽烈。这热情，不久就转入了行动。他投入了那比诗的创造更伟大的创造事业。他参加了大革命。诗人对自己诗中提出的问题，用自己实际的行动来回答了"。所以，"五四当时的诗人中，是再没有比他更为急进的了。这位急进的小资产阶级的革命诗人，不同时也正可以称为中国无产阶级的最初的号手吗？"这就否定了穆木天关于郭沫若是最大的一个"吃奶的诗人"这一结论。

同时，周扬在如下两方面赞成郭沫若本人的观点。第一，周扬认为郭沫若的诗是"写"出来的，非常完美。"不

第二章 并非"投机":郭沫若修改旧作的原因

同于'五四'许多诗人的都留有旧诗词的调子,他和旧传统作了最大的决裂,也没有像后来的所谓格律诗派一样自造新镣铐给自己套上。他是那样地厌恶形式,主张在形式上绝对自由,他与其艺术地矫作,是宁可自然而粗糙。正如他所曾自比的,他的创作冲动来时就如同一匹奔马,没有什么东西可以驾驭得他。他的诗正是那样奔放,这里也就正有着形式与内容的自然和谐。你不用惋惜你在他的诗中不免要遇到的粗率和单调,他在掌握内在旋律,内在音节上所显示出来的天才将会弥补你一切。"第二,《女神》与中国传统文化有着很深的渊源,郭沫若是爱国主义诗人。《女神》中的"动"的精神,不像闻一多所说的,对传统文化很隔膜,而是"在中国文化的传统精神中他也找到了他的渊源。'天行健,君子以自强不息。''苟日新,日日新,又日新。'不就是吗?"同时,郭沫若的诗中充满了爱国主义的精神。"他是一个尊崇自我,热爱自由的诗人,而个人反抗在他是与民族反抗分不开的,他是一个真正的爱国诗人。"①

周扬是延安文艺界的重要领导人,他的意见特别有分量。因为周扬给予了《女神》崇高评价,而这些评价又符合郭沫若本人对《女神》的基本认识,所以在1944年出版的收入《女神》中绝大部分诗作的《凤凰》中,郭沫若主

---

① 周扬:《郭沫若和他的〈女神〉》,(延安)《解放日报》1941年11月16日。

要与朱湘、废名等人的批评对话。

一方面，郭沫若再次表达了诗是"写"出来的，而不是"做"出来的观点。他说："我自己更要坦白地承认，我的诗和对于诗的理解，和一些新诗家与新诗理论家比较起来，显然是不时髦了。""旧诗我做得来，新诗我也做得来，但我两样都不大肯做：因为我感觉着旧诗是镣铐，新诗也是一样是镣铐，假使没有真诚的力感来突破一切的藩篱。一定要我'做'，我是'做'得出来的，旧诗要限到千韵以上，新诗要做成十万行，我似乎也可以做得出来。但那样做出来的成果是'诗'吗？我深深地怀疑，因而我不愿白费力气。我愿打破一切诗的形式来写我自己能够够味的东西。"所以，"为什么要把不纯粹的'诗'集来骗人呢？""这一半不关我的事，一半也因为要使内行的人知道我究竟不是'诗人'。"①

另一方面，郭沫若又接受了朱湘等人的部分意见。闻一多和朱湘都对郭沫若诗作中夹用外语单词表示反感。郭沫若在《凤凰》中将大部分外语单词翻译为中文。比如《晨安》中的"Bengal"改成了"本格尔"，"D'Annunzio"改成"邓南遮"，"Pantheon"改成"万神祠"，"Whitman"改成"恢铁莽"；《立在地球边上放号》中的"Rhythm"改为"律吕"；《登临》中的"Orchestra"改为"交响乐团"

---

① 郭沫若：《序》，《凤凰》，重庆：明天出版社，1944，第 7~8 页。

第二章 并非"投机":郭沫若修改旧作的原因

等,这些修改,很多都延续到了《沫若文集》。这表明郭沫若在驳斥闻一多、朱湘等人批评的同时,也对其有部分的接纳。

四

1949年后,人们主要沿着郭沫若本人和周扬有关《女神》的观点,继续《女神》的批评和研究,但也出现了一些与郭沫若观点相冲突的新看法。对于这些新看法,郭沫若不"媚俗",而是坚持了自己的意见。

对于《"蜜桑索罗普"之夜歌》,左翼阵营之外的很多批评家都非常喜欢。闻一多批评郭沫若对于东方的恬静的美不大能领略,而该诗却是"特别而奇怪的例外"[①]。谢康认为这首诗的"调子很足以助新诗的意境和音节的凝练"[②],朱湘认为该诗全篇"在形式上、音节上,都极其完美。就是用全付精神在艺术上的人,也不过能作到这种程度"[③]。废名在《谈新诗》中全文引用,朱自清亦将其选入《中国新文学大系·诗集》。但由于该诗有"我独披着件白孔雀的羽衣。/遥遥地,遥遥地,/在一只象牙舟上翘首。"等类似的句子,左翼批评家大多不以为然。钱杏邨认为该诗最能说明"初期的沫若是怎样的一个诗人",他尽管苦闷、反

---

① 闻一多:《〈女神〉之地方色彩》,《创造周报》第5号,1923年6月10日。
② 谢康:《读了〈女神〉以后》,《创造季刊》第1卷第2期,1924年2月28日。
③ 朱湘:《论郭君沫若的诗》,《中书集》,上海:生活书店,1934。

抗，但孑然出世的倾向很明显。穆木天认为这首诗表现了郭沫若在五四低落期的"幻灭绝望"和"流浪的情绪"①。周扬在颂扬《女神》的文章中，对于该诗只字不提。

1949年后风头正盛的是左翼批评，如果郭沫若真是媚时代的俗，他就不会再提这首诗，但事实恰恰相反。1951年开明书店出版的意义重大的《郭沫若选集》从《女神》中选了10首诗，《"蜜桑索罗普"之夜歌》就在其中，跟初版本比较，除去掉题目中的双引号外，只字未改。后来，这首诗也原样进入了《沫若文集》第1卷（人民文学出版社1959年）和《沫若选集》第1卷（人民文学出版社1959年），并在标题下明确标注："蜜桑索罗普（misanthrope），厌世者。"

1953年，人民文学出版社出版了《女神》单行本，与《女神》初版本比较，这个版本在篇目上删去了《死的诱惑》《夜》《死》三首诗歌。对此，刘再复认为："一九五三年版的《女神》作者删去早年他自己喜爱的《夜》、《死》、《死的诱惑》三首，原因也是一样的。作者在开国建政的大变局中，深觉要迎合社会，迎合宣传的气氛，早年有个人主义色彩的旧作就不合时宜了。这是郭沫若的善变，也是郭沫若的媚俗。"②但是，刘再复并没有说明，1959年版的《沫若文集》中，这三首诗又都收进来了。他也没有注

---

① 穆木天：《郭沫若的诗歌》，《文学》第8卷第1期，1937年1月。
② 刘再复：《媚俗的改写》，《当代作家评论》2010年第2期。

第二章 并非"投机":郭沫若修改旧作的原因

意到,早在 1979 年,楼适夷对 1953 年版《女神》不收《死的诱惑》等三首诗就有如下说明:"一九五七年夏季,《沫若文集》第一卷全稿由沫若同志亲自校订即将付印的时候,他向出版社提出了一个意见。原来,《女神》在解放后第一次新版单行本时,编辑者曾向作者建议,抽出了其中的《死的诱惑》一首短诗;现在《女神》编入《文集》,作者要求将此诗补进去,恢复解放前版本的原状。沫若同志为此还特地写了一条'附白'说明:'这是我最早的诗,大概是一九一八年初夏作的。'回想编订《女神》新版时,编辑者脑子里有些条条框框,认为象《女神》这样大气磅礴、光芒四射的中国最早的一部革命诗集,不应保留《死的诱惑》这首流露消极情绪的诗篇,当时沫若同志没表示意见,编辑者就大胆地这样处理了。"[①]楼适夷时任人民文学出版社副社长,这段回忆除漏掉了《夜》《死》两首诗外,其他部分应该都是可靠的。

可见,1953 年版《女神》删去《死的诱惑》等三首诗,并不是郭沫若迎合社会与"媚俗",而是编者删掉的。某些学者不究明事实,贸然批评郭沫若媚俗,这种态度非常不严肃。

其实,《死的诱惑》《夜》《死》三首诗自发表以来,一直众说纷纭,评价很不一致。

---

① 楼适夷:《漫谈郭沫若同志与外国文学》,《悼念郭老》,生活·读书·新知三联书店,1979,第 337~338 页。

流言与真相
革命视野中的郭沫若

《死的诱惑》发表后不久,就被翻译成日、韩文字,得到日本、韩国批评家的认可。1921 年,郑伯奇说:"我读沫若君的新诗,最初是那首《死的诱惑》,记得去年春天某晚,大阪《每日新闻》的文刊上,标题'支那','新体诗',先有一段小序,说明最近中国新文学发生的历史,后面便登《死的诱惑》的译文。"[1]据郭沫若回忆,《死的诱惑》的日文翻译被著名批评家厨川白村称赞。"凤举又说到厨川白村(京大的文学教授)称赞过我那首《死的诱惑》,——因为大阪的新闻翻译过——说是中国的诗已经表现出了那种近代的情调,很是难得。"[2]《死的诱惑》被译为日文不久后,梁白华将其译成韩文,刊于 1923 年 1 月 7 日韩国《东明》杂志第 19 期。

不仅日本、韩国学界对这首诗发生兴趣,很多中国作家对其评价也很高。郑伯奇说:"这中文日译诗使自己发生了意外的疑问:刚才萌芽的本国的新诗已经进步到这样程度了吗?这引起了自己寻读这位诗人的别的作品的兴趣。"[3] 1922 年出版的《1919 年新诗年选》选郭沫若诗 5 首,1935 年出版的朱自清编《中国新文学大系·诗集》选郭沫若新诗 25 首,都有《死的诱惑》。此外,朱自清还选了《夜》。

---

[1] 郑伯奇:《批评郭沫若的处女诗集〈女神〉》,《时事新报·学灯》1921 年 8 月 21 日、22 日、23 日。
[2] 郭沫若:《创造十年》,重庆:作家书屋,1943,第 101 页。
[3] 郑伯奇:《二十年代的一面——郭沫若先生与初期创造社(一)》,重庆《文坛》第 1 期,1942 年 3 月 20 日。

第二章　并非"投机"：郭沫若修改旧作的原因

但是，闻一多以及大部分左翼批评家对于《死的诱惑》等三首诗则持严厉的批评态度。

闻一多对于《1919年新诗年选》选《死的诱惑》非常不满。"奇怪得很，北社编的《新诗年选》编取了《死的诱惑》作《女神》底代表之一。他们非但不懂读诗，并且不会观人。《女神》底作者岂是那样软弱的消极者吗？""假若《女神》里尽是《死底诱惑》一类东西，恐怕兄弟姊妹底心弦都被他割断，智光都被他扑灭了呢？"[①]

除闻一多外，左翼批评家对《死的诱惑》等三首诗，大多表示不满。钱杏邨认为："《女神》的诗歌有一部分是失败了，《死》就是一个好例。"[②]穆木天认为，郭沫若的《女神》中，充满了积极的一面，也有消极的一面，当消极的一面生长着时，"他的怀古，返原始，归于自然的要求，是日加强烈，他已不为积极的破坏和创造，而沉思冥想于消极的否定之中了"。"在《夜》和《死》（一九一九年）里，已经要求着消极的解脱遁世的自由平等的欲念。"[③]蒲风亦认为："那是因为他那时过的是学生生活，不免也就有了小市民的情感的流露，有一点颓废、悲哀。《死》、《死的诱惑》等便是证据。"[④]其他社会主义国家的学者，对于郭沫

[①] 闻一多：《〈女神〉之时代精神》，《创造周报》第4号，1923年6月3日。
[②] 阿英：《郭沫若及其创作》，《阿英全集》（第2卷），安徽教育出版社，2003，第45页。
[③] 穆木天：《郭沫若的诗歌》，《文学》第8卷第1期，1937年1月。
[④] 蒲风：《论郭沫若的诗》，《中国诗坛》第1卷第4期，1937年11月。

若的《死的诱惑》等诗,也有给予否定的。苏联学者 H. 费达林柯就认为,在郭沫若写作《女神》时,"他周围的颓废派艺术的代表们给予了他不健康和有害的影响,否认这一事实是错误的"①。这指向的显然是《死的诱惑》等三首诗。

也许正因为左翼批评家的这些观点,所以人民文学出版社的编辑在 1953 年编《女神》单行本时建议删掉了《死的诱惑》等三首诗。但在郭沫若的坚持下,1957 年的《沫若文集》重新收录《死的诱惑》等三首诗。与《女神》初版本比较,这三首诗连标点符号都没有修改。在《死的诱惑》诗后,郭沫若添上一句附白:"这是我最早的诗,大概是一九一八年初夏作的。"1959 年,郭沫若在答青年问时,再次强调了《死的诱惑》。他说:"我写新诗比胡适等人要早。在 1918 年就开始了,《死的诱惑》、《新月与白云》、《离别》等几首新诗,就是那个时期写的。这些诗后来在《学灯》上发表了,这给我很大的鼓舞。"② 这些强调,恰好说明了楼适夷回忆的可靠。

1949 年后,郭沫若一字不改地在《沫若文集》中收录被认为带有颓废色彩的《死的诱惑》等三首诗,并强调其对于自己诗歌创作的意义。这说明了郭沫若并不"媚俗",坚持己见。

---

① (苏联)H. 费达林柯(通译为费德林):《论郭沫若的诗歌创作》,王维良等译,《人文科学杂志》1958 年第 6 期。
② 《郭沫若同志答青年问》,《文学知识》1959 年第 5 期。

第二章　并非"投机":郭沫若修改旧作的原因

1949年前,《笔立山头展望》被认为是《女神》中的代表作之一,受到很高评价,1949年后,这首诗受到指责。面对指责,郭沫若在编辑文集时,既没有删掉,也没有修改。

闻一多最为欣赏《笔立山头展望》,他认为郭沫若的诗体现了"二十世纪底时代的精神"。在所列举的五个方面的时代精神中,"动"排在第一位。"这种精神映射于《女神》中最为明显。《笔立山头展望》最是一个好例。"① 阿英认同闻一多的评价,认为像《笔立山头展望》这样的诗最能代表郭沫若的成就,"读来是很能感到震动,节奏,以及力的"②。穆木天认为这首诗"真是二十世纪的物质文明的礼赞了。在这种高速度的力的表现中,诗人已一点都没有表露着自己'返自然'的倾向了。只有神话的形象Cupid的弓弩,算是一种旧时代的意义的残骸。这一首《笔立山头展望》,可以说是达到了诗人的力的表现最高峰"③。蒲风说这首诗体现了"对于二十世纪的资本主义的文明,也唯有他会有如下的展望","展在我们眼前的多是力的跳跃!"④ 周扬亦称赞该诗"抓住了作为宇宙之本质的动的精神"⑤。

但1949年后,这首诗受到了指责。1957年1月,文艺

---

① 闻一多:《〈女神〉之时代精神》,《创造周报》第4号,1923年6月3日。
② 阿英:《郭沫若及其创作》,《阿英全集》(第2卷),安徽教育出版社,2003,第43页。
③ 穆木天:《郭沫若的诗歌》,《文学》第8卷第1期,1937年1月。
④ 蒲风:《论郭沫若的诗》,《中国诗坛》第1卷第4期,1937年11月。
⑤ 周扬:《郭沫若和他的〈女神〉》,延安《解放日报》1941年11月16日。

界的领导人之一张光年公开说:"我特别不喜欢《笔立山头展望》这一篇。此诗写于五四运动的后一年,作者却错误地歌颂了日本的物质文明,把日本的海湾比作'Cupid 的弓弩',读起来是非常别扭的;虽然作者的本意是企望祖国赶快进步和强盛起来,这言外之意也是能够使人感觉到的。"① 与此同时,著名批评家楼栖也发表了相似的观点:"又如《笔立山头展望》,'大都会的脉搏呀!生的鼓动呀!'他赞美山岳、海湾和轮船,以及一枝枝开着黑色牡丹的烟筒,'哦哦,二十世纪的名花!近代文明的严母呀!'不过,也许是诗人一时忘记了日本帝国主义给祖国的侵略和压迫,偶然写出这样的诗行,'弯弯的海岸好象 Cupid 的弓弩呀!人的生命便是箭,正在海上放射呀!'使人感到很不舒服。这种美化丑恶的形象,恰好暴露了泛神论的致命弱点。要是把自我和自然当作浑然的一体,那就会看不到人类是自然的主人,人类对自然的斗争和改造,从而无法认识人类在对自然的斗争和改造中,还有阶级斗争和阶级压迫。"②

但郭沫若并没有迎合张光年、楼栖等人的观点。《沫若文集》与《沫若选集》都收录了《笔立山头展望》,与《女神》初版本比较,《沫若文集》和《沫若选集》除了将"底"字改为"的"字外,没有做任何改动。这也很好地说明了郭沫若绝不"媚俗"、坚持己见的独立精神。

---

① 张光年:《论郭沫若早期的诗》,《诗刊》1957 年 1 月号。
② 楼栖:《论郭沫若的诗》,《文学研究》1957 年第 2 期。

第二章 并非"投机":郭沫若修改旧作的原因

余 论

在上述考察中,笔者还发现,郭沫若对《女神》虽做出过多次修改,但修改中真正涉及思想内容的,只有《凤凰涅槃》《电火光中》《匪徒颂》《巨炮之教训》4首,余者都类似于把"底"改为"的",把外语单词译为中文,把叹号改为句号一类属于汉语规范化的改动。一些有争议的诗作,像《"蜜桑索罗普"之夜歌》《死的诱惑》《夜》《死》《笔立山头展望》,及第三辑的全部,在历次版本中都没有涉及思想内容上的改动。以往的批评过于注重修改的部分,对于没有修改的部分缺少关注。而对于郭沫若有关《女神》的历次表态,则尚未有过专门探讨。

通过在具体历史语境的对话场域中综合考察《女神》的几次修改,郭沫若的反复表态,及这些态度的变与不变,笔者贡献三点结论。第一,面对外部批评——不论这些批评是来自左翼阵营内部,还是来自意识形态立场不同的其他批评家——郭沫若不会轻易改变自己的看法,他始终认定《女神》为其新诗代表作,尊重《女神》时代的思想意识,坚持新诗是"写"出来而非"做"出来的观点,但对于那些他认可的观点,他也会认真接纳和吸收。第二,郭沫若在不同年代修改《女神》,并非迫于外部压力,更非"媚俗"。有论者匆匆考察几处《女神》的改动后,便得出郭沫若"媚俗""善变"等结论,这是非常不严肃的。对于这样一位产生过重大影响、发挥过多方面重要作用的文化巨人,任何脸谱化、概念化的道德评价,都显得简单可笑。很多学者在其他方面可以有深入的思考,但一碰郭沫若,就显得急促不耐烦,这种情绪化的问学态度,值得学界反思。第三,《女神》的经典地位,是郭沫若本人参与建构的,他不同时期对《女神》的态度,影响着批评家和文学史家的《女神》叙述,"《女神》形象"是在这一往复交锋的动态场域中逐渐成长起来的。

第二节　张治中与《洪波曲》的修改

笔者在参与编辑《郭沫若全集补编·书信编》的过程中,发现了郭沫若纪念馆馆藏的两封郭沫若致张治中书信,这两封书信曾被张治中公布过,而且也有学者做过解读。但笔者通过对这两封书信及相关附件的仔细考察,发现已有解读对关键材料缺乏把握,结论偏于一端。考察这两封书信引发的《洪波曲》的修改,有助于我们理解晚年郭沫若为什么反复修改自己的作品。

一

这两封书信涉及 1938 年 11 月的长沙大火。对于这场大火,郭沫若在《抗战回忆录》中描述了他所知道的情况。《抗战回忆录》最早于 1948 年在香港《华商报》副刊《茶

第二章 并非"投机":郭沫若修改旧作的原因

亭》连载。后经修改以《洪波曲——抗战回忆录》为题连载于《人民文学》1958年7月至12月号。

1958年12月,《洪波曲——抗战回忆录》(以下简称《洪波曲》)在《人民文学》最后一次连载,连载内容为该书第十三章至第十六章,以及郭沫若为该书写于1948年和1950年的两篇《后记》。第十三章至第十六章的内容为郭沫若所经历的1938年10月武汉撤退前后至1938年底撤退到桂林的情况。第十五章标题为"长沙大火",写郭沫若在长沙大火前后的经历。郭沫若带领三厅在撤退途中经过长沙,长沙当时在湖南省政府主席张治中的管辖之下。郭沫若回忆说,11月11日清晨,张治中本来答应给他们六辆卡车,但等到半夜都没有给,他们只好自己想办法。于是三厅兵分两路,一部分人步行到湘潭,另一部分人去等火车。12日清晨,在周恩来亲自部署下,三厅人员开始撤退。当天早上9点,周恩来和陈诚、张治中通了电话,张治中告诉周恩来"风平浪静,风平浪静!"周恩来把这话告诉郭沫若,大家都以为至少在三厅人员和物资全部撤退前的当晚会平安无事。晚上12点,剩下的行李只有第三队的小部分和第四队的全部。但在13日凌晨1点,城里起了火。郭沫若问放火者,回答说是敌人杀过了汨罗江,奉张主席的命令放火。郭沫若带人狼狈逃出了城,遇上同样狼狈的周恩来和叶剑英。周恩来对放火十分愤慨。经过整顿,15日,三厅大部分人员在衡山会合。17日,三厅又奉命指派洪深、田

流言与真相
革命视野中的郭沫若

汉等人回长沙参加善后工作。19日，郭沫若、冯乃超带人回长沙支援。三厅工作人员在长沙掩埋尸体、安抚居民、恢复交通，做了很多工作。几天后，善后工作逐渐告一段落，他们将工作移交给地方行政人员，继续撤退。

郭沫若在题为"长沙善后"的第十五章第六节中对张治中进行了严厉谴责，前四段如下：

> 放火烧长沙，是张治中、潘公展这一竿子人的大功德。他们是想建立一次奇勋，摹仿库图索夫的火烧莫斯科，来它一个火烧长沙市。只可惜日本人开玩笑，没有出场来演拿破仑。撒下一摊大烂污，烧了百多万户人家，更烧死了未有统计的伤病兵和老弱病废的市民，到底谁来负责呢？

> 在行政上的处分是——十八日枪毙了三个人，警备司令酆悌，警备第二团长徐昆，公安局长文重孚。三个人死的时候都大喊冤枉，大骂张文伯！

> 长沙人对于张文伯也是不能原谅的，事后有人做了一副对联和匾额来讥讽他，流传得很广。匾额是"张皇失措"，对联是"治湘有方，五大政策一把火；中心何忍，三个人头十万元。"在这里面把"张治中"三个字嵌进去了。"五大政策"记不清楚，"十万元"是国民政府对长沙市民的抚恤金。少得太可怜了。

> "三个人头"委实也太便宜，然而张治中又何尝是

第二章 并非"投机":郭沫若修改旧作的原因

"张皇失措"呢?他完全是贪图功名,按照着预定计划在行事。他把陈诚蒙着了,十二日的当晚甚至扣留了陈诚的交通车,他把周公蒙着了,竟几乎使周公葬身火宅。他满以为敌人在进军,这样他便可以一人居功而名标青史,结果是一将功未成而万骨枯。张治中实在该负责任,就是做秘书长的潘公展也该负责任,而军事当局却容赦了他们!这不是说明:他们的计划是得到了那位当局的批准的吗?①

二

张治中读了《人民文学》1958 年 12 月号后,认为郭沫若在《长沙大火》中的叙述与实际情况不符合。1959 年 1 月 9 日,张治中给郭沫若写了一封长信。

在简短问候之后,张治中切入主题,引用了笔者上面引用的部分文字后说:"您这种对我残酷无情的描述是与当时事实完全不符合的。不知您真是不知实情而出诸猜测,还是对我别有成见呢?"

张治中接着叙述了他所经历的长沙大火经过。1938 年 1 月 12 日上午 9 点左右,也就是郭沫若叙述中的周恩来从张治中口中得到"风平浪静"四个字的时候,张治中接到蒋介石的文侍参电:"限一小时到,长沙张主席:密。长沙如

---

① 郭沫若:《洪波曲——抗战回忆录(续完)》,《人民文学》1958 年 12 月号,第 121~122 页。

失陷，务将全城焚毁，望事前妥密准备，勿误！中正文侍参。"同时，蒋介石侍从室主任林蔚给张治中打长途电话："我们对长沙要用焦土政策！"张治中对湖南有感情，不忍心将长沙付之一炬。但当时舆论认为武汉没有实行焦土抗战，徒然资敌。因为舆论的压力，张治中不得不服从命令，将任务交给长沙警备司令酆悌执行。下午4点，张治中看了酆悌的焚城准备纲要后告诉他，这个计划最好备而不用，如果迫不得已，在敌人逼近时，须先放紧急警报，等人民离开市区方得开始行动。13日凌晨2点过，刚刚就寝的张治中被唤醒，副官报告城内起火。张治中总结没有按计划放火的原因："警察擅自撤岗，文重孚局长擅离职守，市内谣言蜂起，甚至说敌人已逼近长沙只有几里地了，其次执行放火的警备第二团官兵沉不住气，没有等到放警报就开始行动了。"

郭沫若认为酆悌等三人临死大骂张文伯，张治中在信中先更正了他的字"是白不是伯"，接着说："我不知道您从那里听来的？绝没有此事。相反地，他们是服罪而死的，是在蒋介石亲来长沙领导下的临时军事法庭判决的。"

郭沫若认为张治中把陈诚蒙住了，扣了陈诚的交通车，因此陈诚主张枪毙张治中。张治中辩解说："这也是与事实不符的。不仅他和我住在一处，焦土的事早和他商量过，火起时我根本还在睡梦之中，谈不到蒙着他；同时您想一个手无寸铁的文官能够和敢于扣留战区司令长官的交通车

第二章　并非"投机"：郭沫若修改旧作的原因

吗？至于说陈诚主张枪毙我，更没其事。"

郭沫若认为张治中把周恩来蒙蔽了，几乎使周恩来葬身火海。张治中说："更与事实不符。十二日晚上我还和恩来先生通过电话，请他在十三日中午吃饭谈话。大火后我发表告民众书，恩来先生还字斟句酌地为我修改了许多地方。我绝没有欺骗过朋友，更没有存心陷害过朋友。"

郭沫若提到嵌有"张治中"三字的对联。张治中认为他在湖南做了很多开明的工作。"您试想，在当时充满地主、官僚、豪绅势力下的湖南，我要进行社会改革，要重用学生青年，要和中共合作，能不招致他们的反对吗？像这副匾额对联，不是代表地主、官僚、豪绅的知识分子写的吗？"

在对上述内容辩驳后，张治中说："我虽然就这件事做了实况的说明，但是我到今天还不能不说，这是我毕生内疚神明、耿耿于心的一件事，任何人说我应负一定的责任，我绝不推诿，但是您说我是'想建立一次奇勋'、'贪图功名'、'一人居功而名标青史'，我实在接受不了。您的话冤枉人也未免太过分、太厉害了！"

张治中接下来又说明了他 1938 年 11 月 11 日并没有答应过要借郭沫若卡车，也并没有"把群众封锁着"，他与《救亡日报》的停刊也没有关系。写到这里，张治中郑重提醒郭沫若：

第一，您是一位负盛名、有权威的大作家大诗人，

流言与真相
革命视野中的郭沫若

您于一九五八年五月九日在《洪波曲》写的前记中说："就请读者把这看成为历史资料吧"；既是"抗日战争回忆录"，既是"历史资料"，如果您对一个人一件事实的描写失掉真实性，对作品的价值有没有影响呢？

其次，您现在是中共党员，而我是民主人士。您在人大是副委员长，在政协是副主席，我都是常务委员，解放后我们同事十年之久了，您的大作虽写于一九四八年，而在一九五八年五月您"把旧稿整理了一遍"，再次发表，把我描写成这样一个人，试想，站在党员对党外人士的立场，同事十年的立场来说，这能说是合适的吗？

接着张治中引用了毛泽东《论联合政府》中关于国民党性质和成分的分析，他认为："我在国民党反动集团中，是不是一个'进步的民主分子'？我自信是的，而许多平素相知的朋友们也会说是的。但在您的笔下，我却成了这个反动集团的'贪图功名'的'党老爷''官老爷'了，这怎能叫我不喊冤叫屈呢？"

在书信最后，张治中猜测了他和郭沫若的"结怨"可能是他在抗战时期接替陈诚担任军委会政治部部长时撤销了郭沫若领导的文化工作委员会。张治中说，是他主张建立文化工作委员会的，刚开始和郭沫若相处得挺不错。后来"谣言"纷起，文化人纷纷离开重庆到香港南洋。张治

第二章 并非"投机":郭沫若修改旧作的原因

中设宴劝大家不要走。郭沫若却在香港报纸发表文章讽刺:"要使文化人不走,最好每人送飞机票一张,庶使近者悦而远者来。"张治中对此不快,认为有话应该当面说,这是文工会被撤的原因。"但是在撤销之后我又感到懊悔,感到自己太冲动,太粗率,内心很不安,总觉得对不起您和左翼文化界朋友们。"张治中说,他多次向郭沫若表示歉意,但"我觉得这些表示都没能够消除您对我的余恨。您的《洪波曲》是一九四八年在香港写的,当时您对我余恨未消的心情我是能理解的,但在一九五八年再次在北京《人民文学》发表时是不是就应该有所不同了?现在您对我如果能够高抬贵手、笔下留情,不但对您无损,而且适足以表示您的共产主义高贵品质和雅量,而在我,则感激不尽了。""至于您是不是应该在《人民文学》上作一个更正,又如印行单行本是不是应该加以删改,这就听您的善意斟酌了,我是不敢提这个要求的。""郭老!希望您原谅我,消除过去的芥蒂,让我们和好如初吧!"

三

郭沫若接到信后,在第二天,即1959年1月10日写了回信,全文如下:

文白先生:

您的长信接到,《洪波曲》中有得罪处,很抱歉。

流言与真相
革命视野中的郭沫若

请您注意那里面的一句话:"他们的计划是得到了那位当局的批准的",那就是说主要该由蒋介石负责,而您们是执行命令罢了。谢谢您把当时蒋的指令告诉了我,证明我的猜测没有错。您不幸的是在蒋下边并和潘公展共事,我说"放火烧长沙是张治中、潘公展这一竿子人的大功德,他们想建立一次奇勋……",并不专指您一个人。

您提到您解散文工会事,很有历史意义。但我相信事情不那么简单。我去年在北戴河曾对您说过,希望您写些回忆之类的东西,我现在也向你建议,希望您大胆地写出,对于搞历史的人是有帮助的。

《洪波曲》准备出单行本,也将收入《沫若文集》,我想把你的长信作为附录,想来可以得到您的同意。请您赐复。

我是毫无芥蒂的,以往的历史并不是您我之间个人的问题。同样我也希望您原谅。

敬礼!

郭沫若
一九五九年一月十日

这封信的手迹不是郭沫若的,而是他的两位秘书抄录的。抬头和正文前两段,是王廷芳抄录,正文后两段和署名落款,是王戎笙抄录。张治中生前口述、余湛邦综合整

第二章　并非"投机":郭沫若修改旧作的原因

理的《长沙大火真相详记》①也披露了这封信的全部内容。据此可知,这封信的原稿应该存于张治中处,郭沫若的秘书抄了一份存档。《长沙大火真相详记》在全信录用时,漏录了郭沫若信中的着重号。

张治中的复信郭沫若纪念馆没有收藏,《长沙大火真相详记》收录了,兹录于此:

沫若先生:

您的一月十日复信收到了。

首先,谢谢您说"《洪波曲》中有得罪处,很抱歉。"实不敢当了。但我对您信中所说,其中还有提出商榷的地方。

第一、您特别强调"他们的计划是得到了那位当局的批准的"那句话,并且加以解释,说是"主要该由蒋介石负责,而您们是执行命令罢了。谢谢您把当时蒋的指令告诉了我,证明我的猜测没有错"。现在,我想和您说:您的猜测还是错了。为什么?因为如果是我拟的计划而蒋加以批准,这就变成我主动而蒋被动了。而事实上是蒋主动而我被动的,这显然有实质上的差别。因为我根本没有什么"计划"由蒋"批准"的,您那样解释逻辑上似乎是说不过去的。

---

① 张治中生前口述、余湛邦综合整理:《长沙大火真相详记》,中国人民政治协商会议长沙市委员会文史资料研究委员会编《长沙文史资料》(第2辑),1985。

第二、您说:"您不幸的是在蒋下边和潘公展共事",又说:"放火烧长沙是张治中、潘公展这一竿子人的大功德。他们想建立一次奇勋……并不是专指您一个人"。我也想告诉您,这点也与事实不符。当时潘公展到职才一个月,他在大火前一天就和各厅厅长、省府人员撤往沅陵了,此事他根本不知道。

您的大作《洪波曲》将印单行本,并收入《沫若文集》,想把我给您的长信作为附录,我当然同意。

您说:"我是毫无芥蒂的,以往的历史并不是您我之间个人的问题。同时我也希望您原谅。"这太好了,这是您的雅量,我应对您表示崇高的敬意。

敬礼!

张治中

元月十四日

郭沫若收到张治中来信后,于1959年1月18日写了复信。这封信郭沫若纪念馆存有两件:一件是郭沫若的亲笔稿,另一件是秘书王廷芳的抄件。郭沫若的亲笔稿用的是"中国科学院"的信笺,左上角有郭沫若手书的"阅后退还。"字样。亲笔稿应该是发出去了,也许是郭沫若没打算收回来,所以秘书抄了一封存底。但张治中读后却退还了,郭沫若于是在信上写了这几个字作为标记。抄稿和亲笔稿文字有出入,亲笔稿全文如下:

第二章 并非"投机":郭沫若修改旧作的原因

文白先生:

　　我十一日离京,曾往上海一行,今晚回京。读到了您十四日给我的信,我非常高兴。谢谢您同意把您的长信作为附录,并蒙进一步指出了我的一些错误,谨向您表示感谢。您的信实在是很可宝贵的史料。

　　此致
敬礼!

郭沫若
一九五九年一月十八日

四

　　郭沫若为将张治中的长信作为《洪波曲》的附录做了一些准备。在郭沫若纪念馆馆藏资料中,随郭沫若这封信一起存放的,有一份郭沫若手写的《附录》。这份附录,以往讨论这一事件的研究者都没有见过,但特别重要,兹录如下:

　　本书第十五章《长沙大火》第六节《长沙善后》中,对于火烧长沙的原因系出于推测,有失实的地方。经张治中将军来信指正,并蒙允许将原信作为附录一同发表,我非常感谢。张将军的原信中揭发了非常宝贵的材料,希望读者同志们注意。

1959 年 1 月 19 日

流言与真相
革命视野中的郭沫若

这附录本有题为《关于长沙大火的真相》的标题，但这一标题被郭沫若修改时划掉了。

郭沫若这一手迹被打印下来，郭沫若在打印稿上又做了修改，第二行的"经张治中将军来信指正"的"经"字改为"现"，第三行"发表"后面的逗号改为句号，删去"我非常感谢。张将军的原"十一字。第四行"非常宝贵的"改为"有关的重要"五字。

在同一页上，接着排的就是张治中的1959年1月9日给郭沫若的长信。该信第一段文字："您已入党，在您是再度做了光荣的共产党员，我首先向您表示诚挚的祝贺。"被郭沫若画线删除，段末写有"（前略）"字样。

但百花文艺出版社1959年4月出版的《洪波曲》并没有收录张治中这封长信，而是在正文中做了修改①，最为突出的是第十五章第六节前四段的修改：

---

① 百花文艺出版社编辑董延梅在《郭老和他的〈洪波曲〉》(《君子兰的情意：编书忆旧》，百花文艺出版社1991年，第9页)中说："在市版协召开的一次会上，原百花社长林呐同志说《洪波曲》出版后，国民党元老张治中先生曾写来一封信，说明长沙大火的一些情况，让转给郭老。郭老看后嘱作为《洪波曲》附录再版时发表。还没有来得及发表，'文革'已经开始，林呐同志收藏的夹着这两封信的《洪波曲》被造反者抄去。'文革'后归还书时，信却不见了。"杨建民、郑志勇《郭沫若张治中论争"长沙大火"》《党史博采》2004年第9期）从其说，杨建民另有文章（《〈洪波曲〉问世引发的一场论争》，《中华读书报》2019年3月22日）和前文相差不大，不再另述。但此处回忆显然有误，张治中写信在《洪波曲》出版前，且原信保存在郭沫若纪念馆。郭沫若已经按照周恩来的指示对《洪波曲》进行修改，不会嘱咐出版社再版时收进。

第二章 并非"投机":郭沫若修改旧作的原因

放火烧长沙,是国民党人在蒋介石指使下所搞的一大功德。他们是想建立一次奇勋,摹仿库图索夫的火烧莫斯科,来它一个火烧长沙市。只可惜日本人开玩笑,没有出场来演拿破仑。撒下了一大摊烂污,烧了百多万户人家,更烧死了未有统计的伤病兵和老弱病废的市民,到底谁来负责呢?

在行政上的处分是——十八日枪毙了三个人,警备司令酆悌,警备第二团长徐昆,公安局长文重孚。

长沙人不了解真实情况,颇埋怨省主席张文白。事后有人做了一副对联和匾额来讥讽他,流传得很广。匾额是"张皇失措",对联是"治湘有方,五大政策一把火;中心何忍,三个人头十万元。"在这里面把"张治中"三个字嵌进去了。"五大政策"记不清楚;"十万元"是国民政府对长沙市民的抚恤金。少得太可怜了。然而冤有头,债有主,埋怨张文白是找错了对头。张文白和其它的人只是执行了蒋介石的命令而已。据我们后来所得到的确实消息,张文白在十二日上午九时,曾接到蒋介石的密电,要他把长沙全城焚毁。因此关于长沙大火的责任应该由蒋介石来负,连"三个人头"认真说都是冤枉了的。①

---

① 郭沫若:《洪波曲》,百花文艺出版社,1959,第213页。

对照原文和修改稿，可见改动幅度相当大。原文将火烧长沙归罪于"张治中、潘公展这一竿子人"，修改后的文字归罪于"国民党人"这一宽泛的团体。修改稿删除了"三个人死的时候都喊冤枉，大骂张文伯！"原文在提到嵌有"张治中"三字的对联时，认为"长沙人对于张文伯也是不能原谅的"，修改稿变成了"长沙人不了解真实情况，颇埋怨省主席张文白"。修改稿还删除了张治中扣留陈诚车，蒙蔽陈诚、周恩来的文字，删除"张治中实在该负责任"，增添了张治中出示的蒋介石电文，并认为"埋怨张文白是找错了对头。张文白和其它的人只是执行了蒋介石的命令而已"。可见郭沫若几乎完全采纳了张治中的意见，放弃了自己的观点。

五

郭沫若的本意是不修改自己的文字，仅将张治中的长信作为附录。郭沫若在《附录》中说"对于火烧长沙的原因系出于推测，有失实的地方"，并没有说完全失实，但从修改文字来看，他几乎完全否定了自己对于长沙大火原因的推测。从他写作附录到《洪波曲》修改出版，其间隔仅仅三个月，这三个月时间究竟发生了什么，让他几乎完全改变了自己的观点，并放弃了自己最初的打算呢？

张治中在《长沙大火真相详记》中提到的事，当是郭沫若放弃自己打算的原因。张治中说，郭沫若给他写了第

第二章　并非"投机":郭沫若修改旧作的原因

二封信后不久,他们见面了。郭沫若"握住我的手说:'真对不起,请恕罪!'这样,事情也就过去了。然而此事使我深感不安,据我事后从党的负责同志口中得知,事情还是不知怎地让周总理知道了,郭老因此受到了批评"。①张治中的表述,得到了郭沫若女儿郭平英的印证。郭平英老师在2018年12月27日和笔者讨论这两封信时说:郭老请示了总理和统战部,认为还是由郭老对原文进行修改为好,不再重提以前的说法,这样这件事就可平复了。但是后来张治中却在回忆录中提及②,回忆录在他去世后被公开出版。

也就是说,郭沫若在1959年完全采纳张治中的意见修改《洪波曲》,其实不是他的原意,而是接受了周恩来的意见。周恩来不仅是郭沫若的直接领导,而且从团结民主党派人士这一政治高度来看,对于周恩来的意见,郭沫若当然就接受了。

但从学术的角度来说,郭沫若最初的处理办法其实也有可取之处。郭沫若在1948年为《抗战回忆录》写作的《后记》中说:"资料是很缺乏的,当年的日报和杂志一份

---

① 张治中生前口述、余湛邦综合整理:《长沙大火真相详记》,中国人民政治协商会议长沙市委员会文史资料研究委员会编《长沙文史资料》(第2辑),1985年,第31页。
② 此外,杨建民等在《郭沫若张治中论争"长沙大火"》中说:"论争长沙大火的事,还是让周恩来及中央有关部门知道了。国家机关党务领导和统战部门领导先后找到张治中,认为郭沫若这样写是不大合适的,并希望郭沫若改正。可同时认为张治中信上的措辞也厉害了一些。"虽然没有标明出处,但可供参考。

也没有。从前偶尔也记过一些日记,但都散佚了,有的又不在身边。因此,唯一的资料差不多就是全凭自己脑子中所残留的记忆。就像挖煤的那样,每天从自己的脑子里尽量的挖,然而存煤实在有限,挖出来的又多只是些碎屑,没有斤两,这也是很大的一件苦事。"[1]正因为如此,他对自己回忆录一直抱着虚怀若谷的态度。在群益出版社1951年拟出版的《抗战回忆录》中,郭沫若将冯乃超的《浠水前线》作为附录收入。"错误的地方也很多。如记乃超《到浠水》的一节为了偷懒,没有仔细询问,把乃超的手记增益了一下而弄得和事实不符。有乃超的一篇《浠水前线》(《小说》第五期)可以补正,务请读者一读。还有些时日上的差池也是在所难免的,希望朋友们指摘,以便将来更正。"[2]他想将张治中的长信作为附录,其实也是延续将冯乃超《浠水前线》作为附录的做法。只是在1959年及以后的《洪波曲》版本中,连《浠水前线》也删除了。

不修改自己的作品,将不同意见和不同表述作为附录,郭沫若有自己的特殊考虑。当张治中写第一封信向他解释文工会解散的缘由并请求他的原谅时,郭沫若回信说:"您提到您解散文工会事,很有历史意义。但我相信事情不那么简单。"也就是说,在郭沫若看来,张治中的回忆也不一

---

[1] 郭沫若:《后记》,《抗战回忆录》(样本),上海:群益出版社,1951,第253页。
[2] 郭沫若:《后记》,《抗战回忆录》(样本),第254页。

第二章 并非"投机":郭沫若修改旧作的原因

定可靠。

张治中的《长沙大火真相详记》发表后,据笔者所见,讨论张治中郭沫若关系以及《洪波曲》修改因由的文章大都据张治中的表述立论。① 这是有偏颇的。他们至少没有看见当事人张耀辰的口述。

张治中给郭沫若的长信中说:"大火后负责执行责任的酆悌、徐昆、文重孚三人都被枪毙。您说:'三个人死的时候都喊冤枉,大骂张文伯(是白不是伯)'。我不知道您是从那里听来的?绝没有此事。相反地,他们是服罪而死的,是在蒋介石亲来长沙领导下的临时军事法庭判决的。当然,我对他们之死,在道义上负一定的责任,因为他们是我的部下,最少要负当时思虑不周、监督不严的责任。"但据参

---

① 陈守宁在《缘起"文夕大火"的是是非非——〈洪波曲〉之修订隐情》(《书屋》2015 年第 10 期)中讨论张治中去信导致《洪波曲》修改这一事件后论述道:"后来,《洪波曲》在天津出版,内容删改了不少,措词语气也有了变动,但是日本出版的日文版还是沿用了《人民文学》的稿子,这就使事情以讹传讹地传到国外去了。"郭静洲、熊卫国在《张治中与郭沫若 赤诚相待传佳话》(《文史春秋》2001 年第 3 期)中认为:"郭沫若在写《洪波曲》时,材料缺乏,但要适应报纸连载,他在写此文时,只得每天从自己脑子里挖点东西。加之他对张治中主湘,尤其对'长沙大火'感到气愤,才写出上述的内容,经过这次信件交流,郭沫若才了解到当时的真实情况,后来在《洪波曲》单行本出版时,作了一些必要的改正。"高信在《〈洪波曲〉余波》(《书房写意》,上海远东出版社,2009,第 75 页)中说:"郭老在《人民文学》刚发表完《洪波曲》,即收到了张治中先生的信,两位曾存在'历史的芥蒂'的老朋友,紧锣密鼓地(10 天左右)相互辩难后,郭老对《人民文学》发表稿断然作了更符合历史事实的修改,方才出版单行本和收入《沫若文集》。"可见,这些论述都认为张治中说的是事实,而郭沫若先前的叙述不真实。这其实都存在一定的偏颇。

与案件审理和判决的当事人张耀辰回忆说:"刑前,我宣读判决书,酆即俯首就缚,并低声对我哭诉说:'张主席太对不起人啦。'事后有人分析:张治中在火案发生之后,曾要酆负责承担一切,张允从旁缓容,担保不判死刑。刑场在扫把塘附近的丛山里。在赴刑场路途中,酆一语不发,文重孚、徐昆则高声谩骂'张治中不是人','他是湖南人的魔王',等等,直到临刑,尚未绝口。"①张耀辰是案件审理的当事人,他的叙述和郭沫若的叙述是一致的,所以不能说郭沫若后来的修改更符合"真实情况"。张治中对郭沫若最初的叙述矢口否认,可能是真不知情。

张耀辰的回忆提醒我们,张治中的回忆其实也应该相对化。张治中、郭沫若都是长沙大火的亲历者,他们根据各自的经历和见闻回顾历史,都有史料价值。长沙大火是复杂的历史事件,事起仓皇,大部分证据被焚掉,很多证人已不在世,不能再发出声音,活着的任何个人在当天的见闻都有一定的局限性,加上事后追忆,难免有所遗漏。在这种情况下,将当事人的回忆和口述都保存下来,让后人去分析判断,即按照郭沫若的办法,将双方的书面文字都公之于世,这才不失为历史学家的态度。

但当代史之所以难治,就在于当事人都在世,出于各种利益考虑,很多人不愿意那些于自己不利的文字出版。

---

① 张耀辰:《长沙大火案审理经过》,中国人民政治协商会议长沙市委员会文史资料研究委员会编《长沙文史资料》(第2辑),1985,第50页。

第二章 并非"投机":郭沫若修改旧作的原因

《洪波曲》出版的一波三折,及其不得不然的修改,就是显例。

《洪波曲》初刊时名为《抗战回忆录》,连载于香港《华商报·茶亭》1948年8月25日至12月5日。1950年11月1日至12月3日,《抗战回忆录》再次连载于上海《文汇报》副刊,尽管仅就重新发表出来的文字已经修改了161处①,但仍然因为有人反对而没有连载完毕。编辑柯灵回忆说:"1950年,我在《文汇报》工作的时候,《洪波曲》还没有出版单行本,我征得郭老的同意,开始在《文汇报》作为头版专栏,连续刊载。但不久有关领导部门就提出了意见,认为文章里涉及许多民主人士,为了统战关系,不宜继续发表。这种考虑,当然是不无理由的。但在报刊连载的作品,突然中途停刊,习惯上谓之'腰斩',对作者是很大的打击。在新社会里,还会使群众猜疑作者出了什么问题。我非常为难,感到对郭老不好交代。硬着头皮去和郭老情商,没想到他也就同意了。同样的雍容自若,默无一言。但我同样不信他心里没有任何想法。"②

《抗战回忆录》在《华商报》连载后,于立群做了剪报,郭沫若在于立群剪报的基础上结集编校,交给群益出版社的吉少甫。吉少甫编好发排,已经做出了样书。在正式开印之前"接到时任上海宣传部副部长的姚溱的电话,

---

① 韩诚:《一波三折的〈洪波曲〉》,《新文学史料》2017年第1期。
② 柯灵:《心向往之——悼念茅盾同志》,《上海文学》1981年第6期。

流言与真相
革命视野中的郭沫若

他说,此书有些内容涉及统战政策和统战人物,比较敏感,暂时停止出版。后来,我又接到时任国家出版总署办公厅主任的胡绳的电话,直接转达了同样的内容。据说,后来是胡绳在北京与郭沫若当面谈了具体意见,郭老作了修改,1958年7月起才在《人民文学》杂志上连载修订稿。"①《抗战回忆录》没有出版,仅出了几本样书,幸运的是,郭沫若纪念馆存有一本样书。相比于《抗战回忆录》(样书),《人民文学》上的连载版本修改达上千处之多。

《洪波曲》在《人民文学》连载后,郭沫若本不打算再修改了,但张治中的抗议信被周恩来知晓,为了政治形势的需要,郭沫若不得不再次修改,这样才于1959年4月在百花文艺出版社出版了单行本。

后人在评论郭沫若修改自己的作品时,往往认为郭沫若是为了权变而主动修改的,其实每部作品的修改因由各不相同,不能一概而论。像《洪波曲》这样涉及众多知名人士的现代历史叙述,又是由郭沫若这样有着广泛影响的名作家写出来的,牵涉面必然广,个中缘由复杂,他个人很难决定《洪波曲》的命运。

---

① 吉少甫:《郭沫若与中后期群益》,《郭沫若与群益出版社》,上海百家出版社,2005,第207~208页。

第三章

论抗战结束后郭沫若对沈从文的批评

第三章 论抗战结束后郭沫若对沈从文的批评

郭沫若批判沈从文,是现代文坛的大事件,论者述及沈从文改行或郭沫若在中华人民共和国成立前文艺界的表现时,屡屡提及此事。相关论文在检讨郭沫若批判沈从文时,无论臧否,或站在时代所认可的正确立场;①或以理性或感性,道德或人格之类的抽象概念为出发点,将问题从

---

① 新时期以前,郭沫若处于文坛权威地位,国内的现代文学史家大多认为郭沫若批判沈从文"对于廓清反动思想的影响起了很大的作用"。(王瑶:《中国新文学史稿(下)》,新文艺出版社,1953,第240页)新时期以来,人们对沈从文的评价有盖过郭沫若之势,越来越多的学者认为郭沫若的批判简单粗暴,比如本书所引用的周有光的看法。还有学者竟用"匪夷所思""不在同一层面",既缺乏"同情之了解,也没有理论说服力"来评价郭沫若的批判。(李扬:《从佚文〈新书业和作家〉看沈从文与郭沫若之关系》,《新文学史料》2012年第1期)

流言与真相
革命视野中的郭沫若

历史语境中剥离出来;①或将此问题局限于个人恩怨或文坛内②,而其中最具代表性的说法是:由于郭沫若的批评,沈从文中途折戟,从文坛消失。这个说法主要来自沈从文的弟子汪曾祺。他认为,在1949年前后对沈从文打击最大的就是郭沫若的《斥反动文艺》,有了这篇文章后,沈从文就从文坛消失了③。陈徒手在《午门城下的沈从文》中引用周有光的访谈说:"现在想来,郭沫若批沈从文是不公平的,这是一种政治性贬低。郭为了政治意图一边倒,揣摩上面的意图,他当时批评许多人都是错误的。"④这样的说法广泛流传,影响很大。

汪曾祺、周有光等人的说法是否合理呢?笔者认为,对此判断的标准不应是后设立场,而应把郭沫若批评沈从文放到当时的历史语境中去。

1946年底,国共和谈失败后,周恩来被迫从上海回到延安,他接连给郭沫若写了两封信。在12月31日的信中,周恩来说:"国内外形势正向孤立那反动独裁者的途程中进展,明年将是这一斗争艰巨而又转变的一年。只要我们敢于面对困难,坚持人民路线,我们必能克服困难,走向胜

---

① 如李扬《从佚文〈新书业和作家〉看沈从文与郭沫若之关系》等文。
② 如糜华菱《郭沫若和沈从文的文字恩怨》(《新文学史料》2001年第3期)、周文萍《郭沫若与沈从文的"文字情结"》(《郭沫若学刊》1995年第3期)等文大都从个人恩怨出发。
③ 汪曾祺:《沈从文转业之谜》,《花花朵朵坛坛罐罐——沈从文文物与艺术研究文集》,外文出版社,1994,第2页。
④ 陈徒手:《午门城下的沈从文》,《读书》1998年第10期。

第三章 论抗战结束后郭沫若对沈从文的批评

利。孤立那反动独裁者,需要里应外合的斗争,你正站在里应那一面,需要民主爱国阵线的建立和扩大,你正站在阵线的前头。艰巨的岗位有你担负,千千万万的人心都向往着你。我们这一面,再有一年半载,你可看到量变质的跃进。那时,我们或者又携手并进,或者就演那里应外合的雄壮史剧。"① 郭沫若是中共的秘密党员,中共代表团回延安后,他仍然坚持在国统区斗争。周恩来在这封信中给他下达了任务,要他在国统区领导民主运动。这成为身处解放战争第二条战线上的郭沫若的任务和使命。沈从文是国统区有影响的大作家,他通过杂文议政,多次挑战郭沫若的使命。郭沫若不得不辩,由此引发了郭沫若对沈从文的四次批评。

第一节 《从现实学习》与《新书业和作家》引发的批评

在《斥反动文艺》之前,郭沫若在1946年底和1947年初曾三次批评沈从文,两次针对沈从文的《从现实学习》,一次针对他的《新书业和作家》。前两次批评都没有点名,属于留有余地,第三次点名批评。这三次批评涉及对国统区民主运动的看法,对抗战以来文艺成就的检视,以及对

---

① 周恩来:《迎新年话时局——致郭沫若》,《周恩来书信选集》,中央文献出版社,1988,第371页。

当时出版业的评价,都是知识分子关心的重要问题,其核心指向是如何看待国民政府的统治。

一

1946年11月3日、10日,沈从文在《大公报·星期文艺》两次连载长文《从现实学习》。《从现实学习》收入《沈从文全集》第13卷时,编者认其为"自传性文章"。这代表了学界的普遍看法,相关解读文章大都指向沈从文如何坚守纯文学理想。但笔者读后的基本判断是:与其将它看成自传,不如看成政论。

沈从文因北平市有将近两万的大学生"情绪郁结",并对其有所误解,因此撰写此文,主张远离"追求现实、迷信现实、依赖现实所作的政治空气和倾向"[1],"从'争夺'以外接受一种教育,用爱与合作来重新解释'政治'二字的含义"[2],以自己的亲身经历,提倡专家学人各自坚守岗位,进行社会重造。这些基本观点本无问题,问题在于他在表明自己的态度时,将国共双方和以民盟为代表的介入实际政治操作的第三方面力量一概否定,尤其是对第三方面力量的牺牲和努力充满歪曲,这最终引起了郭沫若在

---

[1] 沈从文:《从现实学习(续完)》,上海《大公报·星期文艺》第5期,1947年11月10日。

[2] 沈从文:《从现实学习(续完)》,上海《大公报·星期文艺》第5期,1947年11月10日。

第三章 论抗战结束后郭沫若对沈从文的批评

《路边谈话》中的不点名批评。

解读《从现实学习》，其中较关键之处在于如何理解"杨墨"。沈从文称当时为"杨墨并进时代"，他既不从墨，也不从杨，因此有不少"责备与希望"，所以特意写作该文，"疏理个人游离于杨墨以外种种"①。"杨墨"仅仅是一种文字修辞，还是确有所指？长期以来学界对此似乎并不在意。② 但当时言论界谈及"杨墨"的不止沈从文一人③，当确有所指。

在《从现实学习》将完篇时，沈从文说："在目前局势中，在政治高于一切的情况中，凡用武力推销主义寄食于上层统治的人物，都说是为人民，事实上在朝在野却都毫无对人民的爱和同情。在企图化干戈为玉帛调停声中，凡为此而奔走的各党各派，也都说是代表群众，仔细分析，却除了知道他们目前在奔走，将来作国府委员，有几个人在近三十年，真正为群众做了些什么事？又曾经用他的工作，在社会上有以自见？"④在这一段里，沈从文批评了两种

---

① 沈从文：《从现实学习》，上海《大公报·星期文艺》第4期，1947年11月3日。
② 《沈从文全集》（第13卷）（太原：北岳文艺出版社2002年）第389页注释，编者认为："这里是用来指现实中两种对立的人生态度。"
③ 如储安平1947年1月21日致胡适的信中说："我们创办《观察》的目的，希望在国内能有一种真正无所偏倚的言论，能替国家培养一点自由思想的种子，并使杨墨以外的超然份子有一个共同说话的地方。"（程巢父：《储安平致胡适的五封信》，《温故之一》，广西师范大学出版社，2004）
④ 沈从文：《从现实学习（续完）》，上海《大公报·星期文艺》第5期，1947年11月10日。

力量。一种力量为"在朝在野"的"用武力推销主义寄食于上层统治的人物",第二种力量指"在企图化干戈为玉帛调停声中,凡为此而奔走的各党各派"。《从现实学习》完成于1946年10月20日。10月,国民党在军事上攻占共产党重镇张家口、安东,并准备单方面召开国大。共产党要求停战和谈,坚持要求中共和民盟在未来的由40人组成的联合政府委员会中占有14个名额,同时做好分裂的准备。民盟等第三方面力量为国共和谈积极奔走,同时争取自己在未来的联合政府中拥有发言权。可见,沈从文批评的第一种力量实际上指正在进行内战的国共两党。而"为此而奔走的各党各派"当指以民盟和社会贤达为代表的第三方面力量。那"杨墨"是否能与这两种力量对应起来呢?"杨"指杨朱,"墨"即墨家学派。在孟子时代,居思想界主流的是儒、墨、杨三家。孟子说:"天下之言,不归于杨,则归于墨。"杨朱的名言为"损一毫以利天下,不与也",被后世作为自私自利的典型。沈从文所谓的"杨",显然指"都毫无对人民的爱和同情"的国共两党。墨子提倡"兼爱非攻",后世对其理解差异较大。1947年3月10日,《益世报》刊出民盟为和谈正式破裂发表宣言的消息,题《民盟主兼爱非攻》。可见时人视民盟为墨家。沈从文描述以"民盟"为代表的第三面力量虽努力"奔走",但并未真正为群众做事。由此推断,《从现实学习》中的"杨墨"之"墨",指的正是以民盟为代表的第三方面力量。因此,

第三章 论抗战结束后郭沫若对沈从文的批评

《从现实学习》并非仅仅自言其社会重造的理想,而是介入了当时的政治纷争。

沈从文批评国共两党武力相争,代表当时知识界部分人的共同看法,但他对以民盟为代表的第三面力量的批评却颇为独异。据吴世勇编《沈从文年谱》载,1945年冬,"闻一多邀吴晗专程同到桃源沈从文家中,劝他加入中国民主同盟。由于对党派政治的反感,沈从文不肯参加"。①沈从文自己说,他因民盟"最气恼的是要我加入我不加入,而一切工作都若妨碍彼等信用"②,所以产生隔阂。而这一隔阂,突出表现在他评价闻一多牺牲和民盟争取国府委员名额两件事上。

批评民盟其他领导人,没有引起公开还击。但沈从文对闻一多的误解,引起了普遍反感。在《从现实学习》中,沈从文说:"对于能变更自己,重造自己,去适应时代,追求理想,终又因而为愚人一击毁去的朋友,我充满敬意。可是对于另外那个更多数同事,用一个完全沉默来承当战争所加给于本身的苦难,和工作所受挫折限制,有一时反而被年青人误解,亦若用沉默来否定这个现实的,实抱同样敬意。""而生者的担负,以为其意义,影响于国家明日

---

① 吴世勇编《沈从文年谱》,天津人民出版社,2006,第268页。
② 沈从文:《致阙名朋友》,《沈从文全集》(第18卷),北岳文艺出版社,2002,第468页。

流言与真相
革命视野中的郭沫若

尤其重大。"① 显然，所谓"毁去"的朋友，指的正是与沈从文同在西南联大文学院任教的闻一多，相比于闻一多，沈从文更看重像他自己这样的"生者"。

值得注意的是，沈从文用"愚人一击"来描述闻一多被特务枪杀的事实。这一描述引起了民盟成员、闻一多和沈从文的共同学生，时任西南联大讲师王康的愤慨。王康在闻一多被害后与张奚若、潘光旦、费孝通、楚图南、冯素陶、尚钺、潘大逵等19人一度避难美国领事馆，其中潘光旦等人与闻一多一样，上了云南警备总司令部的黑名单。对闻一多的死感同身受、曾有性命之虞的王康以史靖的笔名于1946年12月21日至12月25日在《文汇报》分五次连载两万字左右的长文《沈从文批判》，他笔带感情地驳斥说："好一个'愚人的一击'！谋杀闻先生的仅仅是'愚人'一辞可以遮掩的吗？沈先生，你为了讨好，真是煞费苦心了，你可知一个杰出的人才可就在你轻描淡写之下给'毁去'了吗？"②

事实上，闻一多的被害，人们都清楚是当局指挥特务干的。闻一多被害的第二天，在上海得知消息的叶圣陶在日记中写道："报载闻一多亦被刺于昆明，气愤之至。当局以如此手段对付呼号民主之人，岂复有存立之道！"③叶圣陶

---

① 沈从文：《从现实学习（续完）》，上海《大公报·星期文艺》第5期，1947年11月10日。
② 史靖：《沈从文批评（五）》，上海《文汇报》1946年12月25日。
③ 《叶圣陶集》（第21卷），江苏教育出版社，1994，第95页。

第三章 论抗战结束后郭沫若对沈从文的批评

明确指出凶手即为"当局",这其实是大多数人的共识。7月31日,美国哈佛大学教授巴顿、伊立沃等30余人致电美国代理国务卿,认为中国"民主和非共产党领袖最近的被杀害,是得到国民党的赞同的",并要求美国停止援华。马歇尔在8月8日坦率告知蒋介石,美国知识界觉得"中国对自由主义见解的压制与德国所实行的做法相同"①。经过长期调查,1946年9月,民盟正式发布《李闻案调查报告书》,以大量确凿证据,确证凶手和主使都是"云南警备总司令部",要求"课问国民党及其特务机关的责任"②。事实既已大白于天下,沈从文10月写《从现实学习》却还将闻一多之死说成"愚人一击"。难怪王康愤怒地指出:"沈先生不仅在积极地帮凶,而且消极地一字一句的都在宽恕和抵消反动者的罪过。"③后来沈从文大概也觉得其表达有问题,所以将"愚人一击"改为"反动派当权者爪牙一击"。《沈从文全集》注明所收《从现实学习》来自《大公报》原刊,其实所用乃沈从文改过的版本。而王康这篇重要文章,长期以来鲜为人知,不仅在沈从文亲自审订的邵华强编《沈从文研究资料》中没有提及,其他沈从文研究文献也未提起。

郭沫若对于闻一多之死的观感,与沈从文截然不同。

---

① 闻黎明:《李闻惨案之善后》,《近代史研究》2011年第4期。
② 梁漱溟、田新民:《李闻案调查报告书》,上海:民主出版社,1946,第25~27页。
③ 史靖:《沈从文批评(五)》,上海《文汇报》1946年12月25日。

流言与真相
革命视野中的郭沫若

李闻事件后,郭沫若连续写了十多篇抗议悼念作品。郭沫若并不认为闻一多为"愚人"所击,而明确指出系"美械凶徒的暗杀","毫无疑问是有组织有计划的白色恐怖的阴谋摆布","卑劣无耻的政治暗杀"①。李闻的被暗杀,反映了执政当局的法西斯本质。"公朴先生是文化批评家,是平民教育家;一多先生是诗人,是学者,是有数的名教授,然而他们为了为人民争取民主竟不免遭受了这样的惨死。"②"今天的学者文人们对于政治的要求只是作为一个民国人民的最低限度的条件,我们要求民主,要求人民权利的保障,要求废弃独裁,废弃一党专政,难道这便行同不轨吗?"③

沈从文对于第三方面力量的第二个误解,在于他认为以民盟为代表的第三方面力量努力奔走的目的只是在政府中有官可做。《从现实学习》中提到的"国府委员",正是当时谈判所争焦点之一。但共产党和民盟争取国府委员名额,并非为了做官,而是涉及联合政府是否依然属一党专政的重大问题。

1946年1月,政治协商会议通过了《政治协商会议决议案》,其中第一部分为《政府组织案》,规定中国国民党在国民大会未举行前,应充实国民政府委员会。国民政府委员会为政府之最高国务机关,委员名额为40人。"国民

---

① 郭沫若:《悼闻一多》,《民主》第41期,1946年7月。
② 郭沫若:《等于打死了林肯和罗斯福》,上海《群众》第11卷第12期,1946年7月。
③ 郭沫若:《悼闻一多》,《民主》第41期,1946年7月。

第三章　论抗战结束后郭沫若对沈从文的批评

政府委员会之一般议案，以出席委员之过半数通过之。国民政府委员会所讨论之议案，所有涉及施政纲领之变更者，须有出席委员三分之二之赞成始得议决。某一议案如其内容是否涉及施政纲领之变更发生疑义时，由出席委员之过半数解释。"①后来国共谈判中一项重要的争执就在于国府委员的名额。国民党只给中共及民盟13个名额，而中共和民盟坚持要14个名额。关于中共及民盟的这一坚持，时任民盟秘书长的梁漱溟解释说："为了保证和平建国纲领在国府委员会上不致轻于变更，就有中共民盟合起来占国府委员名额三分之一强的办法，因为规定通过一件变更纲领的议案必须三分之二强才行，国府委员中中共民盟十四名的话，就是从这里来的。民盟原是抗战中最先倡导开党派会议组织联合政府实行宪政者，（彼时青年党尚在民盟内），中共所以敢于放弃武力而走这条路，也正为有这个友党之故。对于这条路，民盟既然倡导于先，当此大局转捩关键，自然义不容辞，这是民盟毅然愿意与中共配合予他以保证之故。"②

郭沫若在1946年6月的一篇文章中对此也有解释："在野的民主力量为了保卫《和平建国纲领》，就保持了这一点点的限制，要变更纲领时，不能像一般议案一样，凭过半

---

① 四川大学马列主义教研室、中共党史科研组编《政治协商会议资料选编（内部资料）》，1979，第167页。
② 《中国民主同盟代表梁漱溟谈国府委员名额分配问题》，《中国民主同盟历史文献》，文史资料出版社，1983，第237~238页。

流言与真相
革命视野中的郭沫若

数通过，必须有'三分之二之赞成'。四十名的三分之二是二十七名。反过来，如有三分之一的反对便不能成立，四十名的三分之一必须是十四名。这就是三分之一的否决权，也就是中共和民盟所以要争取十四个委员名额的基本原因。"同时，郭沫若不认为争取名额是为做官："譬如今天靠司徒大使或马歇尔特使的努力，硬使政府让了步，使中共和民盟获得了十四乃至更多的名额，我倒要看中共和民盟的朋友们是不是敢于接受？做官请来做官，好好。内战照旧内战，也好好。中共和民盟假使都是一些官瘾十足的朋友，那中国倒早已就天官赐福了。"①

其实，就算不是身在其中的年轻人，也知道国府委员名额的争取，事关联合政府的本质："他们确实在计较政府的改组，确实在争执国府委员名额的分配，但这都是为了要避免人民再遭受凶兵而不得不将就着把腐烂的肉体注入生机，也就是希望把低能的现政府改建为健全的政府；国府委员名额的争执只是避免新的机构仍被旧势力所垄断。"②

对于沈从文认为第三方面力量争取国府委员的名额目的是做官这一看法，郭沫若在《路边谈话》中不点名地批评说：

---

① 郭沫若：《关于非正式五人小组》，《天地玄黄》，上海：大孚出版公司，1947，第428、430页。
② 史靖：《沈从文批判（五）》，上海《文汇报》1946年12月25日。

第三章　论抗战结束后郭沫若对沈从文的批评

> 既有口谈民主而心想做官者。
> 扩而充之：凡谈民主者皆想做官者也。
> 更扩而充之：凡不谈民主者不想做官者也。
> 更更扩而充之：凡反对民主者反对做官者也。
> 我虽然是在做官而却反对做官，故我最清高，最杰出，最不同乎流俗。
> 这是新京派教授的又一逻辑。
> 〔附注〕大学教授亦朝廷命官也，不要忘记。[①]

此文收入 1961 年《沫若文集》第 13 卷时，郭沫若在"新京派教授"后注释说"此人指沈从文"。

沈从文歪曲了第三方面力量在争取国家政权建设上的牺牲和努力，其动机虽是为了突出自己重造社会的理想，但事实上却开脱了国民党的法西斯罪行，不利于民主自由强盛的新中国的创建。沈从文以为能够在现实政治以外有所作为，但作为大学教授希图争取青年的他本身就在现实政治以内。当抨击努力于国家政权建设的知识分子时，他的言论却违背了他本人对民主原则的追求。郭沫若在《路边谈话》中虽一针见血地指出了沈从文的悖谬，但不点其名，为团结争取沈从文留下了余地。

---

① 郭沫若：《路边谈话》，重庆《新华日报》1947 年 1 月 16 日。

二

沈从文除了歪曲第三方面力量的牺牲和努力外,还有意抹杀其成就。其中所体现出的贵族气和等级原则,是对他自己所追求的民主原则的违背,受到了郭沫若《新缪司九神礼赞》的批评。

在《从现实学习》等文中,沈从文鲜明地表达了自己的文学观念,建立起了一种独特的文学秩序。他将小说置于文类的金字塔尖,诗歌、杂文等文类被归于低等级中。在小说中,沈从文根据主题和题材的不同,又设置了不同的价值等级。对于不以小说见长的多数作家学人,沈从文批评为"既无特别贡献,为人还有些问题"[①]。

沈从文高度看重文学作品的功用,他认为,相比于其他知识分子,"在习惯上,在事实上,真正丰富了人民的情感,提高了人民的觉醒,就还是国内几个有思想,有热情,有成就的作家"[②]。他所谓的"作家",主要指小说家。

沈从文看不起杂文,认为杂文已经消失,"无可追寻"。他说:"在争夺口号名词是非得失过程中,南方以上海为中心,已得到了个'杂文高于一切'的成就。然而成就又似

---

① 沈从文:《从现实学习(续完)》,上海《大公报·星期文艺》第 5 期,1947 年 11 月 10 日。
② 沈从文:《从现实学习(续完)》,上海《大公报·星期文艺》第 5 期,1947 年 11 月 10 日。

第三章　论抗战结束后郭沫若对沈从文的批评

乎只是个结论,结论且有个地方性,有个时间性,一离开上海,过二三年后,活泼热闹便无以为继,且若无可追寻。"①

在小说和诗歌中,沈从文尽管也能欣赏诗歌,但更看重小说。他在私信中说:"论成就,写故事发展得宽,可走的路远。但自然也就难见好,因为有大堆前人成绩在那里,不比诗或随同政治风气跑,即得政治支持,或独创亦有以自见。小说有个无形成规,必得突过前人。至于写诗,易表现,易得到一个作家的名分。但是我们既用手中的笔,当然挑选困难工作有意思些。"②作为文学副刊的编者,沈从文非常称赞投稿者张白的诗歌,认为他的诗"乡村抒情注入悲痛,文笔拙质中见出一点妩媚","正是现代新的抒情诗一格","唯有对农村原有的素朴和平具深刻诚挚的爱的作者,才能够写得出"。尽管如此,他还是劝其改行写散文小说,"且就你笔触所及看来,如能够试用于散文,人事景物兼叙,将农村土地人民为无终止战乱,所摧毁残杀伤心惨目无可奈何的种种,于篇章中试作各种设计来加以审慎处理,定必有更高成效"③。这样的事情不止一例。还有年轻人寄诗给沈从文看,沈从文说:"我并不懂诗,尤其不懂

---

① 沈从文:《从现实学习(续完)》,上海《大公报·星期文艺》第5期,1947年11月10日。
② 沈从文:《致镇潮》,《沈从文全集》(第18卷),北岳文艺出版社,2002,第455~456页。
③ 沈从文:《一首诗的讨论》,《沈从文全集》(第17卷),北岳文艺出版社,2002,第461页。

近十年来的'诗'",他劝这位年轻人"最好还是用手中的笔转而写散文,兼及人事的散文"①。

沈从文觉得新闻通讯不如小说好。他尽管在不同的场合称赞徐盈、子冈的新闻通讯,但当子冈采访他时,他却对子冈说:"俟国家安定,应该放下记者生活写点久远性的文艺东西,因为'生活不应该这样用法的'。"②

不同的小说所选择的题材和表达的主题是不同的,沈从文对此也有价值等级评判。他希望小说家承担起"观念重造设计"的重任:"凝固现实,分解现实,否定现实,并可以重造现实","由头脑出发,用人生的光和热所蓄聚综合所作成的种种优美原则,用各种材料加以表现处理,彼此相粘合,相融汇,相传染,慢慢形成一种新的势能、新的秩序的憧憬,来代替"。"用爱与合作来重新解释'政治'二字的含义,在这种憧憬中,以及憧憬扩大努力中,一个国家的新生,进步与繁荣,也会慢慢来到人间的!"③沈从文小说的题材,多是在"夜深人静,天宇澄碧"④下所做的抽象思索,而对于正在进行新的实验的解放区小说,他一概否定。

---

① 沈从文:《谈文学的生命投资》,《沈从文全集》(第17卷),北岳文艺出版社,2002,第458页。
② 子冈:《沈从文在北平》,上海《大公报》1946年9月19日。
③ 沈从文:《从现实学习(续完)》,上海《大公报·星期文艺》第5期,1947年11月10日。
④ 沈从文:《从现实学习(续完)》,上海《大公报·星期文艺》第5期,1947年11月10日。

第三章　论抗战结束后郭沫若对沈从文的批评

从上述文学观念出发，沈从文认为除表达"抽象观念"的小说家之外的作家学人大多无足观。他批评抗战期间昆明的部分民主人士"在学识上既无特别贡献，为人还有些问题"；认为第三方面力量中很少有人"在最近三十年，真正为群众做了些什么事？当在人民印象中。又曾经用他的工作，在社会上有以自见？"①批评丁玲等作家去延安是"积极参加改造"，"是随政治跑的"②，"反倒没有什么作品"③，嘲笑丁玲"到铁矿上去体验生活，写了文章还要请工人纠正"④。

不同于沈从文所建立起来的严格的题材等级和文类等级秩序，郭沫若的文艺观更为灵活开放，也更为民主。

首先，郭沫若并不认为创作文学作品是多么了不得的事。1947年5月，郭沫若重新出版了《盲肠炎》，这些20年代与国家主义论战的旧文重新面世，其实也是为了间接回答沈从文等人的批评。在《盲肠炎》的题记中，郭沫若说："一九二六年我参加了北伐，我的文艺生活更确确实实地告了一个段落。尔来二十年，无论在写作上或生活上和所谓'纯文艺'实在是愈隔愈远，这如用今天最时髦的纯

---

① 沈从文：《从现实学习（续完）》，上海《大公报·星期文艺》第5期，1947年11月10日。
② 《沈从文论作家》，转引自杨华《论沈从文的〈从现实学习〉》，《文萃》周刊第二年第12、13期合刊，1947年1月1日。
③ 子冈：《沈从文在北平》，上海《大公报》1946年9月19日。
④ 《沈从文论作家》，转引自杨华《论沈从文的〈从现实学习〉》，《文萃》周刊第二年第12、13期合刊，1947年1月1日。

流言与真相
革命视野中的郭沫若

文艺家的话来说,便是我失掉了'写作的马达'。但我是心甘情愿,而且也心安理得的。我自己在这儿可以公开的宣布:我要取消掉我这个'文艺家'或'作家'的头衔。""我的见解倒是很平凡而简单的:不做'文艺家'不要紧,我们总得要做'人';写不出'伟作'可以和萧伯纳相比的也不要紧,总要对得起每天给我们饭吃的老百姓。谁要'毛骨悚然',多让他'毛骨悚然'一下。认真说,也就为了这个目的,我把二十多年前的自我清算,这部《盲肠炎》,里面包含着《水平线下》,再度提供出来。二十多年前我也是喊过'为写作而写作'过来的人,我可以斗胆的骂我自己那只是幼稚的梦呓而已。"[①]可见,在郭沫若看来,只要对得起"每天给我们饭吃的老百姓",是否写出伟大的作品其实并不重要。

其次,郭沫若并不认为各种文类有等级差别。他高度看重杂文,他认为当时是"批评时代","处在目前历史转折点的一个大时代,新旧是非之争到了白热的焦点,这正是一个严烈的批评时代,批评自然是必要的"[②]。在主编《文汇报》的《新文艺》副刊时,他欢迎杂文:"我们对于鲁迅先生的遗产,杂文形式中的匕首投枪,我们特别重视

[①] 郭沫若:《〈盲肠炎〉题记》,《盲肠炎》,上海:群益出版社,1947,第4~5、6页。

[②] 郭沫若:《迎接批评时代的一个基本问题》,香港《群众》第2卷第3期,1948年1月29日。

第三章　论抗战结束后郭沫若对沈从文的批评

的。我们宝贵这个遗产,并欢迎这种匕首投枪。"①此外,他没有批评过小说、诗歌、戏剧等文类不好。

最后,对于"积极参加改造"的解放区作家,郭沫若始终给予欣赏和赞誉。他高度称赞赵树理的《李家庄的变迁》《李有才板话》,康濯的《我的两家房东》以及《白毛女》等解放区作品。称赵树理是"自由的天地里"长成的"一株大树子"②;《我的两家房东》"可以说是达到了完善的地步"③;《白毛女》"是民族的至宝,新世纪的新神话"④。

1947年初,为了声援友人的批评,郭沫若对沈从文的文艺观做出了批判。

《新缪司九神礼赞》是郭沫若的一篇重要作品,这篇作品正是针对沈从文而写。郭沫若在写作缘起中说:"去年十二月二十九日文协有一个辞年晚会,我本来决定要去参加的,但把日期记成三十日去了。三十日的清早一看报才知道会已经开过,使我瞠然若失。关于'胜利前后到现在的文艺工作的观感',好些朋友的宝贵意见,我失掉了听取的机会,实在是非常遗憾。""我自己本来也准备着想发表一些'观感'的,今天我把它写在这儿。"⑤根据郭沫若当时的

---

① 郭沫若:《人民至上主义的文艺》,上海《文汇报》1947年3月3日。
② 郭沫若:《读了〈李家庄的变迁〉》,《文萃》第49期,1946年9月。
③ 郭沫若:《〈板话〉及其它》,上海《文汇报》1946年8月16日。
④ 郭沫若:《谈解放区文艺创作》,上海《群众》第12卷第4、5期合刊,1946年8月24日。
⑤ 郭沫若:《新缪司九神礼赞》,上海《文汇报》1947年1月10日。

流言与真相
革命视野中的郭沫若

阅报习惯，郭沫若1946年12月30日清晨所看之报最有可能为《文汇报》。经过查阅，《文汇报》当日确有文协开会的记载，这次会议的主题之一是批评了沈从文的《从现实学习》。在第四版《作家团年》的通讯中，记者报道说："中华全国文艺协会上海分会辞年晚会，昨日下午八时在九江路清华同学会举行，到文艺戏剧等各界百余人。会中除胡风，田汉，熊佛西，潘子农等演讲及诗歌朗诵外，尚有星期音乐学院合唱《逼上梁山》，《扫除法西斯》等名歌数曲。"散会前由胡风将名作家意见汇总，作一总检讨，检讨提出了当时文艺界的四种不良倾向，其中第一种倾向是"产生了一种自命清高，但不甘寂寞的人。脱离现实在清高的地位上说风凉话，这种人的代表是沈从文"。

作协上海分会对沈从文的批评，引起了郭沫若的同感。在《新缪司九神礼赞》中，他两次间接提到了沈从文。第一次是文章开头部分说："还有一位'自由主义'的教授，听说一提到我便摇头，因为我去年曾经'飞莫斯科'，更成为了他的摇头材料。"第二次是文章末尾："我听见有声音自温室中来：'从现实学习'吧。这是很中听的声音。虽然温室中的'现实'不是我的现实，而温室中的'学习'不是我的学习，但我还是喜欢那个中听的声音。谁个又能够否认，那温室中的花草们毕竟是可怜的呢？他们也有他们的'岗位'，让他们去独自欣赏，或为所憧憬的对象们所欣赏吧。从石榴裙下的现实去学习拜倒，从被窝中的现实去

第三章　论抗战结束后郭沫若对沈从文的批评

学习自渎，那是不同乎流俗者的自由。"①所谓"飞莫斯科"，指沈从文在接受《益世报》记者姚卿祥采访时所说"茅盾很沉默，不像郭沫若一般地飞莫斯科"②。所谓"从现实学习"，指的正是沈从文的同名文章。

从这两处的间接提及来看，郭沫若对沈从文的言论非常关注。看报的第二天，郭沫若写下了《路边谈话》，不点名批评了沈从文对第三方面力量的歪曲。而看报一星期后写下的这篇《新缪司九神礼赞》，针对的则是沈从文关于文学等级秩序的观点。

在这篇文章中，郭沫若说："关于所谓文艺的范围，我不想把它限制在诗歌小说，戏剧，批评里面，虽然现今的文艺朋友们，尤其是搞小说的少数温室作家，他们把文艺的圈子画得很紧，除掉自己的小说之外差不多就无所谓'创作'，他们藐视诗歌，抹杀批评，斥戏剧为'不值一顾'。文艺的天地应该更要广泛。"所谓"少数温室作家"，指的正是沈从文。于"温室"之外，郭沫若在诗歌、小说、戏剧、批评方面举出了一大批作家的名字。他说"小说方面的骆宾基、路翎、郁茹……，谁个能够否认？诗歌方面的马凡陀、绿原、力扬……，谁个能够否认？戏剧方面的夏衍、陈白尘、吴祖光，……，谁个能够否认？批评方面的杨晦、舒芜、黄药眠，……，谁个能够否认？这些有生

---

① 郭沫若：《新缪司九神礼赞》，上海《文汇报》1947 年 1 月 10 日。
② 姚卿祥：《学者在北平·沈从文》，天津《益世报》1946 年 10 月 26 日。

流言与真相
革命视野中的郭沫若

力量特别强韧的朋友们,他们不仅不断地在生产,而且所生产出来的成品那样坚强茁壮,经得着冰风雹雨的铲削。"

将文艺扩大范围,值得郭沫若列举的就更多了:在学术研究方面的杜守素、翦伯赞、侯外庐、胡绳、于怀、许涤新;"把现实抓得那么牢,反映得那么新鲜,批判得那么迅速"的新闻记者;"机智的锐敏,深刻,丰富而健康"的漫画家;"划破了黑夜的天空"的木刻家;"在杀人的苛重捐税与无形的检查制度之下,拖着沉重的高利贷,作朝不保夕的滴血的奋斗"的戏剧电影家;"在人人的心中作着无声的怒吼"的音乐家。

文章最后,郭沫若饱含深情地歌颂了这些文艺家,同时不点名地批评了沈从文:"我虔诚地敬礼着这些朋友,这些温室之外的小说,诗歌,剧作,批评的文学上的朋友,从事于古代和近代的史学研究的朋友,新闻界的朋友,漫画木刻界的朋友,新音乐界的朋友,戏剧电影界的朋友,朋友们哟,我想称颂你们为'新时代的缪司九神',你们真以超人的努力,克服着当前的超级地狱,而在替我们播着火种。说你们没有货色拿出来见人者,那是帮凶者的诬蔑!但你们受着这种诬蔑,也正是你们的光荣。目前是一切价值倒逆的时候,鹿是马、马是鹿,黑是白、白是黑,有是无、无是有。你们没有货色可以见王公大人的'人',而你们尽有洪水一般的货色可以见人民大众的'人'。"

对于郭沫若的上述观点,当时没有不同意见,倒是沈

第三章　论抗战结束后郭沫若对沈从文的批评

从文的观点，除郭沫若外，还有很多人不赞成。《沈从文年谱》说《从现实学习》"受到左翼阵营作家的激烈批评"①，其实对沈从文的批评来自持各种立场、各种背景的作家学人。这些人倒并不都是左翼，甚至跟沈从文同在北平的自由主义文人，对于沈从文的观点也不尽认同。

首先，大多数人反对沈从文对杂文的漠视。王康认为："杂文的极盛时代固然在九一八后的那几年，但杂文直至今天依然有其存在的事实和存在的必要，绝不如沈先生武断的已经'无以为继，无可追寻'。""有建设性的长篇创作在这时候虽然需要而且不少，不过更急迫的工作是应付其时的现实，还需要短兵相接的搏斗，在这种情形下，杂文遂公认为最有力的武器，是打击反动者肃清顽固分子最有力的武器，因为它可以集中力量和对准目标用简洁明确的文字表达一种意见，这意见往往一针见血直接打到被击者的心坎的。""而且可以正告沈先生杂文是可以失去它的作用的，也可以不必继续存在的，但那必需政治完全清明，社会完全公平之后才有失去和不必存在的可能。换句话说政治一天不清明，社会还有不平的时候，杂文是永远要存在的，这正如同反动者不消灭，革命是永远要起来的是一样的道理。"②杨华在批评沈从文的文章中认为，杂文"其实也并非真的'无可追寻'，这个优秀的传统一直继续到现在；

---

① 吴世勇：《沈从文年谱》，天津人民出版社，2006，第278页。
② 史靖：《沈从文批判（三）》，上海《文汇报》1946年12月23日。

流言与真相
革命视野中的郭沫若

现今,即使是初离中学的青年,只要他对文学感到一点兴趣,大概没有不知道鲁迅先生的《伪自由书》、《准风月谈》以及《花边文学》诸书的,这难道不是'公正的时间'所证明的'什么将消灭','什么能存在'吗?历史确是残酷的"①。最值得注意的是,作为沈从文好朋友的朱自清,对于杂文也给予了高度认同。在1936年鲁迅逝世后,朱自清接受记者采访时直言对鲁迅上海期间的作品看得不多②,1948年他却特意找出瞿秋白《鲁迅杂感选集》序言来看③,称鲁迅杂文为"更尖锐的战斗武器",并认为"虽然我们损失了一些诗,可是这是个更需要散文的时代"④。

其次,沈从文抹杀第三方面人士的成就,也受到了质疑。王康说:"我们要反问沈先生,在谈判中奔走的民主工作者,除了已经出卖了政治生命的以外,那一位在他们一生中没有在社会上有过成绩表现!这些民主工作者包括教授社会教育家农村改造者,包括有成就的学者而且也有作家,他们虽然是奔走呼号可都不是为了替自己巧辩逃避时代所给予的职责!而都是面对着威胁利诱在实事求是为人

---

① 杨华:《论沈从文的〈从现实学习〉》,《文萃》周刊第二年第12、13期合刊,1947年1月1日。
② 李斌:《鲁迅逝世后北平文化界的反响》,《北京社会科学》2009年第6期。
③ 朱自清日记1948年7月2日载:"读完何凝的《鲁迅杂感选集》序言。"《朱自清全集》(第10卷),江苏教育出版社,1998,第514页。
④ 朱自清:《鲁迅先生的杂感》,《朱自清全集》(第3卷),江苏教育出版社,1998,第319页。

第三章　论抗战结束后郭沫若对沈从文的批评

民实现一个富强康乐的中国而工作的。"①

作为当时舆论中的第三方面重要代表的郭沫若,其在文学创作和学术研究上的成就不仅获得中共和左翼人士的高度认可,就是沈从文周围的自由主义文人,甚至国民政府的官方学术机构,都给予了很高的评价。

章太炎的弟子钱玄同,常常跟儿子钱三强提起郭沫若的学术著作。"特别对郭老的《中国古代社会研究》和《甲骨文研究》等许多运用辩证唯物主义思想于历史和文字学研究的著作,倍加赞赏,认为郭老在这方面的成就远非前人可比。往往不等郭老的著作出版,我父亲就去书店预定,总以先读为快。"② 20世纪40年代中期,顾颉刚在《当代中国史学》中说:"研究社会经济史最早的大师,是郭沫若和陶希圣两位先生,事实上也只有他们两位最有成绩。"他称赞郭沫若的《中国古代社会研究》为"一部极有价值的伟著","中国古代社会的真相,自有此书后,我们才摸着一些边际"③。顾颉刚还认为,在甲骨文以及中国古代史的研究上,王国维之后,能够继承王国维并有开创性贡献的是郭沫若。④ 1947年,傅斯年提名考古和美术史专业的院士4名,郭沫若以"现代治考古学之最能以新资料征史者"名列其中,最终

---

① 史靖:《沈从文批判(五)》,上海《文汇报》1946年12月25日。
② 钱三强:《忆我尊敬的长者——郭老》,《光明日报》1982年11月17日。
③ 顾颉刚:《当代中国史学》,上海古籍出版社,2006,第97~98页。
④ 顾颉刚:《当代中国史学》,上海古籍出版社,2006,第103页。

流言与真相
革命视野中的郭沫若

顺利当选。① 这是学界对郭沫若学术成就的高度认可。

抗战结束后与沈从文过从甚密的朱自清,对于郭沫若的成就也与沈从文看法不同。1947年前后,朱自清开始认真研读郭沫若著作。他高度评价郭沫若的文学创作。他观看了《棠棣之花》,称赞这部戏"充满诗意,有独到之处"②。在他和叶圣陶、吕叔湘编辑的《开明新编高级国文读本》中,特意选了郭沫若《地球,我的母亲!》和《杜鹃》,并将郭沫若作为20年代两位代表诗人之一。同时,朱自清不断研究郭沫若的学术著作,认真阅读了《青铜时代》《十批判书》,不但将《十批判书》借给自己的朋友看,还写了书评,认为《中国古代社会研究》"是转化立场来研究中国古代的第一部系统的著作,不但'博得了很多的读者',就是抗战以来的新史学家,似乎多少都曾受到这部书的启示"。《十批判书》也取得了很高的学术成就,"郭先生的学力,给他的批判提供了充实的根据,他的革命生活,亡命生活和抗战生活,使他亲切的把握住人民的立场","他的辩论的笔调,给读者启示不少","我推荐给关心中国文化的人们,请他们都读一读这一部《十批判书》"③。

---

① 参见谢保成《从"神交"到"握手言欢"——郭沫若与历史语言研究所20年》,《郭沫若研究年鉴2010卷》,人民出版社,2011,第99页。
② 朱自清1947年9月1日日记,《朱自清全集》(第10卷),江苏教育出版社,1998,第469页。
③ 朱自清:《现代人眼中的古代——介绍郭沫若著〈十批判书〉》,《朱自清全集》(第3卷),江苏教育出版社,1998,第207页。

第三章　论抗战结束后郭沫若对沈从文的批评

从上述事实来看，沈从文为了突出自己社会重造的理想和小说的作用，否认其他文体的价值和功用，抹杀其他知识分子的成就，这种做法是偏执的，是不民主的。郭沫若为了鼓励第三方面的友人，为了各种文类及文艺与学术各部门的共同繁荣，写下了《新缪司九神礼赞》，反击沈从文的言论属于"帮凶者的诬蔑"，语气虽然严厉，但我们不能不承认，沈从文的偏执的确几近"污蔑"。

三

继《从现实学习》之后，沈从文又写了一篇《新书业和作家》。这篇作品延续了他对海派的一贯批评，轻轻抹杀独裁政府对于作家的迫害，受到郭沫若《拙劣的犯罪》一文的严厉谴责。

自20世纪30年代以来，沈从文一直致力于反对"文学作品和商业资本""现实政治与抽象文学"的两种结合。如果说《从现实学习》着重批评了从事政治活动的作家学人创作不出优秀作品、不足以影响社会的话，《新书业和作家》则发展了《从现实学习》中尚未展开的部分。沈从文在《新书业和作家》中站在"职业作家"的立场，希望能够在政府的帮助下，建立一个健全的、有利于新文学发展的出版市场。沈从文认为自己属于当时国内少有的"职业作家"，他对"职业作家"评价很高，认为"职业作家""受刺激，争表现，繁荣了个新出版业，也稳定了新文学运动"。但是,自新文化运动以来,"职业作家"一直生存艰难,"比起其他职业来,实费力而难见好,且决不能赖以为生"。沈从文将这一原因归结为新书业和作家之间的"不健全待修正的习惯"。为了改正这一习惯,沈从文要求出版家不要将自己当成"纯粹商业",而应该"想到作家也应算作机构的一个重要成分"。解决这一问题的关键在于经费。沈从文认为"国内这种出版机构既不多,政府负责方面如对于这个问题能有些点认识,即应不经请求也能给予一笔贷款才合理。如有个三五亿贷款周转,一年内出版的贡献,当可比官营出版机构费三五十亿得来的成绩还大得多。新文学明日的正常发展,这类出版机构有其重要作用。"沈从文认为,政府在这方面也应有所作为,"政府对于书业已有个补救制度,凡有资格请求的,都得到相当结果",所以关键在于出版部门,"这部门工作的推进,我们与其寄托希望于政治,还不如寄托希望于出版家",希望出版家"在固定版税制度外,肯为作者想点办法"①。

与沈从文的大多数文章一样,《新书业和作家》的故事叙述,也从新文化运动说起。在讲到创造社时,沈从文认为,创造社自办出版的原因是"一面感于受当时有势力文学社团压迫,一面感于受出版方面压迫,作品无出路",创造社"终因为经济方面转手不及,不易维持"。

---

① 沈从文:《新书业和作家》,天津《大公报》1947年1月18日。

第三章　论抗战结束后郭沫若对沈从文的批评

郭沫若读完这篇文章后,发表《拙劣的犯罪》,严厉批评了沈从文在创造社历史的叙述中体现的"不顾事实,自我作故的态度"①。郭沫若以当事人的身份,认为创造社既没有"受当时有势力文学社团压迫",也没有"受出版方面压迫"。尤其是创造社的结局,它是"遭了国民党的革命政府封闭,于是告终正寝",而并非经济方面的"不易维持"。

从创造社倒闭原因说开去,郭沫若认为:"书业的不振或不正和作家的受罪,分明是政治问题。一句话总归,政治的不民主使几百正业崩溃,书业自不能除外,作家也不能除外。"②这与沈从文从书业本身找原因,其分歧显而易见。

其实,郭、沈二人的说法都有他们的道理,只是各自侧重点不同而已。作家自抗战以来的困境主要来自两个方面:一是出版业本身的不健全;二是政治的不民主。就郭、沈二人的亲身经历来说,也都受到这两方面的困扰。

沈从文尽管强调书业的不健全导致职业作家的困难,但作为职业作家的他,其实更多的是受到了政治不民主的困扰。沈从文本来希望能靠版税过活,事实上这是可能的。他曾给他哥哥算过一笔账,他说他的小说"选好的应当可编二十六本,只要书店肯为推销,每本卖三千到五千,又可照应得版税支付,照当前定价计,我至少可得五万块钱

---

① 郭沫若:《拙劣的犯罪》,上海《文汇报》1947年1月27日。
② 郭沫若:《拙劣的犯罪》,上海《文汇报》1947年1月27日。

流言与真相
革命视野中的郭沫若

版税,那就可以在家中坐两年不用做事,再来好好写两三本大书了"①。但是,他的作品遭到苛酷检查,难以出版。"在桂林出版之书,被扣被禁甚多,检查人无知识而又擅作威福,结果即不免如此。《长河》被假借名义扣送重庆,待向重庆交涉时,方知并未送去。重庆审查时去五十字,发到桂林,仍被删去数千字。《芸庐纪事》第三章也被扣,交涉发还,重写一次,一万字改成六千,精神早已失尽了。集子每本都必被扣数篇,致无从出版。"②"我的作品整理印了卅个集子,已印出了八本,不凑巧有个检查制度,旧有的常被'不合战时需要'删扣了好些,出不了版,新的涉及战事的,又因另外原故,有几个出不了版,只好等待到真正天下太平时再看去了。"检查制度导致他"无法靠合法版税支持最低生活,将来也恐怕无多希望"③。只好向胡适求助,看能否翻译成外文在国外打开销路,支持他继续创作。

郭沫若尽管强调政治不民主对出版业和作家的伤害,但他也受到出版业混乱的伤害。郭沫若在流亡日本期间就已经发现了他本人著作的盗版书。郭著盗版到抗战以后越

---

① 沈从文:《致沈云麓(1942 年 9 月 8 日)》,《沈从文全集》(第 18 卷),北岳文艺出版社,2002,第 408 页。
② 沈从文:《致沈荃(1943 年 1 月 11 日)》,《沈从文全集》(第 18 卷),北岳文艺出版社,2002,第 423 页。
③ 沈从文:《致胡适(1944 年 9 月 16 日)》,《沈从文全集》(第 18 卷),北岳文艺出版社,2002,第 432、433 页。

第三章 论抗战结束后郭沫若对沈从文的批评

来越严重,以至于 1946 年 6 月,他不得不登报维护版权:"敝人译著多种二十年来多被坊间盗印,或原出版者未经同意自行再版或将版权连同纸型转让,或擅自更改书名及译著者名,诸多侵害权益之事,殊难枚举。兹请群益出版社吉少甫君为本人代理人,清理所有译著,无条件收回。自行整理出版。请承印各出版家,将收税清算结清,并将纸型交回或毁弃,如承上演、广播,或转载,均请与代理人洽立合约。日后如有危害本人著译权益事件发生,当依法请沈钧儒沙千里二大律师保障追究,特此登报声明如上。"①

可见,作为多产作家的郭沫若和沈从文,实际上都受到不民主的检查制度和混乱的出版市场两个方面的伤害。但由于各自对重建新中国途径的思考路向不同,所以强调了不同的侧面。创造社究竟倒闭于经营不善还是政府查封,是郭沫若和沈从文本次分歧的出发点。沈从文的说法显然不符合历史事实。但不清楚情况的后来学者却认为郭沫若拿这件小事做文章"令人匪夷所思"②。的确,如何讲述创造社历史事小,但背后体现的政治立场及知识分子对专制统治的态度事大。对于郭沫若来说,政治的不民主是他面临的更严峻的事实,也是他一直奋斗着要求改变的境况。

在写作《拙劣的犯罪》的 1947 年 2 月,正是国民政府

---

① 《郭沫若启事》,上海《联合日报晚刊》1946 年 6 月 14 日。
② 李扬:《从佚文〈新书业和作家〉看沈从文与郭沫若的关系》,《新文学史料》2012 年第 1 期。

肆意违反政协决定,加强舆论监管、压制言论自由的法西斯统治时期。而这却被沈从文在文章中所忽略。

沈从文对文艺副刊寄予很大希望,他说"战事结束后,一切复员,副刊似乎也有了个复员趋势。惟南北相似而不同,如以京沪和平津比,南中国的报纸,杂文综合副刊,容易活泼,容易找编者,也容易有读者。北方却保留个传统,分类专刊能有办法,达到相当高的标准,而在这个标准下,有读者,有作者,有作用,有意义"。显然,他更看重北方的报纸副刊,尤其是《大公报》的副刊,"副刊从一较新观点起始,是二十三年天津《大公报》的试验,将报纸篇幅让出一部分,由综合性转为专门,每周排定日程分别出史地、思想、文学、艺术各刊,分别由专家负责,配合了当时的特约社论,得到新的成功"[1]。他自己主持了好几家报纸的文艺副刊,"希望从这个刊物编排设计,推广到其他报纸副刊,在同一方式上努力。如有五六个副刊如此编排,以个人私计,有一年时间,会可以将北方作家创作态度引导入一个正常发展中。比上海方面用杂文、辱骂、造谣方式吸引读者情形,结果将不同些(可惜其他编者还不大感觉到这个需要)"[2]。

其实,南方的副刊,也有过如此的尝试,却很快就被

---

[1] 沈从文:《〈文学周刊〉编者言》,《沈从文全集》(第16卷),北岳文艺出版社,2002,第449、448页。
[2] 沈从文:《复叶汝琏(1947年2月14日)》,《沈从文全集》(第18卷),北岳文艺出版社,2002,第470~471页。

第三章　论抗战结束后郭沫若对沈从文的批评

国民党政府查封打压了。就在沈从文骂上海刊物"用杂文、辱骂、造谣方式吸引读者情形"一月之后，郭沫若应徐铸成之邀，主持革新上海《文汇报》副刊。革新后的《文汇报》在形式上学习的正是《大公报》《益世报》等北方报系。其副刊编辑由"专家负责"，内容由"综合性转为专门"。比如，1946年10月的天津《大公报》，周一至周日分别出版《经济周刊》、《药与健康》、《文史周刊》（胡适主编）、《戏剧与电影》（洪深主编）、《文艺》、《自然科学》（汪敬熙主编）、《星期文艺》。1946年的天津《益世报》，除周五外，周一至周日分别出版《人文周刊》、《史地周刊》、《国际周刊》、《艺术周刊》、《文学周刊》和《宗教与文化》。而革新后的《文汇报》周一至周日分别出版《经济周刊》（千家驹主编）、《教育周刊》（孙起孟主编）、《新思潮》（侯外庐主编）、《新文艺》（郭沫若主编）、《史地周刊》（翦伯赞主编）、《科学生活》（曾昭抡主编）、《青年周刊》（宋文彬主编）。按照沈从文的说法，这正是"专家学人""以个人为单位，竞争表现，在运动规则内争表现"①。但国民政府在1947年5月查封了《文汇报》，革新后的《文汇报》副刊出刊不到两个月就结束了。

情况正如郭沫若所说："《民主报》的捣毁，《新华日报》的捣毁，我自己的眼睛亲自看见过。""在重庆，我看

---

① 沈从文：《政治与文学》，《沈从文全集》（第14卷），北岳文艺出版社，2002，第255页。

流言与真相
革命视野中的郭沫若

见当局宣布废除了将近五十种的束缚人民权利的法令,到上海我又看见当局宣布了禁止将近五十种的呼吁民主和平的刊物,我看见《消息》被迫停刊,《周报》被迫停刊,《民主》被迫停刊,《群众》《文萃》不准在街头贩卖,还未出版的《文群》在胎中遭了禁止。这到底是什么时代,怎样的环境呢?我想这样说,大概总不会过分吧?我想这样说——这是零下三十五度的政治冬季,而且是冰雪满地的岩田。"①

郭沫若提到的被捣毁或查禁的刊物,并不都是共产党或左翼领导的。1946年7月在上海被禁的《周报》,"不依附于任何党派""纯粹站在老百姓的立场发言"。它对国共两党一视同仁,甚至对共产党不无曲解之处。②像这样没有党派色彩的刊物都被禁止,说明国民党不允许不同言论的自由竞争。

沈从文希望在写作上"无妨从各方面着手,大家各从不同方式、不同信仰、不同观点作去,有个长时期自由竞争,争表现,所谓文坛会丰富些,思想也会活泼些"③。但是上述事实说明,政府不允许专家学人"竞争表现"。沈从文不但不批评政府对言论自由的压制,事实上还替政府推卸了责任。所以郭沫若批评他"一手轻松便把'政治'的

---

① 郭沫若:《新缪司九神礼赞》,上海《文汇报》1947年1月10日。
② 《我们坚决反对内战》,《周报》1945年第10期。
③ 沈从文:《复彭子冈(1946年12月上旬)》,《沈从文全集》(第18卷),北岳文艺出版社,2002,第444页。

第三章 论抗战结束后郭沫若对沈从文的批评

责任推开,而把严重的罪状加在出版家们的头上","这简直是超过了帮闲的范围,而死心踏地的帮凶了"①。这不禁令人想起13年前左翼作家在批驳沈从文的《禁书问题》时所说:"我们从沈从文的口吻中,早知道沈从文的立场究竟是什么立场了,沈从文既站在反革命的立场,那沈从文的主张,究竟是何种主张,又何待我们来下断语呢?"②同样是批评沈从文对政府在出版上所作所为的看法,相隔13年,出自不同人的两次批评竟惊人相似,这不能不令我们深思。

笔者认为,沈从文倒并非有意"帮凶",但他为了强调社会重造,一味从社会内部找原因,这必然忽略了更为重要的因素——政治的不民主。由于观念先行,沈从文不从事实出发,而以主观臆测叙述历史,这给当事人造成了伤害,他强调出版业对作家的不合理,事实上推卸了政府的责任,更给奋斗在民主阵线上的出版商和作家双方造成伤害,结果只能助长法西斯政权的嚣张气焰,跟沈从文本人所追求的民主原则背道而驰。

第二节 "摩登文素臣"与"文字上的春宫"

王康《沈从文批判》刊完第三天,沈从文就在给朋友

---

① 郭沫若:《拙劣的犯罪》,上海《文汇报》1947年1月27日。
② 《驳沈从文的禁书问题(下)》,《社会新闻》第6卷第28期,1934年3月24日。

的信中提及，认为事实与王康所说情况"完全相反"①。他也知道文协上海批判了他："这里转载上海新闻，却说文协在清华同学会开会，圣陶主席，一同检讨鸳鸯蝴蝶派沈从文，倒真是动人新闻！"②"远远的从文坛消息上知道有上海作家在扫荡沈从文而已。想必扫荡得极热闹。"③"这一个月来，因我写了点小文章，被另外一位笔名先生当作题目批判了若干次。"④可见文化界对于他的批评，他完全知情，并且一直非常关注。

但沈从文表示，他绝不会被这些批评所吓倒，并且他还会坚持他的观点。他从自己的经验出发，认为文坛对他的批评由来已久，"事实上已扫荡了二十年，换了三四代人了。好些人是从极左到右，又有些人从右到左的，有些人又从官到商，从商转政，从政又官，旋转了许多次的。我还是我。在这里整天忙。"⑤"一个政治家受无理攻击，他会起诉，会压迫出版者关门歇业，会派军警将人捉去杀头。一个作家呢，他只笑笑，因为一个人的演说，或一千个人

---

① 沈从文：《复彭子冈（1946年12月27日）》，《沈从文全集》（第18卷），北岳文艺出版社，2002，第447页。
② 沈从文：《致阙名朋友（1947年2月3日）》，《沈从文全集》（第18卷），北岳文艺出版社，2002，第468页。
③ 沈从文：《复李霖灿、李晨岚（1947年2月初）》，《沈从文全集》（第18卷），北岳文艺出版社，2002，第465页。
④ 沈从文：《政治与文学》，《沈从文全集》（第14卷），北岳文艺出版社，2002，第253页。
⑤ 沈从文：《复李霖灿、李晨岚（1947年2月初）》，《沈从文全集》（第18卷），北岳文艺出版社，2002，第465页。

第三章 论抗战结束后郭沫若对沈从文的批评

的呐喊鼓噪,可以推翻尼罗王的政权,或一个帝国,可不闻有一篇批评或一堆不可靠的文坛消息把托尔斯泰葬送。"①沈从文继续发表他一贯的观点,受到冯乃超等人的严厉批评。

在众多批评沈从文的声音中,郭沫若的《斥反动文艺》最为权威,也最受争议。《斥反动文艺》十分严厉地批评了沈从文自抗战以来的一贯表现:

> 什么是红?我在这儿只想说桃红色的红。作文字上的裸体画,甚至写文字上的春宫,如沈从文的《摘星录》、《看云录》,及某些"作家"自鸣得意的新式《金瓶梅》,尽管他们有着怎样的借口,说屈原的《离骚》咏美人香草,索罗门的《雅歌》也作女体的颂扬,但他们存心不良,意在蛊惑读者,软化人们的斗争情绪,是毫无疑问的。特别是沈从文,他一直是有意识地作为反动派而活动着。在抗战初期全民族对日寇争生死存亡的时候,他高唱着"与抗战无关"论;在抗战后期作家们正加强团结,争取民主的时候,他又喊出"反对作家从政"。今天人民正"用革命战争反对反革命战争",也正是凤凰毁灭自己,从火里再生的时候,他又装起一个悲天悯人的面孔,谥之为"民族自

---

① 沈从文:《政治与文学》,《沈从文全集》(第14卷),北岳文艺出版社,2002,第252页。

流言与真相
革命视野中的郭沫若

杀悲剧",把全中国的爱国青年学生斥为"比醉人酒徒还难招架的冲撞大群中小猴儿心性的十万道童",而企图在"报纸副刊"上进行其和革命"游离"的新第三方面,所谓"第四组织"。(这些话见所作《一种新希望》,登在去年十月二十一日的《益世报》。)这位"看云摘星"的风流小生,你看他的抱负多大,他不是存心要做一个摩登文素臣吗?①

关于全面抗战时期郭、沈观点的冲突,笔者另有文章分析②。1946~1947年郭沫若和沈从文的冲突,上一节已经探讨。本节重点讨论两点。第一点,《一种新希望》为什么会引起郭沫若的严厉批评;第二点,郭沫若为什么认为沈从文的《看云录》等抗战以来的小说是"文字上的裸体画,甚至写文字上的春宫"?

一

沈从文自《从现实学习》发表后,受到郭沫若、王康、林默涵、杨华、文协上海分会、文协香港分会的严厉批评。但他不从理论上展开论辩,而认为这是人事恩怨尤其是他

---

① 郭沫若:《斥反动文艺》,《大众文艺丛刊》(第1辑),1948年3月1日。
② 李斌:《现代作家在抗战时期的身份认同与社会位置——以郭沫若、沈从文的关系为出发点》,《抗战文艺研究》(第6辑),广西师范大学出版社,2012。

第三章 论抗战结束后郭沫若对沈从文的批评

和民盟的不睦关系所致。他认为因为他不参加民盟，所以才招致这一系列批评。"我想生平从不曾如此说，怎么会有这类语气？现在方知道原来是属于民盟一方的玩意儿。这里这些人最气恼的是要我加入我不加入，而一切工作都若妨碍彼等信用。为争取群众，以北大作对象，凡值得糟蹋的自由主义者，总想法来一手。"①"所以受批判，倒又简单，我很恼怒了一些人。我的不入帮态度有时近于拆台，我的意见又近于不喝彩，而我的写作恰恰又'都要不得'。"② 所以，沈从文对以民盟为代表的第三方面力量更加反感。他给彭子冈的信中说："要听听徐盈谈谈写通讯，学习如何写，我相信徐盈和你都能教育他们，可无从学史良或罗隆基！"③不久又在私信中说："谈中国问题，我就觉得新闻记者徐盈先生意见，比张东荪、梁漱溟二老具体。"④"民盟的存在也永远只取巧于两大之间的玩意儿了。"⑤

1947年9～10月，民盟的处境越来越困难。国民政府新闻局局长董显光一再发表谈话，认为民盟反对内战即为

---

① 沈从文：《致阙名朋友（1947年2月3日）》，《沈从文全集》（第18卷），北岳文艺出版社，2002，第468页。
② 沈从文：《政治与文学》，《沈从文全集》（第14卷），北岳文艺出版社，2002，第254页。
③ 沈从文：《复彭子冈（1946年12月27日）》，《沈从文全集》（第18卷），北岳文艺出版社，2002，第447页。
④ 沈从文：《复黄灵（1946年末）》，《沈从文全集》（第18卷），北岳文艺出版社，2002，第450页。
⑤ 沈从文：《致阙名朋友（1947年2月3日）》，《沈从文全集》（第18卷），北岳文艺出版社，2002，第468页。

附和共产党。10月7日,民盟中央常务委员、西北总支部主任委员杜斌丞被国民党陕西戒严司令部枪杀。10月13日,国民党御用团体"中国文化界戡乱建国总动员会"认为民盟参加"叛乱",要求"政府不宜再承认民盟合法之政党,而应以乱党视之,明令解散"。10月23日,民盟在南京的两处办事处均被军警围困,检查出入人员。10月27日,国民党政府宣布民盟为非法团体,要求各地治安机关对于民盟成员一切活动"严加取缔,以遏乱萌,而维治安"。当晚,民盟总部负责人张澜、黄炎培等召开紧急会议,决定总部暂时停止活动。就在民盟处境日益困难的境况下,沈从文于1947年10月21日,11月9日、10日先后在上海《益世报》、北平《益世报》发表《一种新希望》。

《一种新希望》认为,在目前"民族自杀悲剧"之下,书呆子群收拾破碎,以图补救的措施有三:"一是政治上第三方面的尝试,二是学术独立的重呼,三是文化思想运动更新的综合。"① 他真正瞩目的是"文化思想运动更新的综合"。对第三种努力的瞩目,实际上是建立在第一种补救措施已经受到挫折的基础之上。沈从文所谓的第一种补救措施为"政治上第三方面的尝试",这具体何指呢?邵荃麟认为这指的是"目前以《大公报》《观察》为中心在宣传的所谓'新的第三方面运动',实质上却是四大家族和平阴谋的

---

① 沈从文:《一种新希望》,《沈从文全集》(第14卷),北岳文艺出版社,2002,第279页。

第三章 论抗战结束后郭沫若对沈从文的批评

一部分"①。邵荃麟这一看法影响了后来的史家,但笔者认为邵荃麟的看法值得商榷。《大公报》《观察》所宣传的"新的第三方面运动",是在1947年10月底民盟解散以后方才兴盛起来的,这些学人议政群体"从1947年底、1948年初开始公开树起'自由主义'的大旗,鼓吹新的'中间路线'、'第三条道路',掀起了一个颇具声势的'自由主义运动'"②。沈从文本人亦属于这些学人议政群体的一员,他不可能批评刚刚兴起的自己所属的群体"遭遇挫折"。我们认为,此处"遭遇挫折"的"政治上第三方面",指的正是以民盟为代表的调停国共冲突的各民主党派。

沈从文将"政治上第三方面"遭遇挫折的原因归结于"人事粘合不得法,本身脆薄而寄托希望又过大,预收绥靖时局平衡两大之功,当然不易见功"③。指责民盟被解散在于民盟自身的原因,这体现了沈从文的糊涂。其实只要稍稍具备理性,都不会如此指责一个横遭解散的纯由知识分子组成的、没有武力的在野党。民盟的被解散,正如香港史学家叶汉明所说:"此举无异将自由主义民主派完全排斥于主流政治之外,显示出国民党无法容纳西式民主,象征

---

① 荃麟:《二五与小丑之间——看沈从文的"新希望"》,《华商报》1948年2月2日。
② 曹建坤:《1945-1949年间中国共产党与自由主义势力的关系研究》,中共中央党校博士学位论文,2007,第91页。
③ 沈从文:《一种新希望》,《沈从文全集》(第14卷),北岳文艺出版社,2002,第279页。

流言与真相
革命视野中的郭沫若

着西式民主运动在中国的边缘化。"① 沈从文手无寸铁追求民主自由,对于同样手无寸铁追求民主自由的民盟,仅仅因为个人恩怨,便如此落井下石,在原则问题上是非不分,在事实上只能成为独裁政府的"帮凶"。难怪作为民盟成员的邓初民,在郭沫若提到沈从文时,会义愤填膺地说:"硬是要消灭他们才行。"②

沈从文要用报纸副刊将所有人"重新唤醒",使他们从"作成噩梦的因子游离"③。所谓"作成噩梦的因子",从沈从文在上下文中所表达的意思来看,指的是拥有武力正在战场上"玩火"的国共两党。但是,沈从文批评国民党是假,批评共产党是真。在他这段时期的文字里,很难看见他对国民党的直接批判。即使是暗杀闻一多这样的大事件,他也仅仅描述成为"愚人一击"。倒是对于共产党,他多处表示不满。在《北平的印象和感想》中,沈从文说"五十万人在东北在西北的破坏,若尚不能引起我们的关心,北

---

① 叶汉明:《从"中间派"到"民主党派":中国民主同盟在香港(1946–1949)》,《近代史研究》2003 年第 6 期。
② 1948 年 1 月 3 日下午,郭沫若参加香港文艺界的一个新年团拜会,这次团拜会至少还有邓初民和钟敬文参加。郭沫若说:"文艺方面像政治一样,一方面有为人民的文艺,一方面有反人民的文艺","反人民的文艺有四种,第一种是茶色文艺。搞这种文艺的一群中,有萧乾,沈从文,易君左,徐仲年等。萧乾比易君左坏。他们有钱有地盘,更有厚的脸皮。硬是要打击他们才行"。郭沫若讲到这里,"邓初民先生插嘴说:硬是要消灭他们才行。在座的都笑起来表示赞成。"(《一年来中国文艺运动及其趋向》,《华商报》1948 年 1 月 7 日)
③ 沈从文:《一种新希望》,《沈从文全集》(第 14 卷),北岳文艺出版社,2002,第 280 页。

第三章 论抗战结束后郭沫若对沈从文的批评

平的文物和知识，恐当真的就只能供第五颗原子弹作新武器毁旧文明能力的测验！"他认为"不少我们的子侄我们的学生"在张家口参加"热闹"，作"无望流血"，因此希望能够"鼓励更年青一辈，对国家有一种新看法"①。这篇文章写于1946年9月。在当时的言论界，西北和张家口都是解放区的代名词。所以，沈从文要求从"作成噩梦的因子游离"出来，实际上针对的是共产党越来越大的影响力。

国民政府容不下一个毫无左倾嫌疑、只是积极论政的留美知识分子闻一多，容不下没有武力、只是奔走调停的民主同盟，这样的政府当然是独裁专制的政府，而沈从文没有一句批评，却希望人民从国民党的对手方那里游离出来，这不是"摩登文素臣"又是什么呢？

故而，笔者认为《斥反动文艺》对《一种新希望》的批评是有道理的，但是，郭沫若在1948年3月发表这样的文章，其语气是否有点过了？则值得探讨。

战后郭沫若一直为建立民主联合政府而奋斗，如果说1946~1947年，郭沫若处于在野甚至受迫害的地位，其对专制政府及各种为专制政府开脱行为的严厉批判，体现了一个知识分子的担当和勇气。到1948年春，专制政府垮台已指日可待，郭沫若与中共领袖关系亲密，在推翻国民党独裁政府中有出色表现，他毫无疑义地会成为新政权领导

---

① 沈从文：《北平的印象和感想》，《沈从文全集》（第12卷），北岳文艺出版社，2002，第285、286页。

班子的重要成员。他此时应该思考的问题，是未来新中国如何建设和发展。在思考这些问题的时候，他应该允许不同意见发表。作为本身不对新政权构成威胁、愿意以一个专家身份努力于社会文化建设的大学教授沈从文，无论在此之前如何糊涂，如何"帮凶"，但在新的社会中总会有所贡献，郭沫若的批评不应该如此严厉。况且，沈从文被批判的言论尽管不合时宜，但倘若换个时代，不能说完全没有道理。比如《一种新希望》中倡导"文化思想运动更新的综合"，认为"'五四'运动的一切发展犹在目前，应当有具有远见的报人和学人，来把它重新检讨，重新作计！用报纸副刊把一些真有独立公民资格的灵魂和人格，重新刺激唤醒，恢复他们的勇气和信心，使他们能想，能学，能爱能工作的头脑和双手，和作成噩梦的因子游离，来接受一笔人类心智辛勤和情感奔放综合作成的丰富遗产"。"举凡一切增加组织上的弹性和效率，而又能沟通、中和多方面对立、矛盾、以及病态的集权与残忍的势能，都必然是从这个新的综合所形成的培养液中寄托希望。"[①] 这些观点和看法就值得新政权认真思考。

事实上，沈从文对于新时代抱着极大的欢迎态度。他在私信中说："中国行将进入一新时代，则无可怀疑。用笔的求其有意义，有作用，传统写作方式态度，恐都得决心

---

① 沈从文：《一种新希望》，《沈从文全集》（第14卷），北岳文艺出版社，2002，第280~281页。

第三章　论抗战结束后郭沫若对沈从文的批评

放弃，从新起始来学习从事。人近中年，观念凝固，用笔习惯已不容易扭转，加之误解重重，过不多久即未被迫搁笔，亦终得搁笔。这是我们年龄的人必然结果。如生命正当青春，适应性大，弹性强，如能从一新观点继续用笔，为一原则而服务，必更易促进一个新社会实现。这是你们必取的路径。这新的理想社会，极显明不仅仅是战事一面倒即可顺利产生，还必须经过种种淘汰、消耗、一再修正、一再调整过程，方能于逐渐平衡中使各部门工作配合，得到正常发展进步也。一切由宣传作成的仇恨对立，都得有个结束，而代以一种新的鼓励，新的希望，方能使社会在新形式中向上向前。万千人必由对立仇恨转而为爱与合作，一致将热忱和精力为合理社会服务。这需要更多专家来设计，也需要更多健康优秀文学作品来鼓励。"[1]"从大处着眼，中国行将进入一个崭新时代，则无可怀疑。用笔者求其有意义，有作用，传统写作方式以及对社会态度，实值得严肃认真加以检讨，有所抉择。对于过去种种得决心放弃，从新起始来学习，来从事。这个新的起始，并不一定即能配合当前需要，惟必然能把握住一个进步原则，来肯定，来证实，来促进。"[2]他对"新时代"的迎接其实与郭沫若的态度很像。

---

[1] 沈从文：《致季陆（19481201）》，《沈从文全集》（第18卷），北岳文艺出版社，2002，第517页。
[2] 沈从文：《致吉六（19481207）》，《沈从文全集》（第18卷），北岳文艺出版社，2002，第519页。

流言与真相
革命视野中的郭沫若

也许正因为这种"有道理",所以后来的部分学者对沈从文寄予了过多同情。而郭沫若对他的批评,语气明显有点过了,这也是后来郭沫若在这个问题上被人诟病的原因。但任何观点都要放在特殊的历史背景下,根据它出现的具体情况展开讨论,在那样一个时代,郭沫若的语气虽然说有点过火了,但从他的角度来说,从他身受的和民盟同样的在国民政府压迫下被迫出走香港的经历来说,他对沈从文《一种新希望》中那些不公正言论的批判,是可以理解的。

二

郭沫若在《斥反动文艺》中批评沈从文的文学创作说:"作文字上的裸体画,甚至写文字上的春宫,如沈从文的《摘星录》、《看云录》,及某些'作家'自鸣得意的新式《金瓶梅》,尽管他们有着怎样的借口,说屈原的《离骚》咏美人香草,索罗门的《雅歌》也作女体的颂扬,但他们存心不良,意在蛊惑读者,软化人们的斗争情绪,是毫无疑问的。"[①]这句话在现代文学史上分量很重,争议很多。有学者认为批评得对,有学者却认为简单粗暴、不合情理。近年来,与这句话密切相关的一些材料陆续被揭示出来,这让我们不得不再次面对这一问题,给予尽可能切近实际

---

① 郭沫若:《斥反动文艺》,《大众文艺丛刊》第 1 辑,1948 年 3 月 1 日。

第三章　论抗战结束后郭沫若对沈从文的批评

的评判。

《沈从文全集》第 16 卷收入《〈看虹摘星录〉后记》，编者题注说明"本篇发表于 1945 年 12 月 8 日和 12 月 10 日天津《大公报》。署名从文"。"《看虹摘星录》未见出版。"但最近有研究者提出质疑。2009 年 2 月，《十月》杂志发表裴春芳辑校的《沈从文小说拾遗》，包含《梦与现实》与《摘星录》两篇，同期还刊发了裴春芳的考证文章《虹影星光或可证——沈从文四十年代小说的爱欲内涵发微》。作者经过认真校读，发现《沈从文全集》所收《摘星录》事实上是经过修改的《梦与现实》一文。而发表于 1941 年香港《大风》第 92～94 期的《摘星录》并没有收入现有沈从文的任何集子。裴春芳认为《看虹摘星录》这部小说的确存在，"基本内容应该包括刊发于香港的《梦与现实》和《摘星录》，以及刊发于桂林的《看虹录》三篇小说，加上《〈看虹摘星录〉后记》一文，此书编辑成集大概在 1944 年 5 月"①。笔者认同裴春芳的看法。《摘星录》未收入《沈从文全集》，《看虹录》《梦与现实》（即《沈从文全集》第 10 卷中的《摘星录》）收入《沈从文全集》第 10 卷《虹桥集》，《〈看虹摘星录〉后记》收入《沈从文全集》第 16 卷。《斥反动文艺》对沈从文文学倾向的批评，针对的就是这本现在尚未找到且被《沈从文全集》所切分并有所遗漏

---

① 裴春芳：《虹影星光或可证——沈从文四十年代小说的爱欲内涵发微》，《十月》2009 年 2 月号，第 31 页。

的《看虹摘星录》。

《梦与现实》完成于 1940 年 7 月 18 日，沈从文时在峨眉山。小说于 1940 年 8 月 20 日、9 月 5 日、9 月 20 日、10 月 5 日分四次连载于香港《大风》第 73~76 期，署名李綦周。1942 年 10 月末，沈从文改写这篇小说，以《新摘星录》为篇名发表于 1942 年 11 月 22 日、29 日，12 月 6 日、13 日、20 日《当代评论》第 3 卷第 2~6 期，署名沈从文。1943 年 5 月，沈从文重写该小说，以《摘星录》为篇名发表于 1944 年 1 月 1 日《新文学》第 1 卷第 2 期，署名沈从文。《沈从文全集》所收的是《新文学》的版本。这篇为沈从文所反复修改的小说侧重于女性情爱心理的刻画。女主人将近三十岁，因战争关系从北平来到后方，在一种美人迟暮的心态下回忆着她的恋爱故事。她高中时就有男教师因她被开除，后来又遇到兄弟二人同时爱她，美国留学生爱她，老同学的丈夫爱她，大学生爱她。之所以生命中有了这许多人，有了这许多纠纷，正如其中一人来信点明的："性格既使你乐意授受多方面轻浮的爱情，理想又使你不肯马马虎虎与一个人结婚，因此一来必然在生活中不少纠纠纷纷。"错过各种因缘后，她正跟一位她不喜欢的大学生交往。在等待大学生的约会时，她给老同学的丈夫写情意缠绵的信，希望他来看她，用同样的心跳，温习黄昏光景，写后就把信烧掉了。她温习着她为逝去的男友所写的情诗，拿出另一个男友给她的情书看，怀念着他们。她看不起大

第三章　论抗战结束后郭沫若对沈从文的批评

学生的庸俗，却离不开他。她原谅自己意志薄弱："一个女人受自然安排，在生理组织上，是不宜于向生命深处思索"；"一个女子怕孤独的天性，应当不是罪过"；"生命虽能产生诗，如果肉体已到毫无意义，不能引起疯狂时，诗歌纵百年长青，对于生命又有何等意义？"①

《梦与现实》之后，沈从文写出了侧重性欲挑逗与女体描绘的《摘星录》《看虹录》。

《摘星录》是《沈从文全集》未收的一篇重要小说，它于1941年6月20日、7月5日、7月20日分三次连载于香港《大风》92~94期。篇末有后记，后记末尾署"时民国三十年五月十五日黄昏，李綦周记于云南"。小说叙述了这样一个故事：夏夜，一个安静的宅院中，一个二十五六岁的女人，不安地等待着即将到来的客人。客人是一个不到三十岁的男人，他等不及天黑就从东城来到西城，等到入夜了才按约定时间来见这个女人。两人聊着天，男人赞美花香，赞美房间布置得妥当，并老盯着女人的敏感部位看，言语中充满了挑逗。桌上摆着一本摄影年选，选的是女体。话题于是转到女体美。男人谈到《圣经》及东方诗中的女体隐喻。女人起身去冰箱取水果，男人起身从背后围住了她。在女人的半推半就下，男人开始吻女人的身体。最终，"两人的灵魂完全迷了路。好像天上正挂起一条虹，两个灵

---

① 沈从文：《摘星录》，《沈从文全集》（第10卷），北岳文艺出版社，2002，第359、366、375、382页。

魂各从一端在这个虹桥上度过，随即混合而为一，共同消失在迷茫云影后"①。

如果说《摘星录》写的是夏夜的缠绵，《看虹录》则写的是冬夜的温情。《看虹录》最初写于1941年7月，1943年3月重写后发表于同年7月15日《新文学》第1卷第1期，署名上官碧。《沈从文全集》所收的是《新文学》的版本。小说所写为"一个人二十四点钟内生命的一种形式"②。根据事先的约定，男人"我"来到女人的房间，在这温暖的有火炉的房间里，男人赞美女人的穿着，目光却"轻轻抚着"女人的身体。接着谈到文学，男人讲到猎鹿的故事，其实是在挑逗女人。后来男人以关心女人冷为借口，发生了一些动作。第二天女人接到男人的信，信里用《圣经》和中国古典小说的隐喻，对女人的身体大肆赞美。最后一节"我"陷入沉思，追寻生命的意义。

这些小说虽不同于沈从文同期创作的《长河》《湘西》等，但其出现并非偶然。

首先，在初写《梦与现实》《摘星录》等小说的同时，沈从文非常关注妇女的教育与情感问题，这本是五四时代的老话题，但沈从文认为几十年来并没有得到解决。在发表于1940年4月的《烛虚》前两节中，沈从文认为："在

---

① 沈从文：《摘星录》，《十月》2009年2月号，第28页。
② 沈从文：《看虹录》，《沈从文全集》（第10卷），北岳文艺出版社，2002，第327页。

第三章 论抗战结束后郭沫若对沈从文的批评

教育设计上俨然只尊重一个空洞名词'男女平等',从不曾稍稍从身心两方面对社会适应上加以注意'男女有别'。因此教育出的女子,很容易成为一种庸俗平凡的类型;类型的特点是生命无性格,生活无目的,生存无幻想。一切都表示生物学上的退化现象。在上层社会妇女中,这个表示退化现象的类型尤其显著触目。"所以,沈从文希望"对于中层社会怀有兴趣的作家,能用一个比较新也比较健康的态度,用青年女子作对象,来写几部新式《青史子》或《列女传》。更希望对通俗文学充满信心的作家,以平常妇女为对象,用同样态度写几部新式女儿经。从去年起始,'民族文学'成为一个应时的口号,若说民族文学有个广泛的含义,主要的是这个民族战胜后要建国,战败后要翻身。那么,这种作品必然成为民族文学最根本的形式或主题"①。在发表这些议论的几个月后,沈从文即完成《梦与现实》的写作,看来,沈从文是要亲自写作新式《青史子》或《列女传》,并创造着"民族文学最根本的形式或主题"。

其次,沈从文对于"性爱"文学一直持非常大胆的态度。正如金介甫所说:"'五四运动'时期的知识分子几乎全都反对家庭包办婚姻,沈比他们走得更远。他尊重性爱,他的小说中人物特别是青年人,全不受封建旧俗的束缚,早年居孀的少妇也能不为外界非议所动,走自己的路。"金

---

① 沈从文:《烛虚》,《沈从文全集》(第12卷),北岳文艺出版社,2002,第4、9页。

介甫还认为，沈从文"擅长写色情"，像《长夏》《旧梦》《野店》等作品就是如此。①《摘星录》《看虹录》不顾道德伦理，赞成无拘无束的性爱，显然延续了《野店》等小说的倾向。

最后，为学界所称道的《看虹摘星录》的文体特色是作为文体学家的沈从文的新的尝试。尤其是其中浓郁的抒情诗氛围和深层性心理描写，既表现了沈从文文学创作的一贯风格，也有新的实验和突破。

明白了《看虹摘星录》的面貌，我们才能更加深入地理解《斥反动文艺》对沈从文创作倾向的批评。郭沫若的这两句批评，不是附带提及，也不是感情用事或偏激所致，而关涉到两人长期以来有关文学功用及文学遗产的观点分歧。

首先，两人对文学价值的理解不同，郭沫若希望能有"今日的文艺"，但沈从文却要创作"明日的文艺"。

沈从文对文学的理解，跟郭沫若在五四时期的理解是一致的，但郭沫若在翻译完河上肇的《社会组织与社会革命》后，对文学的理解变了，而沈从文的理解却一直没变。

在1921年致李石岑的信中，郭沫若说："人性是普遍的东西，个性最彻底的文艺［是］最为普遍的文艺，民众的文艺。其所生之效果对于浅薄的功利主义的通俗文艺其相

---

① 金介甫：《沈从文传》，符家钦译，国际文化出版公司，2005，第143页。

第三章 论抗战结束后郭沫若对沈从文的批评

差之悬隔,不可以道里计。"① 1922 年,郭沫若在《论文学的研究与介绍》中说:"文学是精赤裸裸的人性的表现,是我们人性中一点灵明的情髓所吐放的光辉,人类不灭,人性是永恒存在的,真正的文学是永有生命的。"②但 1924 年后,马克思主义教给了郭沫若新的理论观点,郭沫若的文艺观变了。在给成仿吾的信中,他将文艺分为"昨日的文艺,今日的文艺和明日的文艺"。他先前所谓的"人性"的文艺,在当下是不可能的,只能作为"明日的文艺","在社会主义实现后的那时,文艺上的伟大的天才们得遂其自由完全的发展,那时的社会一切阶级都没有,一切生活的烦苦除去自然的生理的之外都没有了,那时人才能还其本来,文艺才能以纯真的性为其对像,这才有真正的纯文艺出现"。而"今日的文艺","只能在社会革命之促进上才配受得文艺的称号","真实的生活只有这一条路,文艺是生活的反映,应该是只有这一种是真实的"③。郭沫若的这些见解,此后一直没有太大变化。他不再去表现"明日的文艺",而着力于"今日的文艺",即使抗战时期着墨于屈原、高渐离等千百年前的人物,他的目的也是"社会革命之促进"。

但沈从文不一样,他所表现的,实际上是郭沫若 1921

---

① 郭沫若:《致李石岑》,黄淳浩编《郭沫若书信集(上)》,中国社会科学出版社,1992,第 186 页。
② 郭沫若:《论文学的研究与介绍》,上海《时事新报·学灯》1922 年 7 月 27 日。
③ 郭沫若:《孤鸿》,《创造月刊》第 1 卷第 2 期,1926 年 4 月 16 日。

年的观点,创作的是郭沫若 1924 年所谓的"明日的文艺",而非郭沫若眼中的"今日的文艺"。

在《〈看虹摘星录〉后记》中,沈从文认为,他创作这些作品,是有所针对的。他认为他所处的时代,有两个不好的趋势。其一,弃"思想"转人事。"思想家或文学家"转向世俗的人事,"都准备放弃了头颅或双手所能成就的工作,转到新的社交上争取世人尊敬",所以思想的"尊严""业已掉入烂泥中,或正开始为一部分知识分子有意抛入烂泥中"。其二,艺术受"道德"污染。艺术都先得在"'是道德的'筛孔中滤过,于所有艺术作品,表面上都必需净化清洁,其实说来,而不可免成为虚伪和呆板的混合物"。于是,沈从文像堂·吉诃德一样,挥舞着他的长矛,要为文学界立法,要给青年们立标准。第一,他重申"纯文学"的理想,认为"文学艺术只有美或恶劣,道德的成见与商业价值无从掺杂其间"。第二,必须"在文学艺术上创造几个标准,希望能从更年青一代中去实现那个标准","爱谈思想的年青人,是必需透彻明白,方能活得有生气而不至于堕落的!"基于这样的创作动机,就有了《看虹摘星录》这样一部作品。这部作品是作者在"一切社会制度,政治思想,和文学艺术组织"之外,生命力中一处无可发泄的"欲念"通过文字重新调整的过程。"这其间没有乡愿的'教训',没有腐儒的'思想',有的只是一点属于人性的真诚情感","这虽不是多数人所必经的路程,也正是某些人

第三章 论抗战结束后郭沫若对沈从文的批评

生命发展的一种形式,且即生命最庄严一部分"。可见,《看虹摘星录》是沈从文创作的标杆作品,是沈从文眼中真正的文学,跟随这样的作品接受情感教育,年轻人才不会掉到世俗的污泥中去,明白"思想"的含义。而这里的"思想",显然侧重于不属于"乡愿""腐儒"的"人性的真诚情感"①。

沈从文高度推崇的除去一切伪饰、表现纯粹人性的作品,正是郭沫若批评的"明日的文艺"。在郭沫若看来,这些文艺"只有在年青人的春梦里有钱人的饱暖里,玛啡中毒者的 Euphorie 里,酒精中毒者的酩酊里,饿得快要断气者的 Hallucination 里呢!"② 尤其当沈从文对这种创作倾向推崇备至,并企图作为青年思想教育的材料时,郭沫若对此当然强烈反感。

其次,沈从文这些小说有个特点,就是单单摘出传世经典中性描写的句子,或将传世经典丰富多样的内涵简化为两性关系。这与郭沫若对"文学遗产"的理解很不一样。

郭沫若的批评中有,"说屈原的《离骚》咏美人香草,索罗门的《雅歌》也作女体的颂扬",沈从文的这些小说,虽然只有一处提到《楚辞》,但《雅歌》倒真是处处都有,且的确是以《雅歌》做女体颂扬。例如《摘星录》中写女

---

① 沈从文:《〈看虹摘星录〉后记》,《沈从文全集》(第16卷),北岳文艺出版社,2002,第342~347页。
② 郭沫若:《孤鸿》,《创造月刊》第1卷第2期,1926年4月16日。

流言与真相
革命视野中的郭沫若

主人对镜自我欣赏：

> 瞻顾镜中身影，颈白而长，肩部微凹，两个乳房坟起，如削玉刻脂而成，上面两粒小红点子，如两粒香美果子。记起圣经中所说的葡萄园，不禁失笑。①

《摘星录》写客人终于"捉住"了女人：

> 客人还是紧紧的拥着她的身子，从那两座葡萄园中，感觉果子的丰满与成熟。②

《摘星录》写客人和主人缠绵在一起，主人"气息迫促，耳后稍微有一片汗湿"时：

> 葡萄园的果子已成熟了，不采摘，会干枯。
> 雅歌说：脐圆如杯，永远不缺少调和的美酒。
> 波斯诗人说：腹微凸出如精美之瓷器，色白而温润，覆有一层极细茸毛。腹敛下处，小阜平冈间，又秀草丛生，作三角形，整齐而细柔，如云如丝。腿微瘦而长，有极合理想之线，从秀草间展开，一直到脚踝，式样完整。股白而微带清渍，有粒小小黑痣，有

---

① 沈从文：《摘星录》，《十月》2009 年 2 月号，第 21 页。
② 沈从文：《摘星录》，《十月》2009 年 2 月号，第 25 页。

第三章　论抗战结束后郭沫若对沈从文的批评

若干美妙之漩涡，如小儿脸颊边和手指关节间所有，即诗人所谓藏吻之窝巢。主人颈弱而秀，托着那个美妙头颅，微向后仰，恰如一朵百合花。胸前那个绿玉坠子，正悬垂在中间，举体皓洁，一身只那么一些点饰，更加显得神奇而艳美，不可形容。①

《看虹录》写主人和客人幽会后，客人写给主人的信中有这些句子：

> 所罗门王雅歌说："我的妹子，我的鸽子，你脐圆如杯，永远不缺少调和的酒。"我第一次沾唇，并不担心醉倒。
> 葡萄园的果子成熟时，饱满而壮实，正象征生命待赠与，待扩张。不采摘它也会慢慢枯萎。
> 我喜欢精美的瓷器，温润而莹洁。我昨天所见到的，实强过我二十年来所见名瓷万千。
> 我喜欢看那幅元人素景，小阜平冈间有秀草丛生，作三角形，整齐而细柔，萦回迂徐，如云如丝，为我一生所仅见风景幽秀地方。我乐意终此一生，在这个处所隐居。
> 我仿佛还见过一个雕刻，材料非铜非玉，但觉珍

---

① 沈从文：《摘星录》，《十月》2009年2月号，第28页。

贵华丽，希有少见。那雕刻品腿瘦而长，小腹微凸，随即下敛，一把极合理想之线，从两股接榫处展开，直到脚踝。式样完整处，如一古代希腊精美艺术的仿制品。①

从这些句子中我们可以看出，沈从文用《雅歌》和中国古典小说的隐喻来描写女体，对男主人公沉溺其间大加歌颂。虽不如《金瓶梅》那样暴露，但也相差不远。

郭沫若并不反对借鉴文学遗产。相反，他高度重视接受文学遗产："文学的宝贵遗产，直到现在乃至再延到永远的将来，总是应该接受的。"②郭沫若对《楚辞》有过深入研究，但他不像沈从文那样理解《楚辞》，他说："屈原是深深把握着了他的时代精神的人，他注重民生，尊崇贤能，企图以德政作中国之大一统，这正是他的仁；而他是一位彻底的身体力行的人，这就是他的义。我觉得他倒不仅仅是一位革命诗人，更说不上什么'艺术至上主义者'了。"③而在沈从文看来，《楚辞》"不过是一种梦的形式而已"④，这种从弗洛伊德而来的理论，确有从"艺术至上"的眼光

---

① 沈从文：《看虹录》，《沈从文全集》（第10卷），北岳文艺出版社，2002，第338页。
② 郭沫若：《关于"接受文学遗产"》，《抗战文艺》第8卷第3期，1943年1月15日。
③ 郭沫若：《屈原研究》，《郭沫若全集·历史编》（第4卷），人民出版社，1982，第97页。
④ 沈从文：《梦与现实》，《十月》2009年2月号，第15页。

第三章 论抗战结束后郭沫若对沈从文的批评

看《楚辞》的意味。郭沫若对《圣经》也有过深入研究。他在1936年的一篇文章中说："我说，我自己是深能了解耶稣基督和他的教义的人。《新旧约全书》我都是读过的，而且有一个时期很喜欢读，自己更几乎到了要决心去受洗礼的程度。"①他高度欣赏《圣经》在文学上的成就，并主张吸取其养分。"中国固有的东西是我们的遗产，但外国的东西被我们翻译了过来的，也应该是我们的遗产。""《圣经》对于中国的文学，不用说是现代文学，似乎也不能说没有影响。在欧西方面希伯来主义与希腊主义本来是文化上的二大主流，不仅限于文学。中国的现代文化毫无问题的是更多地受了欧西的影响，因而无论直接或间接，《新旧约》在中国的现代文学是有着很大作用的。因此我也劝文学家们翻读《圣经》。""我很希望我们从事文艺的人，至少能把不十分完善的汉译《圣经》翻阅它一两遍。"②同时，我们只要读过《落叶》的，就知道郭沫若对于《圣经》的借鉴，并非像沈从文在《看虹摘星录》中那样借其文字隐喻赞美女体，而是真正传达了其教义的精髓。

沈从文在这些小说中借鉴传世经典时，多着眼于语言辞藻，并将其用于女体描绘。郭沫若同样熟悉这些典籍，但他更多的是从这些典籍的内容和精神实质出发，融会贯

---

① 郭沫若：《双簧》，上海《东方文艺》月刊第1卷第3期，1936年6月25日。
② 郭沫若：《关于"接受文学遗产"》，《抗战文艺》第8卷第3期，1943年1月15日。

通在自己的创作和研究之中。对文学遗产的这两种不同的借鉴方式,虽从理论上说可以取长补短,但如果与思想立场的差异等缠绕在一起时,就可能引发冲突。

综上所述,笔者认为《斥反动文艺》对《看虹录》《摘星录》等小说的批评,并非随便说说或附带提及,也并非个人恩怨,而源于两人在文学功用及文学遗产运用等方面存在较大差异。

沈从文这些作品发表后,受到了普遍的指责。沈从文的朋友中就有很多不满意的,孙陵回忆说:"这时他还发表了一篇小说,《看虹摘星录》,完全是模拟劳伦斯的,文字再美又有何用?几位对他要好的朋友,都为了这篇小说向他表示关心的谴责。"[1]时在桂林的老作家许杰,对这些小说亦持严厉批评态度,"只是用漂亮的文字,掩饰着对肉欲的赞美"[2],并希望沈从文"能够虚心,不要固执,不要'硬头颈',更不要撒娇和倚老卖老"[3]。很少参与论争的吴组缃,多年后仍对这些小说持批评态度:"他自己更差劲,就写些《看虹》、《摘星》之类乌七八糟的小说",并说其中的一篇抒写露骨,甚至到了"采葑采菲,及于下体"的地步,

---

[1] 孙陵:《沈从文〈看虹摘星〉(节录)》,《沈从文研究资料(下)》,知识产权出版社,2011,第419页。
[2] 许杰:《上官碧的〈看虹录〉》,《文艺,批评与人生》,江西:上饶战地图书出版社,1945,第7页。
[3] 许杰:《论沈从文的写作目的》,《文艺,批评与人生》,江西:上饶战地图书出版社,1945年,第168页。

第三章　论抗战结束后郭沫若对沈从文的批评

"创作趣味多低下啊"①。对于这些质疑和批评，沈从文似乎并未接纳，反而不断修改打磨这些作品，并发表《〈看虹摘星录〉后记》来回答这些批评，并进一步阐释他的创作目的。

本来，《斥反动文艺》发表时，文坛有关《看虹录》《摘星录》的论争已经过去了好几年，但沈从文执拗的表现，大概也是郭沫若仍要旧话重提的原因之一。文艺观上有差异是正常的。在一个健康的民主社会中，不同的观点和创作倾向，都能够得到保护和鼓励。沈从文发文维护自己的观点，郭沫若发文批评沈从文的创作，都是正常的。随着沈从文文坛地位的提高，郭沫若的这些批评受到越来越多的谴责，或被认为不合情理，或被认为粗暴蛮横。这都是不合历史事实的一面之词。上文分析了沈从文这些小说的面貌及郭、沈在文学功用和文学遗产问题上的差异，笔者在此基础上进一步提出对这一问题的三点看法，持论或有不周，欢迎持不同意见的专家学人批评指正。

首先，《看虹摘星录》虽的确如论者所说，在文体实验和性心理描写上有可圈可点之处，但并非就如沈从文本人和后来个别学者所认为的那样，是多么了不起的经典。这些小说的主旨是表现两性关系，但留下很多遗憾。我认为，剥去"一切社会制度，政治思想，和文学艺术组织"之外

---

① 解志熙：《爱欲抒写的"诗与真"——沈从文现代时期的文学行为叙论（下）》，《中国现代文学研究丛刊》2012 年第 12 期。

的两性关系,并非如沈从文本人所认为的,就是最深刻的、最庄严的两性关系。许杰在批评沈从文时曾说:"关于恋爱问题的苦闷,特别是女性在恋爱中所受的苦闷,在历来作家的笔下,是数见不鲜的。这如波娃荔夫人,安娜·克列尼娜,都可以说是正面接触这一类主题的作品。""波娃荔夫人所受的苦痛,是时代社会所给予的苦痛,在这种时代社会中做女人的人所应受的苦痛。而安娜·克列尼娜,在园庄制度与都市文化的冲突之下,要爱而不得爱,而发生了苦闷,这自然也是时代社会的赐与。"① 许杰的这些看法,很具启发意义。两性关系是生命中的重要组成部分,但是它并不能脱离社会制度、政治思想、风俗习惯和文化思潮而单独存在。沈从文将故事内容浓缩在一间女人的屋子里,将人物设定为男女各一人,这事实上排除了其他因素的加入。但是,但凡稍有生活经验的人都知道,两性关系除了最原始、最动物本性的性欲外,无论是爱情还是婚姻,都必然牵涉到经济地位、社会关系、思想背景等,不可能是仅仅在一间女人的屋子里就能表现的问题。沈从文认为如此的两性关系可以作为青年的思想教育材料,有些偏狭,且事实上确有"软化"的嫌疑,笔者并不认为郭沫若对此的批判是强词夺理或意气用事。

其次,两性关系是不是"生命最庄严的一部分",也值

---

① 许杰:《沈从文的〈摘星录〉》,《文艺,批评与人生》,江西:上饶战地图书出版社,1945,第14页。

第三章　论抗战结束后郭沫若对沈从文的批评

得商榷。两性关系固然庄严，但如说它是最庄严的，笔者不敢苟同。尤其是在疯狂的战争年代，人们在饥饿和死亡的威胁之下，流离迁徙，忠贞或背叛，勇敢或怯懦，挣扎或妥协，在生命中都很庄严，不能说两性之间的欲望就比这些生命形式更庄严、更伟大。郭沫若在抗战时期也曾写过三篇小说，表现不同的生命形式。《波》的故事背景发生在 1938 年从武汉撤退的一艘满载难民的轮船上，一个婴儿大声地哭泣着，一个念佛的老太婆说："鬼子的飞机上是有听话筒的，下面的什么声音都听得见啦"①，于是难民中的一个凶汉，出其不意地夺过婴儿丢进长江里去了。在沈从文眼里，郭沫若是宣传家的代表，这些宣传家只会从政府那里争取资源，只会做些标语口号，从不会睁开眼看看现实世界究竟是怎样的。但从这篇小说中，我们不是可以看到从事宣传动员之外的另一个郭沫若吗？他何尝不是对人性进行了深刻的反思呢？这里表现的生命形式何尝不比纯粹的两性关系庄严呢？沈从文执拗地强调只有他这几篇作品才能将"思想""重新交还给年青人"，这不能不说是一种出于傲慢无知的偏见。

最后，尽管郭沫若的批评大体上是正确的，但也有攻其一点不及其余之憾。如上所述，从某种意义上说，沈从文的确创作了"新式《金瓶梅》"，而且执拗地认为这就是

---

① 郭沫若：《波》，重庆《新华日报》1942 年 7 月 17 日。

文学经典。但他的主观意图并不是要"蛊惑读者，软化人们的斗争情绪"。况且，自抗战以来，沈从文不仅写作了《看虹摘星录》，还精心创作了《长河》《芸庐纪事》等，这些小说在表现中国腹地的常与变，挖掘自然朴实的人性美等方面，都取得了很大成功。郭沫若当时处于文坛权威地位，他在评价尤其是指责同行时，不应仅仅看到其乖张的一面，还应论及全人，充分看到他的努力与贡献，不然会给作者造成不必要的伤害。

总之，在笔者看来，郭沫若对沈从文《看虹摘星录》的批评，从他的立场上说是可以理解的。当下某些学者抬高沈从文，以致认为这些批评都不对，那是不顾历史事实的罔论。

余　论

郭沫若对沈从文的四次批评尤其是《斥反动文艺》虽然比较严厉，但对沈从文有影响吗？没多大影响。当时不止郭沫若，几乎一半的舆论都在批评沈从文。沈从文有一点怕了，他在给丁玲的信中说怕中共、怕民盟。① 而郭沫若此时的公开身份是无党派人士，怕中共、怕民盟，那可并不包括郭沫若啊。解志熙教授也认为郭沫若对沈从文的批评并没有让他惊慌。"沈从文也不惊慌，1949 年 1 月 31 日

---

① 沈从文：《致丁玲（19490908）》，《沈从文全集》（第 19 卷），北岳文艺出版社，2002，第 49 页。

第三章　论抗战结束后郭沫若对沈从文的批评

解放军进城，威严而和气，沈从文看得高兴，觉得早知如此，自己就该当一名随军记者，可见他的自信还在；并且在这前后，一些地下党人、革命干部、以至中共的高级干部陈沂等，都去看望过沈从文、安慰过沈从文，他又有什么好惊慌的？"①

1949年后，新政权给了沈从文很多机会。首先是1950年派他到华北革命大学学习，很多人去学了后都受到了重用。沈从文也去了，但他看不起那些教员，也看不起那些学员，跟厨师关系好，天天去炊事班里跟人家聊天。② 1951年底，沈从文被派去川南参加了三个月土地改革，他去了后，嫌人家菜难吃，又嫌工作艰苦，特别想回来，想写小说，但又担心写不好。③ 所以这两次改造，沈从文都不顺利。他本来想借此机会重新开始小说创作，但对生活的体验不够，自我期许过高，顾虑又多，所以他尽管写了两篇短篇小说，但都不成功。沈从文是非常强大的人。1953年，在公私合营中，开明书店和中国青年出版社合并后，开明书店新掌权的年青董事给沈从文写了一封信说，你的小说不适合新社会了，你在本店已印待印各书及纸型已全部销

---

① 解志熙：《爱欲书写的"诗与真"——沈从文现代时期的文学行为叙论（下）》，《中国现代文学研究丛刊》2012年第12期。
② 李斌：《〈老同志〉与沈从文创作转型的努力》，《中国现代文学研究丛刊》2019年第4期。
③ 李斌：《沈从文的土改书写与思想改造》，《中国现代文学研究丛刊》2018年第4期。

毁。这才是对他放弃写小说具有决定性的事件。① 尽管如此，沈从文 1953 年后还是写了很多诗歌、散文，只是风格与 1949 年前完全不一样，对于有些批评家来说，这已经不是文学了。

笔者认为，当时郭沫若和沈从文二人思考的问题，其指向性是相同的，即如何建立一个民主、自由、强盛的新中国，以及知识分子为了实现这一目标应该有何作为。郭、沈二人冲突之根本原因在于对这一问题的不同设计和实践以及背后不同的政党力量。绝大多数知识分子当时都在思考这一问题，而郭、沈二人对此问题的思考，往往以对他人的相关思考和实践做出反应的方式表达出来。因此，我们有必要将两人的思考以及由此产生的龃龉放到历史语境中去，郭、沈二人如何看其他人，其他人如何看郭、沈二人，都应该成为该问题的有机部分。尤其值得注意的是，对该事件的评判并不仅仅建立在知识分子的群体意识基础上，更应考虑国共实力的消长。郭、沈二人都是通过报刊

---

① 沈从文收到开明书店通知后，在 1954 年 1 月给大哥沈云麓写信说："小说完全失败了，可以说毫无意义，在家中的也望一切烧掉，免得误人子弟。"同月，他给朋友"道愚"的书信中说：他坚持写小说，"什么人都受不了这个试验时，我还是不以为意，要把它搞好。以为必有一天，可以用到更有意义的更新的需要上去。到书店正式通知我说书已全部烧去，才明白用笔已完全失去应有意义。"他又在 1954 年秋给潜明的信中说："我弄文学，胡写了几十年，可说毫无意义。书店负责人极聪明，知道对人民无益，对党国无用，所印书一把火通烧掉了。一烧掉，自然什么都完事了。"见《沈从文全集》（第 19 卷），北岳文艺出版社，2009，第 376、379、388～389 页。

第三章　论抗战结束后郭沫若对沈从文的批评

等公共空间议政的知识分子，他们虽手无寸铁，但都具一定的影响力，是实力派看重的"民意代表"。我们仅仅考察其动机以及在知识分子中的影响并不够，还得考察其言论是否会转化为实力，或被实力所利用。故而，抗战结束后郭沫若对沈从文的四次批评不是局限于文艺圈内的局部事件，而牵涉到国共双方、以民盟为代表的第三方面力量、主要报纸杂志等当时中国具影响力的各种势力，更涉及近代知识分子对中国命运的思考与相关实践，对当下知识分子思索相关问题仍具现实意义。

第四章

"做学问的革命家"

第四章 "做学问的革命家"

郭沫若是"做学问的革命家",是中国马克思主义史学派的领军人物,其研究涉及历史学、考古学、文学、古文字学等诸多学科,在中国古代社会分期、古籍整理、甲金文释读、重要历史人物考论以及思想史、形象史、文学史、书法史等多个领域,取得了举世瞩目的丰硕成果。郭沫若参与领导了南昌起义、抗日战争、国统区的民主运动,长期作为中国共产党的秘密党员,战斗在宣传战线的前沿。中华人民共和国成立后,他长期担任中国科学院院长兼哲学社会科学部主任、历史研究第一所所长、《历史研究》召集人等重要学术职务,多次指导考古发掘、亲自编辑学术刊物、延揽史学人才,领导擘画了许多重要的史学研究工作。正因为兼具学者与革命家的双重身份,郭沫若的治学

流言与真相
革命视野中的郭沫若

目的、学术风格和学术观点往往与职业学者有着鲜明的区别。20世纪80年代以来,随着学术分工越来越细,很多学者认同职业学者的身份,提倡"为学术而学术",对作为"做学问的革命家"的郭沫若产生了隔膜和非议,他们不理解郭沫若的治学目的,也就无视郭沫若的学术成就,这是不符合历史实际的。回到历史现场,从"做学问的革命家"这一视角来观察和总结郭沫若毕生的学术道路,不仅可以更为客观地认识郭沫若的治学风格和学术成就,从中汲取有益的治学和革命实践经验,也对正确评价郭沫若的历史地位、深入认识20世纪中国知识分子与中国革命的关系,大有裨益。

周恩来曾说:"有人说学术家与革命行动家不能兼而为之,其实这在中国也是过时代的话。郭先生就是兼而为之的人。"[①]邓小平在代表中共中央为郭沫若所致悼词中称他是"为共产主义事业奋斗终生的坚贞不渝的革命家和卓越的无产阶级文化战士"[②]。综合两位领导人的观点,我们可以称郭沫若为"做学问的革命家"。这个概念既同职业学者相区分,也同职业革命家区别开来。职业学者的治学目的主要是在学术共同体内部获得认可,而"做学问的革命家"通过扎实的史料考辨,自觉探寻历史规律,服务于革命和现

[①] 周恩来:《我要说的话》,《新华日报》1941年11月16日。
[②] 邓小平:《在郭沫若同志追悼会上的悼词》,《悼念郭老》,生活·读书·新知三联书店,1979,第1页。

第四章 "做学问的革命家"

实需要,实现学术与革命的有机统一。职业革命家主要从事革命实践,他可以关心学术,但未必投入学术研究。而"做学问的革命家"不仅从事革命和建设实践,而且在革命需要、革命受挫或革命和建设的间歇主要开展学术研究。

作为"做学问的革命家",郭沫若从事学术研究是出于革命需要。《中国古代社会研究》序言的开篇和结尾处都写下了这主旋律般的句子:"对于未来社会的待望逼迫着我们不能不生出清算过往社会的要求。"[1] "对于未来社会的待望"指的是通过革命来创造无产阶级领导的新国家和新社会。革命属于集体,需要群众的觉悟。如何将马克思主义理论转变为群众的革命实践,这是当时中国革命面临的重要问题。出于朴素的爱国主义情感和切身的利益,广大的中国知识分子感兴趣的当然是中国的历史和未来,马克思主义理论只有掌握对中国历史的阐释权,才能成为中国人迈向未来的奋斗指针。郭沫若致力于以马克思主义理论研究和阐释中国历史,正是出于当时革命的迫切需要。

作为"做学问的革命家",相比于学术研究,革命实践对于郭沫若来说更加重要,如革命实践需要,他随时可以放下学术研究。抗日战争全面爆发后,郭沫若毅然回到国内,长期从事抗战宣传工作。很多人为他放弃学问感到遗憾,但他却说,在那样的时代,即便有环境让他从事研究,

---

[1] 郭沫若:《序》,《中国古代社会研究》,上海:联合书店,1930,第1页。

流言与真相
革命视野中的郭沫若

他也不会有那样的心境，他始终是一个"人"，那种"超人"的行为不适合他。① 可见，在战火纷飞、民族危难的关头，对于郭沫若来说最重要的是投入现实斗争中。不久后他又说："我的从事古代学术研究的工作，事实上是娱情聊胜无的事体。假如有更多的实际工作给我做，我倒也并不甘心做一个旧书本子里面的蠹鱼。"② 这充分体现了他对"实际工作"的重视。

作为"做学问的革命家"，郭沫若在革命条件不成熟时，或者在革命的间隙，总是将自己投身到学术研究中去。周恩来评价他说："他不但在革命高潮时挺身而出，站在革命行列的前头，他还懂得在革命退潮时怎样保存活力，埋头研究，补充自己，也就是为革命作了新的贡献，准备了新的力量。"③ 正如在流亡日本期间郭沫若研究中国古代社会和考释甲金文字一样，国民党在抗战进入相持阶段后对进步文化的打压，使得他重新埋头于著述之中，写下了《青铜时代》和《十批判书》。中华人民共和国成立后，郭沫若身兼多个重要职务，担当了领导人民外交和科学文化教育的重任。在繁重的工作间歇，无论是出访候机，还是去北戴河休假，无论是外出调研，还是生病住院，他一有时间就立即投入学术研究之中，在中国古代社会分期、考

---

① 郭沫若：《序》，《羽书集》，香港：孟夏书店，1941，第1页。
② 郭沫若：《后记——我怎样写〈青铜时代〉和〈十批判书〉》，《十批判书》，重庆：群益出版社，1945，第409页。
③ 周恩来：《我要说的话》，《新华日报》1941年11月16日。

第四章 "做学问的革命家"

释出土文物、集校《管子》、正确评价曹操和武则天的历史功过等方面都做出了巨大贡献。在革命顿挫或间歇是否从事学术研究,这是"做学问的革命家"和职业革命家的区别。

作为"做学问的革命家",郭沫若在学术研究中始终不忘革命实践。《周金中的社会史观》末尾有一句话:"1929年11月10日夜,一个人坐在斗室之中,心里纪念着一件事情。"①这件事就是十月革命。郭沫若曾于1926年在武昌筹备纪念十月革命,并在当晚奉命前往九江一带从事革命工作。当他隐居在东京郊外的书斋中时,念念不忘的还是国内的革命斗争。在《金文丛考》的标题背页,郭沫若写道:"大夫去楚,香草美人。公子囚秦,《说难》《孤愤》。我遘其厄,愧无其文。爰将金玉,自励坚贞。"②他把自己的境况比喻为被放逐的屈原,被幽囚的韩非,体现了他内心深处对国内革命实践的系念。

学术为了革命,革命不忘学术,革命和学术相得益彰。从"做学问的革命家"这一身份出发,才能更好地理解郭沫若的治学特点,也才能更好地理解郭沫若广受争议的《十批判书》《李白与杜甫》等学术著作。

---

① 郭沫若:《周金中的社会史观》,《中国古代社会研究》,上海:联合书店,1930,第314页。
② 郭沫若:《郭沫若全集·考古编》(第5卷),科学出版社,2002,第16页。

第一节　郭沫若的治学目的与成就

一

抗战时期，郭沫若将他研究先秦社会与学术思想的文章结集为《青铜时代》和《十批判书》出版，前者"偏于考证"，后者"偏于批评"，两者"相辅相成"①，缺一不可，构成了郭沫若学术成就的两翼。

郭沫若"考证"方面的主要成果有《卜辞通纂》《殷契粹编》《金文丛考》《两周金文辞大系图录考释》《石鼓文研究》《青铜时代》《管子集校》等，涉及甲骨文、金文、石刻文字的整理和释读，以及古籍整理、方志校订等诸多方面。

郭沫若十分重视材料："研究历史，和研究任何学问一样，是不允许轻率从事的。掌握正确的科学的历史观点非常必要，这是先决问题。但有了正确的历史观点，假使没有丰富的正确的材料，材料的时代性不明确，那也得不出正确的结论。"②"丰富"意味着"穷尽"史料，"正确"就是要考辨史料的时代和真伪。

在穷尽史料方面，郭沫若每开展一项新的研究，总是

---

① 郭沫若：《序》，《青铜时代》，重庆：文治出版社，1945，第1页。
② 郭沫若：《新版引言》，《中国古代社会研究》，人民出版社，1954，第2页。

第四章 "做学问的革命家"

尽可能全面占有相关资料。郭沫若决定投入甲骨文金文研究后,与日本学者建立了广泛的联系,交换资料、互通有无;又冒昧和容庚、董作宾、唐兰、于省吾等国内学者通信,请他们帮忙购买资料和拓片。就当时的条件而言,郭沫若已经占有了他能够占有的全部材料,故而能在古文字研究上做出巨大贡献。抗战进入相持阶段后,郭沫若着力研究先秦诸子思想,他为此做了充分的准备:"秦、汉以前的材料,差不多被我澈底剿翻了。考古学上的、文献学上的、文字学、音韵学、因明学,就我所能涉猎的范围内我都作了尽可能的准备和耕耘。"① 20世纪50年代,郭沫若决定集校《管子》。"广泛收集各种板本,并四处调阅各种稿本"②,先后收集到17种宋明版《管子》,自朱熹以来中、日两国有关《管子》校注、研究的著作近50种。仅从搜集到的版本数量和相关研究成果来说,郭沫若在资料占有上就远远超越了学界前辈。著名《管子》研究专家马非百评价说:"此书体例严密,规模宏大,所见版本之多,参考历来校勘书籍之广,不仅是以前学者所未曾有,而且也是解放以来第一部博大精深的批判继承祖国遗产的巨大著作。"③郭沫若曾鼓励年轻学子说:"在史学研究方面,我们在不太

---

① 郭沫若:《后记——我怎样写〈青铜时代〉和〈十批判书〉》,《十批判书》,重庆:群益出版社,1945,第410页。
② 郭沫若:《叙录》,《管子集校》,科学出版社,1956,第10页。
③ 马非百:《对〈管子集校〉及所引各家注释中有关〈轻重〉诸篇若干问题之商榷》,《郭沫若研究文献汇要》(卷十),上海书店,2012,第166页。

长的时期内，就在资料占有上也要超过陈寅恪。"①他本人正是这样做的。1954年，陈寅恪完成了《论再生缘》，在海内外产生了很大影响。郭沫若深感于"雅人深致的老诗人却那样欣赏弹词"②，也开始研究《再生缘》。他在材料占有上很快就超过了陈寅恪。陈寅恪没有看到《寄外书》，郭沫若却通过这篇作品就陈端生的生平得出了新结论。"在资料占有上也要超过陈寅恪"不是和陈寅恪争锋，而是郭沫若高度重视占有资料的体现。

　　郭沫若十分重视出土文物，将它当成第一手资料。"历史的范围很广，懂得一些正确的方法，必要的是要占有大量的资料。资料的搜集、整理、分析等是必须尽力地艰苦工作，丝毫也不能偷巧。尽可能占有第一手资料，迫不得已时，有批判地接受第二手资料。在这儿最要实事求是，就是要老老实实地下苦工。"③郭沫若在1928年最初着手研究中国古代社会时，所依据的材料是《诗经》《尚书》《周易》，但在完成《诗书时代的社会变革与其思想上的反映》后，他有了怀疑。这些著作"尽管是为一般人所相信的可靠的书，但那是在世上传了几千年的，有无数的先人之见渗杂了那儿，简编既难免偶有夺乱，文字也经过好些次的

---

① 郭沫若：《关于厚古薄今问题——答北京大学历史学系师生的一封信》，《文史论集》，人民出版社，1961，第15页。
② 郭沫若：《序〈再生缘〉前十七卷校订本》，《光明日报》1961年8月7日。
③ 郭沫若：《给北京大学学生的一封信》，《文史论集》，人民出版社，1961，第17页。

第四章 "做学问的革命家"

翻写,尤其是有问题的,是三部书的年代都没有一定标准。因此我从那三部书里面所建筑出的古代观,便不免有点仅是蜃气楼的危险。因此我也就切实地感觉着有研究考古学以及和考古学类似的那类学识的必要。我的对于甲骨文字和殷周金文的研究,便从这儿开始了起来。"① 他后来感叹说:"地下发掘出的材料每每是决定问题的关键。"② 这表明他在研究中对出土文物的倚重。郭沫若善于翻案,主要是用出土文物质疑传世文献。他认为《周官》不属于西周时期的作品,因为他从金文中没有发现《周官》中提到的诸多概念。他认为传世《兰亭集序》不是王羲之的亲笔,因为他从出土碑文和写本中没有发现当时有和传世《兰亭集序》相似的行书写法。从出土文物出发,他对于书写的物质形态特别关注,关于甲骨文的书写方式、汉字的演变等都有过精辟的论述。

在材料占有上穷尽所有只能说具有了研究的基础,接下来需要辨析材料的真伪。郭沫若多次表达了对考证的重视。"占有了史料,就必须辨别它的真假,查考它的年代,去其糟粕,取其精华,这一番检查的功夫,也就是所谓考据。这些工作是不可少的,是应该肯定的。"③ 袁枚否定乾

---

① 郭沫若:《我与考古学》,《郭沫若全集·考古编》(第10卷),科学出版社,1992,第9~10页。
② 郭沫若:《新版引言》,《中国古代社会研究》,人民出版社,1954,第2页。
③ 郭沫若:《关于目前历史研究中的几个问题——答〈新建设〉编辑部问》,《文史论集》,人民出版社,1961,第6页。

嘉学派，郭沫若与他意见相反。"考据而失去目标，趋于烦琐，诚可讥弹。然乾嘉时代诸考据大家颇有贡献，不能一概抹杀。""平心而论，乾嘉时代考据之学颇有成绩。虽或趋于繁琐，有逃避现实之嫌，但罪不在学者，而在清廷政治的绝顶专制。聪明才智之士既无所用其力，乃逃避于考证古籍。""欲尚论古人或研讨古史，而不从事考据，或利用清儒成绩，是舍路而不由。就稽古而言为考据，就一般而言为调查研究，未有不调查研究而能言之有物者。故考据无罪，徒考据而无批判，时代使然。"①郭沫若还借助为《辞海》编辑提意见的机会，肯定了以"考据"见长的乾嘉学派，表达了对否定"考证"的不满："六经诸子是古史资料，要研究中国古代历史，乾嘉学派的业绩是必须肯定的"；"要讲考据就不能嫌'烦琐'——占有材料。烦琐非罪，问题是考据的目的何在？"②从这些论述中都可见郭沫若对考据工作的重视。

郭沫若在进入某一具体领域时，总要进行十分细致的考据工作。在研究金文时，他写作了《毛公鼎之年代》《金文所无考》等论著；在研究先秦诸子时，他写作了《〈周易〉之制作时代》《〈韩非子·初见秦篇〉发微》等论文；在校订《崖州志》时，他"亲自踏查鳌山之滨，跳石摩崖，缘藤觅径，摸索七百多年前久经风化之'海山奇观'石勒，

---

① 郭沫若：《读随园诗话札记》，作家出版社，1962，第22、87、88页。
② 杨希祖：《郭老和〈辞海〉》，《出版工作》1979年第12期。

第四章 "做学问的革命家"

以勘正原书"①。他所考证的结论或有可商，但这种治学思路却为学术界广泛认可。

郭沫若治学的出发点不是"考证"，对于傅斯年的"近代的历史学只是史料学"②的著名论断，郭沫若是不会同意的。关于"考证"和"批评"之具体关系，郭沫若曾用"整理"与"批判"进行表述："'整理'的究极目标是在'实事求是'，我们的'批判'精神是要在'实事之中求其所以是'。""'整理'的方法所能做到的是'知其然'，我们的'批判'精神是要'知其所以然'。""'整理'自是'批判'过程所必经的一步，然而它不能成为我们所应该局限的一步。"③在郭沫若的具体研究中，"整理"其实包含着"批判"，如对甲骨文字甲乙丙丁的考释，如果没有马克思主义理论为指导，他是做不出来的；当然，他的"批判"中也包含着"整理"，如对李白与杜甫的研究，就包含着对李白生平的精彩考证。

郭沫若在"批判"方面的代表作品有《中国古代社会研究》《屈原研究》《十批判书》《历史人物》《读随园诗话札记》《李白与杜甫》等，内容涉及中国古代社会分期、先秦诸子思想、历史人物研究和中国古典文学研究等方面。

郭沫若在《马克斯进文庙》中，设计了马克思与孔子

---

① 《重版说明》，《崖州志》，广东人民出版社，1963，第1页。
② 傅斯年：《历史语言研究所工作之旨趣》，欧阳哲生编《傅斯年文集》（第3卷），中华书局，2017，第3页。
③ 郭沫若：《序》，《中国古代社会研究》，上海：联合书店，1930，第3页。

见面的场景，通过二人的对话，表达马克思的思想和孔子的思想是一致的。这篇游戏文字受到诸多质疑，却为我们理解郭沫若的思想提供了路径。郭沫若一方面扎根于中国传统思想之中，另一方面以马克思主义理论为指导。他在学术研究中据以"批判"的武器是中国传统思想与马克思主义理论的融合，即中国化了的马克思主义。

郭沫若学术研究的范围是按照马克思在《〈政治经济学批判〉序言》等著作中对社会结构的划分进行设计的。郭沫若认为，他的《中国古代社会研究》和《十批判书》，"把古代社会的机构和它的转变，以及转变过程在意识形态上的反映，可算整理出了一个比较完整的轮廓。依我原先的计划本来还想写到艺术形态上的反映，论到文学音乐绘画雕塑等的情形，或因已有论列，或因资料不够，便决计不必再添蛇足了"①。如果说郭沫若关于古代社会分期主要侧重于生产力和生产关系的研究，那么他对先秦诸子、屈原等的研究，则是侧重于上层建筑的研究。

郭沫若对先秦诸子思想的研究，是建立在对当时经济基础的考察之上。"先求时代与社会的一般的阐发，于此寻出某种学说所发生的社会基础，学说与学说彼此间的关系和影响，学说对于社会进展的相应之或顺或逆。"② 正是从

---

① 郭沫若：《后记——我怎样写〈青铜时代〉和〈十批判书〉》，《十批判书》，重庆：群益出版社，1945，第 428 页。
② 郭沫若：《后叙》，《青铜时代》，重庆：群益出版社，1946，第 299~300 页。

第四章 "做学问的革命家"

这样的研究路径出发,他认为代表新兴阶级的利益、推动社会发展的思想应该受推崇,代表没落阶级的利益、阻碍社会发展的思想应该被贬斥。故而他推崇儒家、贬低墨家,这在当时的学术界显得较有特色。

马克思主义理论是站在人类一切先进文明成果的基础上,是不断发展的科学理论。在郭沫若的历史"批判"中,除以马克思主义理论为总体指导思想外,也汲取了其他合理的理论资源,从而对马克思主义理论中国化做出了丰富和发展。其中最为突出的是融合了今文经学的思想。现代学科分化后的史学研究,以"求真"为唯一目的,研究者主张在价值上保持中立,反对将自己的立场介入研究中,只管真不真,不管对不对。但中国传统的儒家研究,尤其是今文经学,除了"求真"之外,还有着鲜明的价值取向和立场,他们的研究不仅要追究儒家思想的真面目,还要通过解读儒家经典给出应对现实的方案。郭沫若对儒家的推崇跟晚清廖平等今文经学研究者有关。郭沫若少年时代的老师中有廖平的弟子帅平均和黄经华,郭沫若通过他们对"托古改制"和"儒家革命论"等思想有一定的了解和认同。从某种角度上说,郭沫若的儒家研究处于今文经学的谱系之中,又根据马克思主义理论和时代要求发展了今文经学。

1946年,郭沫若在《坚定人民的立场》中认为:"衡定任何事物的是非善恶的标准,便是人民立场——要立在人民的地位上衡量一切。我们要坚定这人民立场,严格地把握着人民本位的态度。举凡有利于人民的便是善,有害于人民的便是恶。坚守人民本位的便是是,脱离人民本位的便是非。"①"人民本位"是时代的要求,是郭沫若坚持民主运动的标准。他将这一标准用于学术研究之中。在《历史人物》的《序》中,郭沫若明确认为:"关于秦以后的一些历史人物,我倒作过一些零星的研究。主要是凭自己的好恶,更简单地说,主要是凭自己的好。因为出于恶,而加以研究的人物,在我的工作里面究竟比较少。我的好恶的标准是什么呢?一句话归宗:人民本位!"②他对先秦诸子思想的评价,也用的是"人民本位"的标准。他认为"孔子的立场是顺乎时代的潮流,同情人民解放的,而墨子则和他相反"。儒家思想的核心是"仁","仁的含义是克己而为人的一种利他的行为。简单一句话,就是'仁者爱人'"。"'人'是人民大众,'爱人'为仁,也就是'亲亲而仁民'的'仁民'的意思了。"③可见,《十批判书》对儒家的推崇,不仅吸收了廖平、蒙文通等现代学者关于"革命儒家"的理念,也出于郭沫若对建立一个奠基于世界文明已经达到的高度之上的、以人民为本位的新的中国文化的期待。郭沫若阐释的儒家,既是传统的,也是革命的,既有较高

---

① 郭沫若:《坚定人民的立场》,延安《解放日报》1946 年 7 月 23 日。
② 郭沫若:《序》,《历史人物》,上海:海燕书店,1947,第 1 页
③ 郭沫若:《孔墨的批判》,《郭沫若全集·历史编》(第 2 卷),人民出版社,1982,第 85、88 页。

第四章 "做学问的革命家"

的文化水准,也代表了普通百姓的利益。由此看来,对于郭沫若的部分历史"批判",我们除了用现代史家"求真"的标准去衡量,还应考察"做学问的革命家"的郭沫若是如何设计中国文化的。

在具体研究中,郭沫若始终致力于取得"整理"与"批判"的一致。一开始他急于"批判",未免带上公式主义的痕迹,但随着资料的翔实,他常常用"整理"所得的证据纠正"批判"中的观点。对此,他是坦荡的——"错误是人所难免的,要紧的是不要掩饰错误,并勇敢地改正错误"[①]。他曾经说,他研究中国古代社会,是要"考验辩证唯物论的适应度"[②],这体现了他对资料和观点的辩证态度,在整理过程中原则上坚持理论指导,整理所得又丰富和发展了指导理论。

二

郭沫若治学的目的是通过学术研究,让中国人接受马克思主义理论,并将这种理论转化为革命实践,在此过程中实现马克思主义理论的中国化。实现这一目的并非易事,假如在学术上经不起验证、经不起质疑,只会适得其反。作为"做学问的革命家",不仅要有坚定的革命信念,而且要真正在学术界站得住脚,获得学术共同体的认可和推崇。

---

① 郭沫若:《新版引言》,《中国古代社会研究》,人民出版社,1954,第2页。
② 郭沫若:《跨着东海》,《海涛》,新文艺出版社,1951,第92页。

流言与真相
革命视野中的郭沫若

马克思主义史学派的学者对郭沫若学术成就的认可不必多说。1948年,国民政府中央研究院在郭沫若缺席的情况下选举他为院士,充分体现了郭沫若的学术成就得到了学术共同体的承认。马克思主义理论是人类一切先进文明的结晶,马克思主义史学也必须站在人类一切优秀文明的基础上,站在世界学术的前沿,让来自不同学术背景和意识形态倾向的学者真正折服,从而让他们承认马克思主义理论能够指导学术研究并做出成就来,只有这样才能为马克思主义理论获得群众铺平道路,才是"做学问的革命家"的使命。

郭沫若具备优秀学者的几乎所有条件。他从小就接受了中国传统学术的严格训练,承接了近代蜀学的血脉。曾在尊经书院师从著名学者王闿运的郭敬武给他带来了清代朴学的基本方法,由此打下了文字音韵学的基础。他是晚清今文经学家廖平的再传弟子,对《王制》《春秋》等著作有过深入研究。他精通日、德、英三种语言,对世界最新学术思潮高度敏感。他不仅翻译介绍了大量马克思主义经典著作,还翻译了生命科学著作、考古学著作、中国古代音乐研究著作,研读日语世界和英语世界的最新学术成果。同时,郭沫若始终与20世纪中国学术界处于密切的对话之中,他善于在批判中汲取同时代学者的积极成果,"海纳百川",故而成为一位在多方面成果丰硕的大学者。

郭沫若具有世界学术的视野,自觉站在世界学术的前

第四章 "做学问的革命家"

沿。他曾多次表述，世界学术已经发展到一定程度了，中国学术需要奋起直追，才能填满世界学术地图中东方的白页。他立志于中国古代社会的研究，重要原因之一是"世界文化史的关于中国方面的纪载，正还是一片白纸"，"在这时中国人是应该自己起来，写满这半部世界文化史上的白纸"。于是，他以恩格斯《家庭、私有制和国家的起源》为向导，"而于他所知道了的美洲的红种人，欧洲的古代希腊罗马之外，提供出来了他未曾提及一字的中国的古代"①。他奋力翻译米海里司的《美术考古一世纪》，是为了促成中国考古学的发展。"一部世界完整的美术史，甚至人类文化发展全史，就缺少着中国人的努力，还不容易完成。""关于中国方面是应该由我们自己来补充的。"② 在《历史研究》的发刊词中，他又说："在世界史中关于中国方面的研究却差不多还是一片白页。这责任是落在我们肩头上的，我们须得满足内外人民的需要，把世界史上的白页写满。"③ 郭沫若"写满这半部世界文化史上的白页"的努力获得了海内外学术界的认可。1945 年，苏联科学院院士、东方学家司徒鲁卫当面赞扬郭沫若说："中国的古代，以前都蒙在迷雾里面，经过你的研究，把那些迷雾扫清了；我们很高兴，

---

① 郭沫若：《序》，《中国古代社会研究》，上海：联合书店，1930，第 5、6 页。
② 郭沫若：《译者前言》，《美术考古一世纪》，上海：群益出版社，1948，第 4、5 页。
③ 郭沫若：《开展历史研究，迎接文化建设高潮——为〈历史研究〉发刊而作》，《历史研究》1954 年第 1 期。

流言与真相
革命视野中的郭沫若

人类社会发展的历程,没有一个民族形成了例外。"[1]这充分体现了郭沫若学术成就的世界地位。

郭沫若在日本生活长达20余年,早在九州帝国大学医学部留学期间,他就听过了爱因斯坦、巴甫洛夫等学术大师的讲座,接受世界前沿学术的洗礼。流亡日本期间,他遍访日本所藏的古文字资料,寻访京都帝国大学的考古学教室、上野博物馆、东洋文库,还向中村不折、中岛蠔山等学者借阅私人收藏,新获甲骨文拓片数千片,将其收进《卜辞通纂》,嘉惠于中日学界。他与河井荃庐交换古文字资料,得以见到珍贵的石鼓文"先锋本"摄影,将这一孤本公之于众并进行深入考证,写成《石鼓文研究》,被沈尹默认为:"唯于建石之意推阐无遗,而持论精辟者,固当推此著为第一。"[2]郭沫若和日本学者不仅在资料上互通有无,而且在观点上深入交流。郭沫若在对干支起源的考察中,就和日本新城新藏博士所著的《东洋天文学史研究》多有对话。郭沫若的研究对于日本新一代的学者也多有影响,贝塚茂树曾说,郭沫若的著作"充分满足了我的要求,回答了我的问题。而且完全决定了我做学问的方向"[3]。像贝塚茂树这样的学者还有很多。

郭沫若在学术研究中始终与现代中国学术界保持密切

---

[1] 郭沫若:《苏联纪行》,上海:中外出版社,1946,第63页。
[2] 沈尹默:《沈序》,《石鼓文研究》,商务印书馆,1951,无页次。
[3] 刘德有:《随郭沫若战后访日——回忆与纪实》,辽宁人民出版社,1988,第130页。

第四章 "做学问的革命家"

对话,代表了中国现代学术的进程。

20世纪是中国现代考古学建立并取得重要进展的时代,郭沫若对于新出土的考古资料,保持着最强烈的敏感,他虽然不一定是最早对新出土资料进行考察的人,但往往是最早从历史学和考古学、古文字学结合的角度,对这些新出土材料进行深度研究的学者。

裘锡圭认为:"我国早期的新石器考古、旧石器考古是依靠外国人发展起来的,我们自己的考古学真正起步是从殷墟考古开始的。"[①] 自1928年开始,中央研究院先后组织了15次殷墟发掘。第一次殷墟发掘在1928年10月13~30日,发掘甲骨文字784片;第三次发掘为1929年10~12月,重要收获有大龟四版和兽头刻辞。郭沫若通过李济和董作宾见到这些新材料,择要收进1933年出版的《卜辞通纂》。1933年,安徽寿县出土楚国器物,多有流散,唐兰从商贾手中拍到部分照片,郭沫若1934年即写成《寿县所出楚器之年代》予以考证。1958年1月初,郭沫若在开罗访问期间接到上海学者李平心寄来的信件,获悉安徽省文寿县双桥区采集到"大司马昭阳败晋于襄陵"铜简的信息,他于是在两个多月后写成《关于鄂君启节的研究》。1960年10月,陕西扶风县齐家村出土一大批铜器。1961年1月郭沫若从古巴回国,飞机在西安停留歇息期间前往参观。后

[①] 裘锡圭、曹峰:《"古史辨"派、"二重证据法"及其相关问题——裘锡圭先生访谈录》,《文史哲》2007年第4期。

又请工作人员将这些铜器拓寄给他,仔细思考,又参考段绍嘉等人著述,将其中 12 种不同的铭文做了汇释,写成《扶风齐家村器群铭文汇释》一文。扶风县出土铜器的同时,陕西长安县张家坡也出土了 53 件青铜器,郭沫若对这些铜器进行了详细考释,写成《长安县张家坡铜器群铭文汇释》。像这样的文章,郭沫若还写有《由寿县蔡器论到蔡墓的年代》《信阳墓的年代与国别》《盠器铭考释》《保卣铭释文》《安阳圆坑墓中鼎铭考释》《三门峡出土铜器二三事》《武威"王杖十简"商兑》《侯马盟书试探》等。

  胡适等人的"整理国故"、顾颉刚代表的"古史辨"派在现代学术史上有广泛的影响,代表了新文化运动退潮后新文化人的重要动向,郭沫若和胡适、顾颉刚等人处于同一时代,他对他们的学术成果十分关注,取长补短,既借鉴也超越。

  郭沫若与胡适、顾颉刚、傅斯年等人的关键区别,是他认为研究中国历史的目的是要创造"新价值",尽管胡适也认为他们的"整理国故"是要"从胡说谬解里面寻出一个真意义来;从武断迷信里面寻出一个真价值来"[①]。但正如顾颉刚后来所说的:"我要把宗教性的封建经典——经——整理好了,送进封建博物院,剥除它的尊严,然后

[①] 胡适:《新思潮的意义》,《新青年》第 7 卷第 1 号,1919 年 12 月。

第四章 "做学问的革命家"

旧思想不能再在新时代里延续下去。"①他们所做的主要是一种送进"博物院"的清理工作。

对于"整理国故",郭沫若最初的反应是不宜高估,因其"充其量只是一种报告,是一种旧价值的重新估评,并不是一种新价值的从新创造"②。在《中国古代社会研究·序》中,郭沫若批评胡适说:"胡适的《中国哲学史大纲》,在中国的新学界上也支配了几年,但那对于中国古代的实际情形,几曾摩着了一些儿边际?"③但半年后,当他读了胡适新发表的部分文章后说:"胡适的见解,比起一般旧人来,是有些皮毛上的科学观念。"④这都体现了郭沫若对胡适学术成就的关注和认可。后来郭沫若研究《再生缘》,在治学方法上就与胡适对《红楼梦》的考证有相似的一面。

在相当长的时间内,郭沫若和胡适的政治立场不同,学术指导思想也大异其趣。胡适深受实验主义影响,反对"共同的历史观"和"概括见解",认为"文史学者的主要工作还只是寻求无数细小问题的细密解答","'有几分证据,说几分话。'有五分证据,只可说五分的话。有十分证据,才可说十分的话"⑤。而郭沫若则反对胡适的"点滴主

---

① 顾颉刚:《我的治学计划》,张岱年主编《传统文化与现代化》1993年第2期,第69页。
② 郭沫若:《整理国故的评价》,《文艺论集》,上海:光华书局,1925,第96页。
③ 郭沫若:《序》,《中国古代社会研究》,上海:联合书店,1930,第1~2页。
④ 郭沫若:《中国古代社会研究》,《郭沫若全集·历史编》(第1卷),人民出版社,1982,第304页。
⑤ 胡适:《〈文史〉的引子》,上海《大公报·文史周刊》1946年10月16日。

义"："任意的一点一滴并不就成其为文化。"① 他主张从无数经验上得出普遍规律，再用这一普遍规律指导实践。

　　胡适一度在学术界具有相当的声望，郭沫若承认："他的学问、才情，和历来的功绩，我们——至少我自己——是瞻仰着的。"但为了争取马克思主义理论的传播，郭沫若必须在学术上战胜拒斥马克思主义理论的胡适。"胡适曾大言不惭地这样说过：'今年（一九三六年）美国大选时，共和党提出格法诺·兰登来打罗斯福——有人说：你不能拿没有人来打有人。我们对于左派也可以说：你不得拿没有东西来打有东西。只要我们有东西，不怕人家拿没有东西来打我们。'这位标准的买办学者，你看他是怎样盲目而无知！因此，我就准备拿点他们所崇拜的'东西'来'打'这个狂妄的家伙。"② 他明白这一工作的难度："做学问与纯粹地做文章不同，非有坚实的根据，是不行的。"③ 因此，无论是进行古文字研究还是整理古籍，他都小心谨慎、精益求精，以学术发声。相比于胡适，在先秦诸子思想研究等诸多方面，郭沫若的确后来居上，略胜一筹。20世纪80年代以来，历史研究中流行一种"碎片化"倾向，很多学

---

① 郭沫若：《春天的信号》，《天地玄黄》，上海：大孚出版公司，1947，第542页。
② 郭沫若：《重印弁言》，《郭沫若全集·考古编》（第5卷），科学出版社，2002，第11~12页。
③ 郭沫若：《借问胡适——由当前的文化动态说到儒家》，《中华公论》创刊号，1937年7月20日。

第四章 "做学问的革命家"

者认可胡适的"点滴主义",他们在抬高胡适的同时,肆无忌惮地贬低郭沫若。殊不知郭沫若比胡适高明的地方就在于:胡适将更多的精力放在"碎片化"的历史细节,而郭沫若不仅重视历史细节,还在大量历史细节的基础上自觉总结历史规律,以古鉴今,资政育人,体现出强烈的历史担当和责任意识,充分践行了历史科学的现实使命。

郭沫若与顾颉刚共处于清代以来疑古思潮的影响之下,对于顾颉刚等人的"古史辨",郭沫若有所认同。郭沫若曾说:"顾颉刚的'层累地造成的古史',的确是个卓识。""在现在新的史料尚未充足之前,他的论辨自然并未能成为定论,不过在旧史料中凡作伪之点大体是被他道破了。"① 郭沫若从小就对阎若璩的《古文尚书疏证》十分感兴趣,后来又受廖平弟子的启发,对于传世文献大胆质疑,这一点和"古史辨"是相通的。对于世代相传的关于一些重要文献的产生年代,他保持高度的警惕,在进入具体研究之前,他总是对所依据的文献的作者和具体产生年代进行详细考证,比如《诗经》中的一些重要篇章、《周官》、《韩非子·初见秦篇》、传世《兰亭集序》等,他都对传统的说法提出了挑战,另立新见。但是"古史辨"的主要成就是"疑古",而郭沫若却不满足于此,他是要"释古"的。在这一点上,他对罗振玉、王国维的学术表示出了亲近的态度。

---

① 郭沫若:《中国古代社会研究》,《郭沫若全集·历史编》(第1卷),人民出版社,1982,第304~305页。

流言与真相
革命视野中的郭沫若

陈寅恪曾说:"一时代之学术,必有其新材料与新问题。取用此材料,以研求问题,则为此时代学术之新潮流。治学之士,得预于此潮流者,谓之预流。"①清末民初以来,学界发现了殷墟甲骨、明清档案、敦煌文书与流沙坠简四大新材料,研究这些"新材料",提出"新问题"者,可以代表一代之学术。罗振玉、王国维在殷墟甲骨上有突出贡献,郭沫若继起,加上董作宾,被学界称为"甲骨四堂",代表了甲骨学研究的最高成就。

郭沫若在东洋文库阅读甲骨拓片时,也阅读了《殷虚书契考释》《观堂集林》等著作。他称赞《殷虚书契考释》"使甲骨文字之学蔚然成一巨观。谈甲骨者固不能不权舆于此,即谈中国古学者亦不能不权舆于此"②。他还在《中国古代社会研究·序》中说:"在中国的文化史上实际做了一番整理工夫的要算是以清代遗臣自任的罗振玉,特别是在前两年蹈水死了的王国维。"王国维的著作"好像一座崔巍的楼阁,在几千年来的旧学的城垒上,灿然放出了一段异样的光辉",罗振玉的贡献"在为我们提供出了无数的真实的史料。他的殷代甲骨的蒐集,保藏,流传,考释,实是中国近三十年来文化史上所应该大书特书的一项事件"。"大抵在目前欲论中国的古学,欲清算中国的古代社会,我

---

① 陈寅恪:《陈垣〈敦煌劫余录〉序》,《陈寅恪集·金明馆丛稿二编》,生活·读书·新知三联书店,2001,第266页。
② 郭沫若:《卜辞中的古代社会》,《中国古代社会研究》,上海:联合书店,1930,第225页。

第四章 "做学问的革命家"

们是不能不以罗王二家之业绩为其出发点了。"①可见他对罗振玉、王国维评价之高。

王国维提出"二重证据法",主张以地下发现之新材料和传世文献相互补充,重建古史的系统。郭沫若将这一研究方法发扬光大,他区别了文物和文献的优先级,据文物以考证文献。如果说王国维的"地下之新材料"还多依赖于出土的文字材料,那郭沫若则更加具有现代的考古学意识,他将"地下之新材料"扩大到彝器形象、新出土的钱币、画像、陶器等,从而拓展了"证据"范围。郭沫若的甲骨文研究受到王国维等人的重要启发。王国维不仅考释了大量甲骨文字,提出了殷代王室世系表,而且在《殷周制度论》中认为"中国的政治与文化之变革莫剧于殷、周之际"②。郭沫若起初深受《殷周制度论》影响,将殷代归于原始社会的末期,而将周代归于奴隶社会的开始。但随着甲骨学研究的进展,尤其是卜辞断代的进步,郭沫若对王国维的学术多有超越,他不仅纠正了不少王国维的释字错误,将王国维的先妣特祭说发展为直系先妣特祭说,而且逐渐摆脱了王国维的殷周变革论,认为周代在很多方面都继承了殷代。

郭沫若对王国维的超越,最为关键的是在研究"新材

---

① 郭沫若:《序》,《中国古代社会研究》,上海:联合书店,1930,第3、4页。
② 王国维:《殷周制度论》,《王国维全集》(第8卷),浙江教育出版社,2010,第302页。

料"时有"新问题"。郭沫若认为,王国维"头脑是近代式的,感情是封建式的"①,而郭沫若的"感情"则完全是现代式的,是以马克思主义为指导的,所以郭沫若能够在王国维的基础上进一步将古代社会的真相揭示出来。

陈寅恪在20世纪中国学术史上的地位举世公认,郭沫若对他十分尊重。郭沫若主导下的中国科学院推举陈寅恪担任学部委员,邀请陈寅恪担任《历史研究》编委,《历史研究》甫一创刊,就接连两期发表陈寅恪的文章。郭沫若研究《再生缘》,也是在陈寅恪的启发下开展的。在中国的传统学问中,经史子集有高下等级的区别,一般不会用集部文献,尤其是用俗文学去研经证史,而处于现代学术新变的时代,这种等级区别被打破了,在心细如发的史家那里,一切皆可成为有用的史料。陈寅恪为世人所推崇的是他的"诗史互证"法,用诗证史,用史证诗,在诗歌解读和历史发现方面相互阐明。而这种办法也为郭沫若所常用。在《再生缘》研究中,郭沫若用当时的史实解读作者陈端生及其亲友的诗词,又以其作为证据推断陈端生的生平。在《李白与杜甫》中,郭沫若将李白与杜甫的诗歌与安史之乱及盛唐的思想观念相互阐发,既对永王李璘的事迹、盛唐的宗教信仰等提出新解,也明确了李白与杜甫一些重要诗歌的关键指涉,从而在《再生缘》研究、李白生平考

---

① 郭沫若:《序》,《中国古代社会研究》,上海:联合书店,1930,第4页。

第四章 "做学问的革命家"

证等诸多方面更正了陈寅恪的结论。郭沫若和陈寅恪同为20世纪中国的大学者,如果说陈寅恪的学问专精,那么郭沫若的学问则博大,如果说陈寅恪更多的时候是借学问抒发身世之感,那郭沫若则自觉以时代和人民的需要为治学鹄的。

郭沫若是中国马克思主义史学派的领军人物,他的《中国古代社会研究》等著作对于侯外庐、杜国庠、吕振羽等马克思主义史学家有着重要影响。他们却并非党同伐异,而是切磋砥砺,坚持真理,共同推动马克思主义史学的发展。郭沫若推崇儒家、贬低墨家,与范文澜、杜国庠等人观点对立,由此开展了激烈的讨论。在屈原研究上,郭沫若和侯外庐多有论辩。即便1949年之后,关于中国古代社会分期的研究,郭沫若的观点仍然受到很多质疑。郭沫若一方面汲取同行们的合理意见、不断根据新材料调整自己的观点,另一方面对不同意见进行善意批评,形成良好的学术讨论的风气,推动了中国马克思主义史学的发展。

郭沫若自觉站在20世纪世界学术前沿,努力填补世界学术中"东方的白页"。他与20世纪中国学术界保持密切互动,对新发现的材料高度敏感,以"新问题"研究"新材料",所得多属卓见。他批判性地继承廖平、罗振玉、王国维等史学大师的遗产,密切关注现代学术名家胡适、陈寅恪、顾颉刚、董作宾、范文澜等人的学术成就。郭沫若始终处于20世纪中国学术发展的大势之中,并对20世纪中国的代表性学术成果多进行批判性的借鉴,他的治学道路是20世纪中国学术道路的一个缩影。20世纪80年代以来,一些学者和大众传媒热炒胡适、陈寅恪、傅斯年等学者,认为他们才代表了20世纪中国学术的主流,一些有关20世纪的学术思想史著作甚至对郭沫若等马克思主义史学家避而不谈,这都是不符合历史实际的。胡适等人尽管在学术上也做出了贡献,但他们绝不能够代替郭沫若等马克思主义史学家在20世纪中国学术思想上的位置。

三

今天回顾和总结郭沫若的治学目的和治学风格,对于我们重新认识中国马克思主义史学的发展历程,继承老一辈史学家的丰富遗产,具有十分重要的意义。

作为"做学问的革命家",郭沫若治学不仅是为了学术内部的突破,也是为了解决革命和建设中的现实问题,回答人民提出的时代课题,参与当代文化和社会的重建。郭沫若的治学目的和一般学院内部的职业学者有所不同,在学术分工越来越细化、越来越强调学术共同体的权利的今天,很多人对于"做学问的革命家"的治学理念比较隔阂,由此引发对郭沫若的诸多负面评价。笔者认为,尽管郭沫若在学术研究上的一些具体结论已经过时,但他的治学目的和学术理念对于职业学者调整其角色定位、反思其治学

第四章 "做学问的革命家"

方法无疑具有启发意义。

经历了20世纪末各种批判思潮的冲击，今天很多学者对马克思主义史学的理解多少有些僵化，一些学者甚至避而不谈。其实，在作为中国马克思主义史学派领军人物的郭沫若那里，马克思主义史学是对人类优秀学术传统的批判性继承和发扬，焕发出了无限的生机和活力，体现了海纳百川的气势和包容度。

郭沫若在学术研究中坚持实事求是，将"批判"建立在扎实的史料搜集、整理和考辨的基础上，尽管也曾走过公式主义和教条主义的弯路，但由于他坚持用材料说话，勇于改正错误，在学术实践中丰富和发展了马克思主义史学，所以他的学术成果既充满灵气，也厚重扎实，从中还能听到不断自我反思的声音。

郭沫若自觉站在世界和中国学术研究的制高点，密切关注前辈学者和同行们的学术进展，对新出现的材料保持高度敏感，充分吸收学术研究的前沿理论、方法和成果，体现了马克思主义史学家从善如流、开放包容的博大胸襟。

郭沫若所代表的中国马克思主义史学是20世纪中国史学的主流，只有认真总结其经验，继承其遗产，我们的研究才能守正创新，不断迈上新的高度。

第二节 《李白与杜甫》的著述动机

一

《李白与杜甫》是郭沫若最后一部学术著作,也是他最有争议的著作之一。郭沫若学术写作速度很快,但他却在这部著作上耗费心血、反复修改,从写作到出版用了四年之久。郭沫若习惯在著作中附上前言、后记,披露写作动机和经过,但这部著作没有前言、后记,他的心迹隐而不彰。因为诸如此类原因,《李白与杜甫》甫一出版,就引起了学界的重视和争议。竺可桢等人在日记中记录下了阅读感受,恽逸群等人给郭沫若写信谈自己的心得体会,茅盾、周振甫等人在私人通信中讨论其优缺点,萧涤非等人在课堂上回答学生有关这部著作的各种问题。1978年后,随着"科学的春天"的到来,学界呈现更为活跃的局面,迄今为止,据不完全统计,有关这部著作的学术论文已有两百篇以上,人们对其意见纷呈,但总体上贬多于褒。

有关《李白与杜甫》的评论,竺可桢、茅盾、恽逸群、周振甫等人一面赞誉其"一扫从来因袭皮相之论"①,"自必胜于《柳文指要》,对青年有用"②,"书中卷首驳陈寅恪

---

① 《恽逸群遗作选》,《社会科学》1981年第2期。
② 《尘封的记忆:茅盾友朋手札》,文汇出版社,2004,第29页。

第四章 "做学问的革命家"

（第六页）以李白为胡人，这是正确，陈是胡说"①；另一面也指出该著"论杜稍苛，对李有偏爱之处"，考证阐释上"亦有未能使人信服者"②，"以为咸阳为碎叶之讹，这有疑问"。③

1978年，著名杜甫研究专家萧涤非发表《关于〈李白与杜甫〉》，对郭著在学术上的诸多创新没有提及，却详细指出其"曲解杜诗""误解杜诗"等多种缺憾，随后很多文章均与萧涤非观点相似，王锦厚、李保均等学者虽抱着理解之同情的态度，充分肯定该著价值，但也不得不承认其"论断过于武断"、存在"若干资料、考证的失误"④。

与此同时，研究者开始进一步追问该著的撰写动机。

最初出现的代表性观点是认为郭沫若迎合了毛泽东和那个特殊时代的政治氛围。1979年，夏志清问前来美国访问的钱钟书：郭沫若为什么要写贬杜扬李的书？钱钟书答曰："毛泽东读唐诗，最爱'三李'——李白、李贺、李商隐，反不喜'人民诗人'杜甫，郭沫若就听从'圣旨'写了此书。"⑤这一说法广为流传。大陆有学者认为，郭沫若之所以"憎恶"杜甫，"原来是因为某个领导人谈过他喜欢

---

① 《竺可桢全集》（第21卷），上海科技教育出版社，2007，第382页。
② 《尘封的记忆：茅盾友朋手札》，文汇出版社，2004，第29页。
③ 《竺可桢全集》（第21卷），上海科技教育出版社，2007，第382页。
④ 王锦厚：《略论对〈李白与杜甫〉的批评》，《郭沫若研究专刊》（第四集），《四川大学学报》编辑部，1983年。
⑤ 夏志清：《新文学的传统》，台湾：台湾时报文化出版事业有限公司，1979，第372页。

'三李'（即李白、李贺、李商隐），而不喜欢杜甫，于是这位学者就只好用对比的手法贬低杜甫而抬高李白"①。台湾学者金达凯认为："关于《李白与杜甫》一书的写作动机与目的，大都认为郭沫若是揣摩当时领导的心理，迎合毛泽东的好恶，不惜违反自己以往尊重杜甫的言论，作违心之论。""当大陆政治季候风转向时，郭沫若就换了另一副面孔与口吻，《李白与杜甫》一书，就是这种急剧转变的产物。"②直到不久前，还有学者认为这部著作体现了"郭沫若对毛泽东的个人崇拜"，"将伟大领袖的审美情趣拔高为评衡文学艺术家历史地位的准绳"，表面上是反潮流，但"渗透全书的那种带有'文革'印记的拔高或苛求历史人物的思维方式，在实际上迎合了这股潮流"③。还有学者进一步指出，郭沫若迎合的是"尊法反儒"的政治风气："据说李白已内定为法家诗人，而杜甫是儒家，《李白与杜甫》扬李抑杜，是顺乎尊法反儒的时代潮流。"④"此后不久便随之而来一场评法批儒的政治运动。《李白与杜甫》以扬李抑杜为基调，正是迎合这种政治运动的需要的。"⑤这些观点今天已经成为各种贬低郭沫若人格的网络文章的重要证据。

---

① 张亦驰：《杜甫"冤案"》，《北京晚报》1980年9月6日。
② 金达凯：《郭沫若总论：三十至八十年代中共文化活动的缩影》，台湾：台湾商务印书馆，1988，第463、456页。
③ 冯锡刚：《郭沫若的晚年岁月》，中央文献出版社，2004，第271、276页。
④ 陈榕甫：《杜甫优劣古今谈》，上海《文汇报》1980年12月17日。
⑤ 胡可先：《论〈李白与杜甫〉的历史与政治内涵》，《杜甫研究学刊》1998年第4期。

第四章 "做学问的革命家"

20世纪80年代产生的这些观点,符合反思"文革"、贬低郭沫若的时代思潮,但与事实并不相符。首先,郭沫若对杜甫有微词是其一贯的表现,而并非如上述论者所谓的见风使舵、对杜甫"先扬后抑"。其次,毛泽东尽管在1958年前后确实公开说过喜欢李白,但后来他对李白也有过严厉批评,他同王洪文、张春桥谈郭沫若的《十批判书》时说:"你李白呢?尽想做官!结果充军贵州。"[①]辩证地看待历史人物,是郭沫若和毛泽东的共同特点。以郭沫若对毛泽东的了解,他不可能只知道毛泽东肯定李白的一面,而不知道其否定李白的另一面。故他即便迎合毛泽东,也不会如此拙劣。最后,《李白与杜甫》开始写作于1967年,"尊法反儒""批林批孔"是在1971年展开的,在当时的情况下郭沫若不可能在四年之前就能预料到后来的高层思想。即便"尊法反儒"开始之后,江青、张春桥多次到郭沫若家里逼迫他对此表态,他也没有公开发表过这方面的文章,反倒是不断承受毛泽东对他尊儒的批评,还险些被冯友兰、梁效公开点名批判。所以,说《李白与杜甫》为了逢迎毛泽东,赶上"尊法反儒"的时代潮流的观点无疑是站不住脚的。

1990年后,开始有学者超越"政治迎合说"[②],去探测郭沫若通过《李白与杜甫》表达的更为隐秘的心思。最初

---

① 《毛泽东年谱1949-1976》(第6卷),中央文献出版社,2013,第485页。
② 杨胜宽在《〈李白与杜甫〉研究综述》(《郭沫若学刊》2009年第2期)中将相关研究归纳为"政治迎合说""情感寄托说""人生总结说""人格解剖说""审美取向说"五种,本书在此基础上将其归结为两种。

流言与真相
革命视野中的郭沫若

进行这方面尝试的是刘纳,她根据自己的阅读体验,认为《李白与杜甫》并非严谨的学术著作,而是"用文学笔法写成的书","在'人民性'的标准尺度和'扬李抑杜'的表层评价下面,隐隐然藏着作者不便言明的曲衷和异常微妙复杂的心绪"。这种"隐微",即郭沫若通过李白的失败总结自己热衷政治的人生;通过对李白"活天冤枉"的描写表达对"文革"期间遭遇冤屈的文人学者的同情;以"对朋友是否讲义气和对权贵是否巴结逢迎"为做人准则对当时以政治标准衡量一切的做法提出质疑。[①] 刘纳的观点影响很大。有论者认为应该将《李白与杜甫》"当作散文或者是小说片段来读","是一部'借他人之酒杯,浇自己之块垒'的隐喻之作",郭沫若通过李白对自己的政治活动和"忠君"思想进行了反思。[②] 也有论者认为《李白与杜甫》是郭沫若的"一次精神涅槃,是为自己唱的一首哀歌",著者对"杜甫'忠君思想'的恶评,其实质是想唤醒现代知识分子的思想独立与人格反思,摆脱知识分子的历史宿命",体现了郭沫若在"文革"中难得的"孤独与清醒"[③]。还有论文认为这是"在一定程度上流露出作者借学术研究寄托哀思、表达忏悔;对特定残酷环境不满和无奈;有意无意检讨自身,以及对古人进行月旦所表达复杂感情、传达复杂信息

[①] 刘纳:《重读〈李白与杜甫〉》,《郭沫若学刊》1992年第4期。
[②] 贾振勇:《郭沫若的最后29年》,中国文史出版社,2005,第230、231页。
[③] 刘海洲:《时代的反讽 人生的反思——论郭沫若的〈李白与杜甫〉》,《文艺评论》2011年第2期。

第四章 "做学问的革命家"

的著作"①。著名学者谢保成亦持相似的观点：郭沫若对李白政治失败的哀叹"无异于说此时郭沫若自己"，对杜甫的评价是针对当时荒谬的现实："一边是'大有益于中国人民'的人几乎统统被打倒，一边是被'馋臣'、'贱臣'们'人民化'的'旗手'正干着'大不益于中国人民'的事，就不难理解郭沫若'不得不如是'之'抑''被人民化'的'杜'的'苦心孤诣'了。"②

这种"人生总结说"和"情感寄托说"的共同点是受20世纪80年代纯文学和反思"文革"思想的影响，在政治/文学的二元对立框架下，将郭沫若从"文革"政治中超脱出来，赋予他"孤独与清醒"的先驱者的特质。这些观点产生的初衷在于一些学者反感于贬低郭沫若人格与维护郭沫若形象的需要，并且受到如下两方面材料的支持。一方面，我们以前不能确定《李白与杜甫》创作的具体时间，信任与郭沫若有过通信之谊的周国平等人的说法，认为《李白与杜甫》创作于郭沫若的两个儿子离世之初，因此人们很自然地将这两件事联系起来，从而赋予这部著作以悲剧和反省的色彩。③ 另一方面，陈明远在大量伪造信件中塑

---

① 王琰：《〈李白与杜甫〉：悼己、悼子、悼李杜的三重变奏》，《福州大学学报》（哲学社会科学版）2013年第4期。
② 谢保成：《写〈李白与杜甫〉的苦心孤诣》，《郭沫若学刊》2012年第2期。
③ 周国平《岁月与性情：我的心灵自传》（长江文艺出版社，2004年）、邵燕祥《〈李白与杜甫〉传达了晚年郭沫若怎样的心灵信息》（《北京日报》2004年9月6日）都认为这部著作带有抒发"丧子之恸"的色彩。

流言与真相
革命视野中的郭沫若

造出一个与当时政治环境疏离的"郭沫若形象",从而诱导人们从"对抗"的角度去思考郭沫若与局势的关系。但这些说法十分可疑。第一,一部反省"文革"的著作却成为"文革"期间少有的学术出版物之一,相关审查部门不会如此粗心。第二,根据新披露的材料,《李白与杜甫》中关于杜甫的主体部分在 1967 年 4 月 11 日他听到郭民英去世的消息前已经完成①,与其"丧子之恸"没有关系。第三,除陈明远伪造的信件外,关于郭沫若"对抗"那个独特时代的证据几乎没有,相反,至少在 1967 年 3 月开始写这部著作之前,郭沫若对当时的政治态势并不抵触,只是后来,尤其是自己的孩子去世和林彪事件发生后,他才与局势有所疏离。因此,在政治/文学的对立语境下,塑造出一个"反思"和"清醒"的"郭沫若形象",可能只是部分学者在我们这个时代出于维护郭沫若的需要而产生的良好愿望,而事实上则经不起推敲。

已有的"人生总结说"和"情感寄托说"虽然站不住脚,但《李白与杜甫》也不是一部单纯的学术著作,这部著作的确"隐隐然藏着作者不便言明的曲衷和异常微妙复杂的心绪",只是这种"隐微"需要从另一个角度去探究和阐明。

---

① 林甘泉、蔡震主编《郭沫若年谱长编》(第 5 卷),中国社会科学出版社,2017,第 2098 页。

第四章 "做学问的革命家"

二

《李白与杜甫》按出版时的目录排序，分别为"关于李白""关于杜甫""李白杜甫年表"，但在写作时间上，最先写出的是第一部分的最后一节即"李白与杜甫在诗歌上交往"，其次是完成于1967年3~4月的"关于杜甫"的主体部分。也就是说，《李白与杜甫》最先写的是杜甫的部分。

郭沫若1967年研究和评论杜甫，是有感于当时的杜甫研究现状。这在书中有明确表达："以前的专家们是称杜甫为'诗圣'，近时的专家们是称为'人民诗人'。被称为'诗圣'时，人民没有过问过；被称为'人民诗人'时，人民恐怕就要追问个所以然了。"①据书中所引，所谓"近时的专家们"，主要指的是冯至、傅庚生和萧涤非三人。而他们在研究杜甫时，顺带也对李白有所评价。

冯至在抗战时期就开始杜甫研究。抗战结束后，冯至转入北京大学，写出了《杜甫传》。在这部著作中，冯至根据自己辗转大后方的人生体验，对杜甫颠沛流离的一生充满了同情，他一方面赞美杜甫"面对现实，写出许多替人民诉苦、为国家担忧的不朽的诗篇"，另一方面指出杜甫出身官僚家庭，受儒家思想影响很深，将希望寄托在统治者身上，但统治者总是令人失望的，所以他的诗歌常常表现

---

① 郭沫若：《李白与杜甫》，人民文学出版社，1971，第125页。

出矛盾的一面来。①冯至一方面对杜甫充满了敬意，另一方面则认为李白的游侠与求仙"是贵族的、与人民隔离的、极端个人主义的。李白对人世间一切的秩序表示反抗，看不起尧舜，看不起孔丘，只为了他自己要有高度的自由"②。如此建构出了"人民诗人"杜甫与"个人主义"者李白的对立。

傅庚生1934年毕业于北京大学国文系，1948年到西北大学任教，不久写出《杜甫诗论》，于1954年出版。这本书主要与仇兆鳌等杜甫研究者对话，仇兆鳌等人认为杜诗"敦厚温柔""忠君忧国"，足以风化教育百姓。在傅庚生看来，"说杜甫是一贯地忠君忧国，'一饭不忘君'，把讽刺诗都曲解为歌颂底，是统治者御用文人的鬼话"。"杜甫生在封建社会里，能够勇敢地站到人民这一面来，讽刺暴露社会上的种种腐败与黑暗的现象，实在是了不起的人。"傅庚生虽然也指出了杜甫"不能走向起义的人民"，思想上有矛盾，但高度评价他"到底又已走向人民这一面来，暴露了封建统治的黑暗与凶残，激动着人民的反抗情绪与正义感，拉长了人民与统治者之间的距离；他既曾写了许多反映当时现实生活的史诗，在社会的前进与发展上是有功绩的"。"一定是人民的诗人，或至少是与人民相结合的诗人，才能够创造出有生命、有血肉、现实主义的伟大诗篇，与诗人

---

① 冯至：《杜甫传》，人民文学出版社，1952，第183页。
② 冯至：《杜甫传》，第32页。

第四章 "做学问的革命家"

的名字同垂于不朽，杜甫正是他们之中的一个"①。关于李白，傅庚生则发挥了明人顾宸的观点，顾宸认为，李白从永王李璘，是"文人败名事"，杜甫不以成败论李白，体现了他的"至性"。傅庚生在此基础上说："李白既从李璘反抗朝廷，失败后定罪流放"，杜甫不站在"统治者诛求"和"被统治者驯伏"的一面对待李白，表现出了"反封建的意味"②。

萧涤非1933年毕业于清华大学研究院，抗战时期曾在西南联大任教，中华人民共和国成立后任教于山东大学中文系，并担任《文史哲》副主编和《光明日报·文学遗产》编委等要职，是著名的杜甫研究专家。在《杜甫研究》中，萧涤非将冯至和傅庚生的论证进一步推进，确定杜甫是"人民诗人"，"一个伟大的现实主义诗人"，"一个伟大的人道主义者和爱国主义者"，"杜甫诗的人民性，真如'日月经天，江河行地'，可以说是有目共睹，人所熟知的"③。萧涤非还感叹说，杜甫以前和同时代的诗人，"都很少意识到人民的存在，对人民的命运，不是毫无兴趣，便是关心不够，很难写到他们"④，李白就被包含在这些"很少意识到人民的存在"的诗人之中。

一般来说，学术专著的流通范围主要是学术圈内，但

---

① 傅庚生：《杜甫诗论》，古典文学出版社，1956，第64、75、76、351页。
② 傅庚生：《杜甫诗论》，第177、178页。
③ 萧涤非：《杜甫研究》（上），山东人民出版社，1956，第1、61页。
④ 萧涤非：《杜甫研究》（上），第78页。

这三部书影响很大。冯至《杜甫传》出版两年多就印刷7次，发行量接近1万册。《杜甫诗论》1956年12月出版了新一版，短短14个月后就印刷了5次，印量高达4.3万册。《杜甫研究》上下卷1956年6月出版，1957年1月第2次印刷时印量高达4.9万册。这些书印量大，读者多，影响了很多学者，著名诗人废名（冯文炳）在1962年发表的《杜甫的价值和杜诗的成就》中将杜甫和鲁迅相比，认为两人"都是憎恶本阶级的感情极重，自己愿站在'蝼蚁'的一边，愿站在'孺子'的一边"①。鲁迅在当代中国地位特殊，废名对杜甫的评价与萧涤非等人的观点高度契合。

值得注意的是，不仅仅是这三位从国统区过来的学者扬杜抑李，从延安过来的范文澜，在他那本影响极大的《中国通史简编》中，尽管明确提出不可"抑李过甚"，但在分论两位诗人时却明显存在褒贬。他称李白政治见解差，永王李璘欲在东南割据，李白从他反对朝廷，"想依附李璘大有作为"，"信仰道教、以神仙自负，托体在空虚，而又不忘名利，最后不免日暮途穷堕入污浊中"。李白受不了乱离中的困境，"因而屈服于李璘"，而"杜甫对君忠诚，在家天下的封建国家里，君是国的代表人，忠君实际就是爱国"，"择善而从，无所不学，所以称为兼备众体，集古今

---

① 冯文炳：《杜甫的价值和杜诗的成就》，《人民日报》1962年3月28日。

第四章 "做学问的革命家"

诗人之大成的伟大诗人"①。

吊诡的是,范文澜、萧涤非等接受马克思主义观点的学者在评价李白与杜甫时,与当时正轰轰烈烈批判的"资产阶级学者"胡适等人的观点竟然惊人一致。

长期在北京大学任教的胡适在写于20世纪20年代的《白话文学史》中认为:李白是"山林隐士""出世之士","与人间生活相距太远了","他歌唱的不是我们的歌唱";而以杜诗为代表的诗歌,则"走上了写实的大路,由浪漫而回到平实,由天上而回到人间,由华丽而回到平淡,都是成人的表现","杜甫是我们的诗人,而李白则终于是'天上谪仙人'而已"②。

胡适的观点与一千多年来的传统社会的多数文人士大夫的观点高度一致。中国传统社会的文人士大夫对杜甫的评价相当高,对李白则颇有微词。仇兆鳌等人将杜诗和《诗经》比肩,这是传统社会对一个诗人最大的赞誉。朱熹论道:"李白见永王璘反,便怂恿之,诗人没头脑至于如此。"《鹤林玉露》称:"李太白当王室多难、海宇横溃之日,作为歌诗,不过豪侠使气、狂醉于花月之间耳。社稷苍生,曾不系其心膂。其视杜少陵之忧国忧民,岂可同年语哉!"《苏栾城集》说:"李白诗类其为人,骏发豪放,华

---

① 范文澜:《中国通史简编》(修订本第三编第二册),人民出版社,1965,第673、676、680、681页。
② 胡适:《白话文学史》,安徽教育出版社,2006,第205、206、220页。

而不实，好事喜名，而不知义理之所在也。"《冷斋夜话》亦称："舒王曾曰：'太白词语迅快，无疏脱处，然其识污下，诗词十句九句言妇人、酒耳。'"这些看法似乎是胡适等人观点的由来。

新文化运动要打倒封建的传统文化，胡适更是主张"全面西化"；而中华人民共和国成立后，思想文化界自上而下清算了胡适的资产阶级思想。经过这些轰轰烈烈的思想运动后，学者们尽管使用了"人道主义"、马克思主义等思想观念和方法研究杜甫和李白，但李杜的地位并没有根本改变。杜甫的头衔从"诗圣"换成了"人民诗人"，他仍然高居在诗人的榜首，而李白还是政治上有污点，是个人主义者。这说明在新文化运动以及随后的更为激进的思想改造运动的表层之下，有一种意识倾向仍然坚韧地存在着，它张扬规训、放逐异端，"扬杜抑李"是其重要表征。在持这种意识倾向的人看来，无论是为君还是为民，杜甫都符合社会的伦理规范，表现出了对既有体制的顺从和维护，而李白则是叛逆于社会和既有体制的充满危险激情的个人主义者，是既有体制和社会的异端。

终身为叛逆和激情辩护的郭沫若，敏锐地意识到当代很多学者仍然持有传统观念："杜甫曾经以'儒家'自命。旧时代的士大夫尊杜甫为'诗圣'，特别突出他的忠君思想，不用说也是把他敬仰为孔孟之徒。新的研究家们，尤其在解放之后，又特别强调杜甫的同情人民，认为他自比

第四章 "做学问的革命家"

契稷,有'人饥己饥,人溺己溺'的怀抱,因而把他描绘为'人民诗人',实际上也完全是儒家的面孔。"[1]当"完全是儒家的面孔"的研究者的著作在新中国畅销时,说明新文化运动"打倒孔家店"和中华人民共和国成立后的历次思想改造运动可能并没有完全改变传统意识。这正是郭沫若深感不安的地方,他要站出来辩驳。

三

对于李白与杜甫这两位伟大的诗人,尽管郭沫若确曾说过他更喜欢李白,但总体来说,他对他们一视同仁。早在1928年,郭沫若想写一篇《我的著作生活的回顾》,在"诗的修养时代"的提纲中特别提出了李白和杜甫。流亡日本期间,他回忆在成都上中学时跟李劼人等同学的游乐活动中,亦有"次韵杜甫《秋兴》八首"[2]的往事,的确,在他旧体诗创作的第一个高峰的1912年前后,很多作品便带有鲜明的杜甫风格。中华人民共和国成立后,郭沫若也曾像萧涤非等人一样称赞过杜甫,他为杜甫草堂题写过"世上疮痍诗中圣哲,民间疾苦笔底波澜"的联语。在《诗歌史中的双子星座》一文中,他赞誉杜甫"对于人民的灾难有着深切的同情,对于国家的命运有着真挚的关心","他所反映的现实,既真实而又生动,沉痛感人,千古不朽。

---

[1] 郭沫若:《李白与杜甫》,人民文学出版社,1971,第181页。
[2] 郭沫若:《中国左拉之待望》,《中国文艺》第1卷第2期,1937年6月。

实在的,艰难玉成了我们的诗人"①。对于李白,郭沫若除了将他与杜甫并举为伟大诗人、明确说自己幼时十分喜欢他外,也曾指出他的缺点:"李白等的诗,可以说只有平面的透明。"②可以这样说,郭沫若在李杜之间是不曾有过明显抑扬的。再者,郭沫若也不曾将李杜作为中国文学的最高峰,在他看来,他们的作品是多少有些雅化的,而郭沫若却更喜欢像清代陈端生的弹词《再生缘》那样的民间文学。

《李白与杜甫》之动笔写作,很明显出于驳论的愤激。这种愤激情绪的对象正是那经历几十年的新的文化运动仍然没有改变的传统意识。其实,这种愤激情绪已酝酿多年。1961年,当他看见陈寅恪在文章中居然将陈端生置于杜甫之上时,不禁拍手称快:"的确,我们是有点厚远薄近、厚雅薄俗、厚男薄女、厚外薄中的。对唐宋的旧诗人我们每每奉之为圣哲;而把明清的弹词女作者则一概屏之于俗流。"③而范文澜《中国通史简编》第三编修订本在1965年的出版,可能是这种情绪的引爆点,但对于自己的老同事,他是要团结的,故点名批评的是萧涤非等人。

客观来说,冯至、傅庚生、萧涤非等人的杜甫研究是有贡献的。冯至在研究中能处处看到杜甫在统治者与人民

---

① 郭沫若:《诗歌史中的双子星座》,《光明日报》1962年6月9日。
② 《郭沫若诗作谈》,《现世界》创刊号,1936年8月16日。
③ 郭沫若:《〈再生缘〉前十七卷和它的作者陈端生》,《光明日报》1961年5月4日。

第四章 "做学问的革命家"

之间的矛盾,即便对"三吏三别"这样的名篇,冯至也能如此解读:"若是强调人民的痛苦,反对兵役,就无法抵御胡人;但是人民在统治者残酷的压迫与剥削下到了难以担受的地步,他又不能闭上眼睛不看,堵住嘴巴不说。"①傅庚生处处与"每饭不忘君"这样的传统阐释对话,认为杜甫很多诗歌不是"忠君",而是对统治者有着明显的讽刺,并对"沉郁顿挫"的风格提出了值得重视的解读。萧涤非不仅综合分析了杜甫诗歌的"人民性",而且细致研究了杜诗的体裁形式。这些成果不仅与传统杜甫研究有别,亦不同于梁启超、胡适的研究,在学术上是有所推进的。冯至等人的成就,郭沫若当然是知道的。当他的愤激情绪为《李白与杜甫》的创作愉悦所冲淡时,我们不难发现他有认同萧涤非等人观点的一面。如他赞美"彤庭所分帛,本自寒女出"为"很有光辉的诗句"②,认为"杜甫在《登慈恩寺塔》中能够讽刺唐玄宗的荒宴,在《丽人行》中能够揭露杨家姊妹兄弟的豪奢"③ 等。但在愤激情绪之下,郭沫若却故意处处与萧涤非等人唱反调。对于萧涤非等人以"人民诗人"来延续千百年来对杜甫的"图腾化",郭沫若硬要打破杜甫身上的神性光环。

最能体现郭沫若打破"图腾"的是分析杜诗《遭田父

---

① 冯至:《杜甫传》,第 86 页。
② 郭沫若:《李白与杜甫》,第 161 页。
③ 郭沫若:《李白与杜甫》,第 156 页。

泥饮美严中丞》。杜甫在成都期间，被一位老农拉着从早到晚饮酒，老农大呼小叫，不断赞美当时的成都府尹、杜甫的朋友和上司严武："酒酣夸新尹，畜眼未见有。""语多虽杂乱，说尹终在口。"萧涤非高度赞美这首诗的"人民性"，评其在杜诗中"对劳动人民的品质的歌颂得最全面最突出"，"形象地刻划了田父的直率、豪迈、热情慷慨的典型性格"。"他完全陶醉在这位田父的精神世界之中了。"[1]但郭沫若认为萧涤非等人的分析"完全是皮相的见解"，杜甫写这首诗的目的绝不在于感谢和赞美老农，这首诗是写给严武和他的幕僚看的，是"要借老农的口来赞美严武"[2]。于是，在郭沫若的笔下，杜甫这首"人民诗"被翻转为"马屁诗"。客观地说，郭沫若的分析确实体现出了他作为历史学家的敏感和丰富的生活阅历，故能目光如炬、如老吏断狱。严武在史书上是有恶评的，杜甫如此吹捧他，十足说明杜甫为了功名和报酬，亦有不分对象、不择手段的时候。

郭沫若还重点研究了"三吏三别"，这六首诗在一千多年来一直受到高度推崇，在萧涤非等人笔下，它们的崇高地位并未改变。冯至认为它们是杜诗中的"杰作"，是"诗的模范"，"继承了《诗经》的传统，影响了后代的进步诗人"[3]。萧涤非认同冯至的看法，认为这六首诗"一方面根

---

[1] 萧涤非：《杜甫研究》（上卷），第73页。
[2] 郭沫若：《李白与杜甫》，第140~141页。
[3] 冯至：《杜甫传》，第86页。

第四章 "做学问的革命家"

据当时人民固有的'同仇敌忾'的爱国热情进一步鼓励人民参战","另一面则大力揭露当时兵役的黑暗并直接痛斥统治者的残暴"①。傅庚生认同明人王嗣奭的看法。后者认为,这几首诗写下层百姓,"其苦自知而不能自达,一一刻画宛然;同工异曲,随物赋形,真造化手也!"傅庚生认为"造化手"其实就是"现实主义",还进一步说:"杜甫正是为了人民不能自达其苦,才本着人道主义的精神——诗人的正义感,用一支横扫千军的诗笔,替这些被压迫的人民呐喊。"②对于这千百年来的偶像,郭沫若再次无情撕开了他的面具:"杜甫自己是站在地主阶级的立场上的人,六首诗中所描绘的人民形象,无论男女老少,都是经过严密的阶级滤器所滤选出来的驯良老百姓,驯善得和绵羊一样,没有一丝一毫的反抗情绪。这种人正合乎地主阶级、统治阶级的需要,是杜甫理想化了的所谓良民。"③

对《遭田父泥饮美严中丞》与"三吏三别"的分析,与郭沫若对杜甫的整体评价一致,他认为杜甫过着地主生活、功名心强、门阀等级观念根深蒂固,但"新旧研究家们的眼睛里面有了白内障——'诗圣'或'人民诗人',因而视若无睹,一千多年来都使杜甫呈现出一个道貌岸然的样子,是值得惊异的"④。

---

① 萧涤非:《杜甫研究》(上卷),第 24~25 页。
② 傅庚生:《杜甫诗论》,第 239 页。
③ 郭沫若:《李白与杜甫》,第 135 页。
④ 郭沫若:《李白与杜甫》,第 203 页。

流言与真相
革命视野中的郭沫若

郭沫若反感的,是被偶像化的"道貌岸然"的杜甫,而对于与体制有些不合拍的不雅驯的杜甫,他反倒有几分喜欢,所以他写了《杜甫嗜酒终身》,将杜甫对酒肉的热爱以及酒后的狂态写得淋漓尽致,还根据自己多年的思考①,将杜甫之死说成是牛肉过饱所致,这就有力地将杜甫从偶像拉回了人间。如此呈现的,是不那么雅驯的杜甫,正如刘纳所说:"从郭沫若描述语言中所挟带的热烈情绪可以看出,他对这'真正的杜甫'不唯不厌恶,甚至有认同感和亲切感。"②如此我们可以理解郭沫若后来的解释:"杜甫应该肯定,我不反对,我所反对的是把杜甫当为'圣人',当为'它布'(图腾),神圣不可侵犯。"③郭沫若在杜甫研究中所要做的,正是通过呈现杜甫不那么雅驯的凡人的一面,来回应那以排斥叛逆、张扬规训为特征的将杜甫"图腾化"的传统意识倾向。

在写作李白部分时,由于没有驳难的对象,郭沫若心态相对平静很多,故能较多看到李白的优点。但他对于李白的缺点亦毫不留情。他说李白一面在讽刺别人趋炎附势,另一面"忘记了自己在高度地趋炎附势"④。当李白感到安禄山叛变迫在眉睫时,他自己却要"窜身南国避胡尘"。郭沫若不禁严厉谴责:"这时的逃避却是万万不能使人谅解

---

① 郭沫若在 20 年代的小说《万引》中曾思考过杜甫死于食物过饱这一问题。
② 刘纳:《重读〈李白与杜甫〉》,《郭沫若学刊》1992 年第 4 期。
③ 《郭沫若同志就〈李白与杜甫〉一书给胡曾伟同志的复信》,《东岳论丛》1981 年第 6 期。
④ 郭沫若:《李白与杜甫》,第 38 页。

第四章 "做学问的革命家"

了。他即使不能西向长安,为什么不留在中原联结有志之士和人民大众一道抗敌?""实在是糊涂透顶。"① 他还指斥李白受《道箓》是"干下了多么惊人的一件大蠢事!"②

如此看来,《李白与杜甫》并非如钱钟书等人误解的"扬李抑杜",对于李杜,郭沫若要双双祛魅:"其实无论李也好,杜也好,他们的'光焰'在今天都不那么灿烂了。"③李杜"都未能完全摆脱中国的庸人气味"④,"都紧紧为封建意识所束缚。他们的功名心都很强,都想得到比较高的地位,以施展经纶,但都没有可能如意"⑤。他宁肯抬出一位不大知名的诗人苏涣,对于这位早年做盗贼晚年叛逆唐廷的"异类",郭沫若仔细解读了他仅存的几首诗歌,为他"深知民间疾苦","铲平险阻,争取劳苦人民能各得其所"的"造反"精神所折服,称他才是真正的"人民诗人"⑥。

郭沫若对李白与杜甫的双双祛魅,实际上提醒研究者,研究问题得从不同角度、正反两方面入手,将历史人物"图腾化"不仅可能与历史真相拉开距离,而且可能固化传统意识的某些偏见。而这种偏见,正是郭沫若以李白为镜像所亲身遭遇到的,故他对于李白的处境感同身受。

---

① 郭沫若:《李白与杜甫》,第54页。
② 郭沫若:《李白与杜甫》,第86页。
③ 郭沫若:《李白与杜甫》,第115页。
④ 郭沫若:《李白与杜甫》,第13页。
⑤ 郭沫若:《李白与杜甫》,第47页。
⑥ 郭沫若:《李白与杜甫》,第248页。

四

在一千多年里，尽管不少人认同李白，高度评价李白，但在很多人看来，李白在政治上是叛逆的，诗作华而不实，远离人民，对社会也是叛逆的。这些关于李白的观点，被梁启超、胡适等人继承了下来，也被他们的学生或同事范文澜、冯至、傅庚生、萧涤非等人继承了下来，成为定论。但郭沫若从李白这里看到的却是自己的镜像。李白性格的叛逆、对体制和传统的反抗，正是郭沫若自己的写照，而李白被驱逐的命运，也符合郭沫若当时在文化教育界中的处境。

郭沫若着力为李白的政治活动翻案。其策略是先为李璘翻案。他通过对《资治通鉴》等史料的详细考察，认为唐玄宗听从了房琯等人的意见，在逃亡途中采取了诸王分制的办法。李亨负责恢复黄河流域，李璘负责经营长江流域。但李亨在分制诏书下达之前，就已在灵武称帝，他不同意分制，暗中下令讨伐李璘，李璘腹背受敌失败被杀。如此看来，分明是李亨逼死李璘，但成王败寇，后来忠于帝王的史家却认为是李璘反叛，这于李璘是天大的冤枉。李白被李璘请到军中，但并没有发挥什么作用，李璘帐下的人事实上是不重视他的。李璘败后，李白本被宋若思等人援救，但有人以他的名义伪造《为宋中丞自荐表》，表中夸大李白的文采，把李亨比喻为懦弱无能的汉惠帝，这样

第四章 "做学问的革命家"

的"任意裁诬","便增加了李白的狂妄之罪,率性严加究办,长流夜郎!这在李白真是活天冤枉"①。后来虽然在流放途中遇赦,但从此一蹶不振,在流浪中死去,落得一个千秋骂名。

传统观点由李白从李璘"叛逆"等表现认为李白不关心天下苍生,是"个人主义者"。郭沫若对此是不赞成的。为了唱反调,郭沫若就拿李白与杜甫相比,他举了很多例子说明李白的性格和诗歌都比杜甫"更富于平民性"。他认为,在《赠崔司户文昆季》、《宿五松山下荀媪家》、《秋浦歌十七首》之十四等诗歌中,显然能够发现"李白不拿身分,能以平等的态度待人"。故而,"人们自然也就喜欢他。旧时的乡村酒店,爱在灯笼或酒帘上写出'太白世家'或'太白遗风'等字样,这是对于李白的自发性的纪念。杜甫也同样好酒,但没有看见过,也没有听说过,任何地方的酒店打出过'少陵世家'或'少陵遗风'的招牌"。"人民的喜爱毕竟和士大夫阶层或者知识分子不同,人民是有人民自己的选择的。"②

与"个人主义"相关的,是《李白与杜甫》中有关屈原的讨论。郭沫若认为,在屈原与宋玉之间,杜甫"抑屈扬宋",是因为他继承了班固、颜之推等人所认为的屈原"露才扬己"的观点,体现其"封建意识的特别森严"。走

---

① 郭沫若:《李白与杜甫》,第76页。
② 郭沫若:《李白与杜甫》,第118、120页。

流言与真相
革命视野中的郭沫若

笔至此,郭沫若大发感慨:"总之,屈原是不合格的。极力赞扬屈原的人,如贾谊,如司马迁,如李白,也都是不合格的。"①而郭沫若,正是现代中国对屈原评价最高、着墨最多的人,从五四时期到他逝世前,他通过诗歌、话剧、学术著作、散文等多种体裁对屈原一直念兹在兹,奖掖有加。他不但赞誉屈原,对具有屈原特点的蔡文姬、陈端生也致以最大的敬意,从而形成了他的古典文学研究的鲜明特色。而郭沫若所赞誉的人,和他自己一样,都个性鲜明、"露才扬己"、富有反叛精神和抒情色彩。当他说这些人"都不合格"时,明显带着愤激的情绪。

郭沫若力辩李白这位浪漫主义诗人虽然表面看起来昂首天外、反叛秩序和体制、歌颂醇酒妇人,却有比杜甫更真挚的平民情怀,有拯救祖国于危难的爱国精神,但被误解、被栽赃,落得个"世人皆欲杀"的骂名。这实际上是对自己所受责难的申辩。

郭沫若作为创造社的领袖,以叛逆的姿态和撕碎一切假面的激情出现在文坛,受到以北大、清华的教授们为代表的学院派知识分子的诟病。胡适、徐志摩等人与他都有过论战。当朱自清用"异军突起"形容创造社时,其实隐隐之中点出了郭沫若的"异己"身份。郭沫若之所以花大气力驳倒朱自清的同事陈寅恪有关李白为胡人的论断,肯

---

① 郭沫若:《李白与杜甫》,第179、180页。

第四章 "做学问的革命家"

定李白是汉人，大概也是对这种异端身份的敏感。

许多学院派知识分子对郭沫若的叛逆和激情都很反感。沈从文在1930年嘲笑流亡中的郭沫若没有纯正的"趣味"，"不会节制""糟蹋文字""创作是失败了"[①]。季羡林在1932年的日记中说："读完《创造十年》，我第一就觉得郭沫若态度不好，完全骂人。"[②]钱钟书虽然没有直接点名批评过郭沫若，但在1933年评论曹葆华的《落叶颂》时推崇"消灭自我以圆成宇宙，反主为客"的"神秘主义"，反对"消灭宇宙以圆成自我，反客为主"的"自我主义"[③]，在论者看来："他对自我主义所作的描述，俨然是对郭沫若的'我把全宇宙来吞了'、'我便是我了！'之类'天狗'式宣言和天狗式冲动的传神写照。"[④]沈从文、钱钟书等人反感"骂人"、反感"自我主义"，要求节制，处处表现出郭沫若于他们作为"异己"的存在，而其背后正是他们对传统的遵守和对体制的顺从。

傅庚生是胡适的学生；萧涤非是季羡林、钱钟书的同学，与沈从文在中华人民共和国成立后仍然保持着密切的关系，沈从文曾向亲戚推荐他的《杜甫研究》。萧涤非、沈

---

① 沈从文：《论郭沫若》，《沈从文全集》（第16卷），北岳文艺出版社，2009，第153~160页。
② 季羡林：《清华园日记》，人民文学出版社，2015，第61页。
③ 中书君（钱钟书）：《落日颂》，《新月》第4卷第6期，1933年。
④ 龚刚：《反浪漫主义的诗学檄文——解析钱锺书唯一的新文学作品论》，《文学评论》2016年第3期。

流言与真相
革命视野中的郭沫若

从文等人有着相似的眼光和趣味,这些趣味和眼光虽经过新中国的历次思想改造,并没有根本改变,郭沫若之所以颇为偏激地坚决要同萧涤非等人的杜甫研究唱反调,是切身感到这种排斥异端的道统和学统的强大、坚固和偏执。

而且,这种意识形态还弥漫开来,为不同政治立场的人所共享,体现出了广泛的代表性。就是丁玲、胡风这样的著名左翼作家,对郭沫若的叛逆和不雅驯亦心存反感。丁玲在 20 年代初偕同学慕名拜访郭沫若,当听到郭沫若在笑谈中对茅盾露出不屑时,作为茅盾学生的丁玲顿时觉得一个偶像坍塌了,半个多世纪后,丁玲还在日记中记忆犹新地写下这段往事。① 抗战初期,胡风在家信中将郭沫若的"民众动员"和组建第三厅误解为"招兵买马",扩充个人势力。② 这些观点与季羡林、钱钟书等人所谓的郭沫若好骂人、是"个人主义者"的观点如出一辙。

《李白与杜甫》对于同一阵营的不理解也有讽喻。关于李白与杜甫的关系,一直是唐代文学的一个热点。傅庚生等人认为杜甫对李白有着"至性"深情,这继承了梁启超在《情圣杜甫》中的观点。但郭沫若认为杜甫并不理解李白。杜甫在李白流放后写了《寄李十二白二十韵》。在郭沫若看来,这些诗对于李白的敌人过于宽恕。同时,李白"体贴着唐玄宗的意旨在办事","也想借永王之力扫荡胡

---

① 李向东、王增如:《丁玲传》,中国大百科全书出版社,2015,第 24 页。
② 吴永平:《〈胡风家书〉疏证》,中国社会科学出版社,2012,第 66~67 页。

第四章 "做学问的革命家"

尘,拯救天下苍生,然而杜甫却把它说成是找饭吃而受到处分"。这正与胡风误解郭沫若组建第三厅的情况类似。杜甫关于李白最后一首诗《不见》"不见李生久,佯狂殊可哀。世人皆欲杀,吾意独怜才"亦"透露出了当时的统治者和西蜀的士大夫阶层对于李白的一般的态度。杜甫处在这种氛围中能够哀怜李白,自然表示了他的友情。但他只怜李白的才,而不能辨李白的冤;在他看来,李白仍然犯了大罪,非真狂而是'佯狂',应该杀而可以不杀,如此而已"。①落笔处,写出了李白晚年的孤独与悲凉。

更让郭沫若担忧的是,这种延续下来、弥漫开来的意识不仅为多数人所共享,且并不如其部分持有者所宣称的那样宽容和大度,而是十分偏执,充满杀气。他们认定自己是对的,对于"异己",不仅索性宣布"失败",划在学术和文学的圈子外,还唯恐不能将其消除。1966年4月,郭沫若在人大常委会上发言提出"烧书"一说,这实际上是出于自我保护的需要不得已而为之的行为,而同样受到压制的一些文人学者却大为不满。他们的不满倒不是认为郭沫若没有骨气,而是认为郭沫若"该杀而未杀"。1966年11月28日,早年求学于北京大学的顾颉刚在日记中写道:"郭沫若最好弄笔,编古装戏剧,又为曹操、武则天翻案,此次得政府保护,仅轻描淡写地在人民代表会议常务委员

---

① 郭沫若:《李白与杜甫》,第110、112页。

会中作一自我批评了事,京、沪同人皆不满意。"① "同人"可不是红卫兵,这应该也是像顾颉刚一样有着学院派背景的文史研究者,"同人"的意见大有置郭沫若于凶险境地的目的。郭沫若满怀深情地写到李白政治失败后"世人皆欲杀"的悲惨境地,未始不是对自己处境的写照。很多人经过历次运动,却顽强地将其意识倾向保存了下来。

郭沫若逝世后,局势变换,斗转星移,靠边站的文人学者重新掌握话语权,正如郭沫若所预感的那样,这些传统意识倾向的拥护者对他从来就不会宽容。周汝昌回忆自己从"五七干校"调到人民文学出版社编辑《李白与杜甫》被人"误解"的那段往事时愤慨地说:"平生忍辱负垢之事不少,而此亦'大端'也。"② 直到现在,黄永玉还在访谈中说郭沫若为《中国古代服饰研究》写序是对沈从文"最大的一个耻辱"③。这些学者讨论其他问题都能心平气和,唯独谈到郭沫若,就按捺不住情绪,看不到其可取的一面,足见其中的某种偏执和顽固。胡适、沈从文、萧涤非、周汝昌等人的朋友和学生很多,且长期占据知识界的重要地位,他们的看法影响了普通人,因此对郭沫若的非议从未间断,于今尤甚。这是在郭沫若的意料之中的,他在讨论到李白和苏涣的失败时反复说:"李白豪放,写了不少忧谗

---

① 《顾颉刚日记》(第 10 卷),中华书局,2011,第 568 页。
② 周汝昌:《李杜文章嗟谤伤》,《杜甫研究学刊》1996 年第 4 期。
③ 张新颖:《黄永玉先生聊天记》,《钟山》2017 年第 1 期。

第四章 "做学问的革命家"

畏讥、愤世疾俗之作,有时非常沉痛,非常激烈。这其实就是打中蜂窠的弹子了。尽管玄宗换为肃宗,而毒蜂窠依然还是那个局面。因而李白便不容于世而困死在当涂。""毒蜂窠太大了,整个封建社会就是颗大毒蜂窝,一个弹子自然无可奈何,弹子少了也是无济于事的。"①

有论者在论述沈从文时曾提出如下深刻见解:"反主流的郭沫若和丁玲们是历史上的偶然的瞬间,向几千年的历史和'文明'的抗争终归失败,而沈从文则代表了历史的'常识'和'势力',透过这种神圣的历史'常识'和'势力'的不可摇撼和终归胜利,我们可以感受到沈从文那种温文尔雅和极度节制的语调也难以掩盖的意识形态的傲慢,我们也可以感觉到郭沫若、丁玲们当时对此强烈的愤慨。"②《李白与杜甫》正是郭沫若在这种强烈的愤慨情绪下,向那坚硬的传统的意识倾向所做的最后抗争。尽管如此,他还是同李白一样,难逃被漫画化和放逐的悲剧命运。

---

① 郭沫若:《李白与杜甫》,第 249、250 页。
② 旷新年:《沈从文的传奇》,《新文学的镜像》,广东人民出版社,2014,第 328 页。

第五章

陈明远伪造书信与"阴阳脸"郭沫若

第五章　陈明远伪造书信与"阴阳脸"郭沫若

1998年，作家出版社出版了丁东编的《反思郭沫若》，这本书的封面很有意思，它由两个郭沫若的半张脸组成。左边半张脸是红色的，右边半张脸是蓝色的。隐喻郭沫若是阴阳脸，表面上是红的，内心却是蓝的，表里不一，两面派。这本书的封面代表了它所编选的文章的整体观点。

毋庸讳言，郭沫若对于社会主义建设是大唱赞歌的，歌颂长江大桥、歌颂原子弹上天、歌颂卫星发射成功等。但《反思郭沫若》的编者认为，郭沫若私下猛烈地抨击那个"人际关系尔虞我诈"的时代，不满意自己的职务，批评自己的《新华颂》《百花齐放》以及其他赞歌都是应制应景之作。这些说法根据何在呢？该书编者丁东在提出上述说法时,说他翻遍《郭沫若书信集》,"感到只有写给陈明远的信最为特殊,堪称摘下面具,口吐真言"①。该书所收的其他文章也多次提到郭沫若写给陈明远的信,这批信件成为《反思郭沫若》的关键材料。

郭沫若的确与陈明远有过通信,这些信件现在保存在郭沫若纪念馆的有9封,陈明远保存了3封,总共只有12封。但黄淳浩编、中国社会科学出版社1992年出版的《郭沫若书信集》里有69封。这说明多出来的57封信是没有原件作为依据的。对此,陈明远解释说因为"文革"时期信被抄走了,事隔二十多年后他凭记忆把内容复述下来,后来他就把这些所谓的书信发表出来,并提供给《郭沫若书信集》的编者。而这本《郭沫若书信集》是1949年迄今唯一的一本郭沫若书信集,具有相当的权威性,为学界所广泛使用。

《郭沫若书信集》出版后,郭沫若的秘书和女儿都曾写文章辨别陈明远提供的书信。他们认为,该书收录的"郭沫若"致陈明远书信,除了12封有原件的外,其他57封都是假的,即便有原件的12封,对照原件和陈明远提供的抄件,也有许多篡改肢解之处。②他们的论证建立在第一手材料基础上,笔者赞成他们的意见。笔者认为没有书信手迹

---

① 丁东:《从五本书看一代学人》,《反思郭沫若》,作家出版社,1998,第233、234页。
② 参考王戎笙《郭沫若书信书法辨伪》(兰州大学出版社2005年)、郭平英《陈明远与郭沫若往来书信质疑》(《文艺报》1996年5月10日)等文。

第五章　陈明远伪造书信与"阴阳脸"郭沫若

和手迹照片,也没有原始抄件为证,且又不在郭沫若生前发表的郭沫若书信都是可疑的。历史研究讲究实事求是,没有事实根据的就要存疑。

郭沫若的秘书进一步指证郭沫若与陈明远的通信时间是1956年至1963年,而"郭沫若"抨击自己时代的那些信所署的写作时间很多都在1956年之前和1963年之后,故而是假的。1963年,郭沫若对他的秘书说,你们给陈明远写一封信,告诉他,他要求的我都给他办到了,让他不要打着我的旗号搞特殊,"以后他来信我也不看了,你们处理吧"①。郭沫若是领导又是大文豪,每天收到的信件成百上千,看不过来,秘书要筛选一遍。写给郭沫若的信只有秘书筛选后才能到他的办公桌上,自然此后郭沫若也就看不到陈明远的信了。郭沫若秘书的话是可信的。笔者最近翻阅中国科学院档案,连中国科学院外事局这种郭沫若领导下的机构,给郭沫若报送文件时都是报给郭沫若秘书的,并且一般都会致信郭沫若秘书,说明随信报送文件的主要类别和性质,请他转呈。何况陈明远这样非亲非故的外地青年呢?如果不经过秘书的手,他的信不可能到达郭沫若桌上。

在伪造的信里,郭沫若表达了对时代的不满,对自己诗歌的不满。假如这些信按照陈明远说的,真的被红卫兵

---

① 王戎笙:《郭沫若书法书信辨伪》,兰州大学出版社,2005,第62页。

流言与真相
革命视野中的郭沫若

抄走了，红卫兵不会不把它公布出来的。红卫兵在"文革"开始时已经攻击过郭沫若，要抄他家了，幸亏周恩来提出了包括郭沫若在内的13人的保护名单，郭沫若才得以幸免。除这些信外，郭沫若从来没有在任何场合公开表达过对"十七年"的憎恶之情，也没有在任何场合说过《新华颂》和《百花齐放》是应景应制之作，只有陈明远信件这一个证据。孤证不足为凭，何况这个证据还是假的。我们由此可以确定所谓郭沫若的"阴阳脸"形象、"不真诚的郭沫若"形象都是陈明远和丁东等人塑造出来的，并不符合历史事实。

陈明远在"文革"时期因为牵涉"伪造毛主席诗词案"被隔离审查，出来后充满了痛恨，20世纪80年代写了很多诗歌诅咒"文革"时代。同时他为了自己的名声，又说他写诗是郭沫若教的。[①] 一个对时代高唱赞歌的老诗人，怎么会教出这样一位态度截然相反的"小诗人"来呢？所以他要自圆其说，通过十多年四次伪造五十余封书信，层累地塑造了一个"不真诚的郭沫若"形象。这些伪信又与一些有着特殊目的的人的想法一拍即合，于是就出现了建立在"不真诚的郭沫若"形象基础上的"阴阳脸"郭沫若形象，对"晚年郭沫若"研究造成了极其恶劣的影响。

---

① 陈明远：《新诗与真美的追求》，《新潮》，中国文联出版公司，1992，第22页。

第五章　陈明远伪造书信与"阴阳脸"郭沫若

第一节　陈明远与层累的"郭沫若现象"

在人文学界和大众舆论中，自20世纪90年代以来，"郭沫若现象"一词频频出现。这个词目前还没有统一的解释。有些文章使用这个词时，指的是五四时期那种将个人激情和时代精神融合后产生的"火山爆发"式的创作状态。① 但这个词在更多的文章中指的是像"郭沫若"那样，曾经才华横溢，但中华人民共和国成立后却丧失自己的"独立"意志和人格尊严，对权力唯唯诺诺、阿谀奉承的知识分子现象。刘再复在使用这个词时，指出郭沫若"埋葬真我"，"把官方语言塞进自己的作品之中"②；作家安文江使用这个词时认为，随着郭沫若"走向政坛，进入幕僚，当了高官，他否定了真正的自己，成为十分可怜的传声筒"③。散文家何静恒在使用这个词时，认为晚年郭沫若"只有献媚和明哲保身"，"创作生命已经枯萎"，"留下的只是一具逢迎拍马的躯壳"，"说着真诚的假话去左右逢源"④。

---

① 宋剑华、田文兵：《现代文学话语转型中的"郭沫若现象"》，《湘潭大学学报》（哲学社会科学版）2005年第5期。
② 刘再复：《回归古典，回归我的六经——刘再复讲演集》，人民日报出版社，2011，第27页。
③ 安文江：《找人说人话》，广东人民出版社，2004，第141页。
④ 何静恒：《百思不得其解的"郭沫若现象"》，《月亮神》，北京时代华文书局，2014，第195页。

流言与真相
革命视野中的郭沫若

从上述表述来看,"郭沫若现象"之所以以"郭沫若"冠名,是因为论者认为"郭沫若"有三个特点:第一,作为诗人和历史学家,"郭沫若"曾经表现出过人的才华,但在中华人民共和国成立后却没有独立精神,对权力无条件服从;第二,"郭沫若"内心像这些学者一样,能够"辨别是非",但只能"埋葬真我",所以他对权力的服从是不真诚的;第三,正因为他不真诚,所以唯唯诺诺、逢场作戏,缺乏知识分子的骨气。这三个特点都指向一个核心形象:"不真诚的郭沫若。"

论者有可靠的材料证明中华人民共和国成立后的郭沫若是不真诚的吗?郭沫若针对中共领袖和各项建设成就写了很多颂歌,也多次表态承认知识分子思想改造、反击右派等运动的合理性,但我们不能从已经披露的可靠的材料中发现他对其时其事的抵触和反省。也就是说,他尽管写了很多颂歌,但如果这些颂歌都表达了他的真实想法;他尽管做出了很多紧跟形势和领袖的行为,但如果这些行为他都认为是正当的,那我们只能说他的认识可能没有一定的"深度",但绝没有理由责备他没有骨气、逢场作戏、屈从权力,更不能得出他不真诚的结论。

我们不能证实"不真诚的郭沫若"为真,在我们接触的史料还不充分、不完整的情况下,当然也不能说郭沫若就一定是真诚的。郭沫若是否真诚,在目前的情况下只能悬置不论,但对于"不真诚的郭沫若"这一形象究竟是如

第五章　陈明远伪造书信与"阴阳脸"郭沫若

何形成的，却有讨论的必要。事实上，"不真诚的郭沫若"和中国古史中的大禹、黄帝形象，民间传说中的孟姜女故事相似，是一个层累式的现代神话。① 这一神话始于1982年，经过30多年的不断塑造和渲染，今天已经成为很多媒体人和学者笔下的信史。这一神话的主要作者是陈明远。陈明远通过不断虚构回忆录、伪造书信，创造并丰富了这一神话。当他的朋友和一些学者撰文阐发引申他创造的神话后，"郭沫若现象"逐渐成为读书界和大众传媒中出现的高频词，并附带产生了类似于"铮铮铁骨郭沫若"一类的讽刺性话语。

一

1956年9月，当陈明远还是一名初中生时，他给郭沫若写信，就郭沫若的一些作品提出了自己的看法。郭沫若接信后很重视，给他写了回信。到1963年1月为止，两人有过多次通信。1962年，《中国青年》刊发过《给青年的几封信》，其中就包括写给陈明远的信，只是陈明远的名字用

---

① 1923年，顾颉刚在《读书杂志》第9期上发表了《与钱玄同论古史书》，正式提出了"层累地造成的中国古史"说，并对这一概念做解释，大意是对一些古史提到的人物或现象，我们虽然不能知道其"真确的状况"，但可以通过研究发现它在"传说中的最早的状况"以及它是如何逐渐丰满起来的。"层累地造成的中国古史"在史学界影响很大，本书借鉴"层累"这一概念，意在说明"不真诚的郭沫若"是一个不断生成的神话，有必要讨论它最早出现的状况和逐渐生成的过程。

"×××同志"代替。在陈明远和郭沫若通信的后期，在上海上学的陈明远不断要求郭沫若帮忙，调他到北京工作。虽然郭沫若欣赏陈明远的才华，但对他露骨的功利欲望越来越反感。1963年，当郭沫若帮助陈明远进入中国科学院工作后，决定不再与陈明远联系。

陈明远早在1962年前后，就开始伪造郭沫若信件。其主要动机是维护自己的形象，但同时也歪曲了郭沫若的形象。

1962～1963年，叶以群表示要将陈明远和郭沫若通信的事迹写成报告文学，表现郭沫若对青年一代的关心和爱护。陈明远将自己"抄写"的20多封"郭沫若"书信提供给叶以群。这批抄件至少有三份。记者周尊攘也希望报道此事，陈明远于1963年将抄件提供给了周尊攘一份。叶以群没有写出报告文学，1966年去世后，他手头的抄件由其家属保存。周尊攘当时也没有写出报告文学，直到"文革"结束后，方以他手头的书信抄件为基础，写成《郭沫若与陈明远》一文发表在《新文学史料》1982年第4期上。该文引录"郭沫若"致陈明远书信18封。叶以群的儿子叶新跃看到周文后，发现他家所保存陈明远的"抄件"中有9封为周文所未披露，于是在1983年整理好后投给《中国现代文学研究丛刊》，后者以《郭沫若书简九封》为题公布在1986年第1期上。

这27封信件中，有一多半属于陈明远伪造，其余信件

第五章　陈明远伪造书信与"阴阳脸"郭沫若

相对于真迹也多有删节篡改之处。陈明远伪造和篡改郭沫若信件的主要目的是维护自己的形象。下面这封伪信较能说明问题。

在《郭沫若书简九封》中,有一封"郭沫若"1962年7月20日写给陈明远的信,"郭沫若"不同意陈明远作品的发表要求:

> 你写的关于我的研究文章,译成的我的旧诗,目前是不大好发表的。你就是用了笔名,别人还会知道,要风言风语的。我这是为你着想,你太年青,太天真无邪,不了解社会的复杂。我也不愿意让你过早地了解到人情世故的复杂性。

这封信是陈明远在郭沫若1962年7月18日写给他的信的基础上伪造的[①]。在7月18日的信件中,郭沫若不同意陈明远发表相关作品,原因在于:

> 你最近寄来的信和文稿,我都看了,你写得相当猛,使我吃惊。但可惜,你写的差不多都是我的陈迹,我觉得你是有点枉费力气的。你为什么不写你自己呢?要写我,恐怕还早得一点,假使我死了,或许你写的

---

① 详见王戎笙《郭沫若书信书法辨伪》,兰州大学出版社,2005,第125~129页。

东西可能有人看。再则要写我也可以，我替你想个办法，就把我作为"木头儿"（model），写小说、诗、剧，都可以。但如赤裸裸地写我，那就不是创作了。作为研究我的评传，也是一个办法。但目前太早，为生人写评传，有类于标榜，我们中国没有这个风气，特别是目前。因此，不是我替你泼冷水，你是有点像信徒一样了。

这封信在郭沫若纪念馆留有原稿，是真实的。但在陈明远公布的包含大量伪信的69封全部书信中，却并没有这封信。这封信的意见跟1962年6月1日郭沫若致陈明远信的意见是一致的。① 在6月1日的信里，郭沫若告诫陈明远：

> 你费那么多的时间给我写信，翻译我的旧诗，我总有些感觉着不安。我看你是太折磨了你自己，你没有听我的话。
>
> "诗文"，我赞成写，但赞成你写自己的生活，不必悬想别人的生活。你写你自己吧。我的旧生活，我觉得是值不得你那么费力去悬想的。我自己对于它都不感兴趣，我想别人是会更不感兴趣的，因此你的悬想，恐怕有些白吃力。

---

① 陈明远将这封信删节收入他的《劫后诗存》，且将落款时间定为1961年6月1日。

第五章　陈明远伪造书信与"阴阳脸"郭沫若

比照两封真信和陈明远提供的伪信,这件事的原委其实已经相当清楚。对于陈明远研究郭沫若的文稿,及从郭沫若的旧体诗翻译成的白话新诗,郭沫若都不满意。他觉得陈明远在"悬想""枉费力气",在两个月之内写了两封信劝陈明远不要继续下去。1962~1963年,当陈明远面对叶以群和周尊攘时,他要渲染他和郭沫若的交情,宣传经过"郭沫若"多次批阅删改过的他的诗稿。郭沫若既然对陈明远的作品有不同意见,陈明远的个人形象势必受到损害。于是,陈明远隐匿了郭沫若的真实意见,但他又必须解释为什么他的作品没有能够发表,于是就有了杜撰的1962年7月20日信件。在这封伪信中,陈明远将郭沫若对其作品的不满意置换成"郭沫若"对社会环境的不满,这种"假传意旨"式的置换成为后来陈明远塑造"不真诚的郭沫若"形象的重要手段。

二

陈明远进入中国科学院后,成为学习毛泽东思想的积极分子,一个"左"得可爱的先进典型,但是"文革"期间,陈明远因被指控伪造毛主席诗词而被隔离审查,他由此对当时带上了伤痕记忆,愤然写下了很多诅咒的诗篇。

1982年,发表周尊攘文章的同一期《新文学史料》上,还刊出了陈明远的《追念郭老师》。陈明远从此开始了对

流言与真相
革命视野中的郭沫若

"不真诚的郭沫若"形象的层累式塑造。

在《追念郭老师》中,陈明远回顾了他"有一年暑假"去西四大院胡同拜访"郭沫若"的情况。据陈明远描述,西四大院胡同的郭沫若住宅"象是一个清朝府邸改建成的,朱漆大门,高墙深院,门口还有警卫站岗"。当陈明远说明来意后,警卫直接将陈明远带到了"郭沫若"书房。"郭沫若"向陈明远表示,他对于这样的深宅大院并不喜欢。"其实我内心里也一直不大愿意住在这样王府式的地方,有点跟人们隔绝的味道,我是喜欢象普通人家一样,经常有邻居来往。我特别喜欢小孩子们常到家里来做客的啦。象从前我们在重庆住过的地方,在上海住过的地方,我回忆起来都觉得满有意思。""不真诚的郭沫若"在这里现出了他的雏形。他在公开场合对时代大唱赞歌,而在陈明远这样的朋友面前,却表达了他对当时"官僚作风"的不满。但遗憾的是,这个故事并不真实。长期担任郭沫若秘书的王廷芳曾经指出:"去过郭老大院胡同五号住处的同志很多,大家都会记得,那是一座二层的灰砖小楼,院子前后各有一两排普通的平房。这怎么会给'经常去玩'的陈明远留下'清朝府邸'的印象?而且,郭老家门口从来没有警卫站过岗。"[①] 西四大院胡同,现在已经拆除,除王廷芳的回忆外,《北京百科全书》在"郭沫若故居"的词条中写道:

---

① 王廷芳:《〈新潮〉的作者到底是谁?》,《郭沫若学刊》1996年第4期。

第五章　陈明远伪造书信与"阴阳脸"郭沫若

郭沫若"1949年2月再次来京，携夫人于立群落户在西四大院胡同一座两层小楼（已拆除）"。①此外，据郭沫若另一位秘书王戎笙称，郭沫若夏天都要去北戴河，而且引导客人拜访郭沫若应该是秘书的职责，作为国家领导人，郭沫若书房可能有机要文件，警卫绝不可能不经允许就进入郭沫若书房。②综上所述，西四大院胡同并不是一座清朝王府，郭府门前也没有警卫站岗，更不可能有警卫将郭沫若的朋友直接带到他的书房，因为这样的事情应该由郭沫若的秘书去做。既然陈明远压根儿没去西四大院胡同见过郭沫若，那位对官僚作风不满的"不真诚的郭沫若"只是在陈明远笔下诞生的神话人物。

在《追念郭老师》中，"不真诚的郭沫若"还展示了他的另一面。就在陈明远杜撰的"有一年暑假"的那次见面中。陈明远对"郭沫若"说："同学们都讲您有些大白话的'诗'算不上是诗，只是分行写的散文。""郭沫若"很诚恳地说："您们的意见很对，我都接受。我的白话诗有一大半是应时应景的分行散文，我自己都不满意，更难使你们满意了。我很想把那一大半不是诗的东西删掉，免得后人耻笑。你们同学有什么意见，不管多尖锐，请你都如实转告我，好让我以后进行删改！""郭沫若"不喜欢自己公开发表的赞歌，不喜欢的原因倒并非诗艺不精或思想跟不上时

---

① 《北京百科全书·总卷》，奥林匹克出版社，2002，第163页。
② 王戎笙：《郭沫若书信法辨伪》，兰州大学出版社，2005，第198、199页。

代,而在于诗的内容的"应时应景"(暗示写作态度的"不真诚"),这是陈明远日后不断丰富完善的现代神话。

《追念郭老师》通过编造故事暗示读者:郭沫若表面拥护那个时代,内心对"官僚作风"充满反感;表面写诗歌颂领袖和各项建设成就,内心对这些诗歌充满鄙夷。陈明远通过这样的编造迈开了塑造"不真诚的郭沫若"形象的第一步。这样的编造不但没有受到学界揭发,反而被研究者重视和引用,陈明远有信心继续丰满和完善他的现代神话。

三

1986年,陈明远在《人物》杂志第5~6期上发表了他回顾诗歌创作过程的《诗歌——我生命的翅膀》。1988年,陈明远《劫后诗存》出版,附录收有《郭沫若给陈明远的信(40封)》,这40封信中有13封是新面世的,其中绝大部分是陈明远伪造的。在这两份材料中,陈明远所塑造的"不真诚的郭沫若"形象进一步"丰满"起来。

陈明远继续描述他到郭府的感受。对于郭沫若在西四大院胡同和前海西街的住宅,陈明远"当时心里并不怎么喜欢。高墙深院,据说从前是清朝的一个王府,门口还有好几个警卫员站岗,叫人觉得挺不自在"[①]。如果说这只是

---

① 陈明远:《诗歌——我生命的翅膀》,《人物》1986年第5期,第15页。

第五章　陈明远伪造书信与"阴阳脸"郭沫若

对《追念郭老师》中的细节的有意味的重复,那么《劫后诗存》中新出现的一封伪信则在塑造"不真诚的郭沫若"形象上迈出了更重要的一步。

郭沫若的确在给陈明远的信中说过不满意自己的部分作品的话,这封信就是陈明远在《劫后诗存》中提供的三个影印件的第一件。在这封写于1961年3月13日的信中,郭沫若说:

> 我的一些未收进集子里面的文章,看来无关紧要。我自己目前还不想再看他们。事实上,我自己对于自己的作品是很少满意的。从前也有过相当大的雄心,结果看来是有点"画虎不成"。光阴过得真快,不知不觉地已接近七十了。能力和思想长进的速度,远远赶不上时间的速度。自己有点暗暗着急。

郭沫若在这里确实表达了对自己作品的不满意,但他将这种不满意归结为自己"能力和思想长进的速度"的不快,而并非因为这些作品"应时应景",当然也就不能指向"不真诚的郭沫若"形象。但在《劫后诗存》新提供的13封书信中,有一封陈明远伪造的信件却这样写道:

> 至于我自己,有时我内心是很悲哀的。我常感到自己的生活中缺乏诗意,因此也就不能写出好诗来。

流言与真相
革命视野中的郭沫若

> 我的那些分行的散文,都是应制应景之作,根本就不配成为是什么"诗"!别人出于客套应酬,从来不向我指出这个问题,但我是有自知之明的。你跟那些人不一样,你从小就敢对我说真话,所以我深深地喜欢你,爱你。我要对你说一句发自内心的真话:希望你将来校正《沫若文集》的时候,把我那些应制应景的分行散文,统统删掉,免得后人耻笑!当然,后人真要耻笑的话,也没有办法。那时我早已不可能听见了。①

这封信落款为"鼎堂 5.5（1963）",没有手迹或手迹照片和原始抄件为证。陈明远在 1963 年初如愿以偿分配到了中国科学院电子所。电子所领导向郭沫若做了汇报,郭沫若于 1 月 8 日口述,让秘书以"院长办公室"名义给陈明远写了一封信。在口述信件时,郭沫若对秘书说:"同时告诉他,到电子所后,绝对不要跟别人说他跟郭某人有什么关系。他要是打着我的旗号搞特殊,找电子所的领导提出工作上、生活上的种种要求,使电子所上上下下为难,这就不好了。以后他来信我也不看了,你们处理吧。"②也就是说,郭沫若和陈明远的通信时间到 1963 年 1 月 8 日为止。而这封写于"1963 年 5 月 5 日"的信件,明显出于伪造。

---

① 《郭沫若给陈明远的信（31）》,《劫后诗存》,世界知识出版社,1988,第 328 页。
② 王戎笙:《郭沫若书信书法辨伪》,兰州大学出版社,2005,第 61~62 页。

第五章　陈明远伪造书信与"阴阳脸"郭沫若

伪造此信的目的,是将《追念郭老师》中所伪造的"有一年暑假"他和郭沫若关于郭沫若白话新诗的谈话坐实了,并进一步塑造了"不真诚的郭沫若"形象。

通信时间是铁证,另外笔者还可以提供一个内证,那就是郭沫若对于他写作的"分行散文"非但不鄙弃,而且敝帚自珍。1950年,他写了一首"分行散文"《"六一"颂》,这首诗发表于《人民日报》,后来收入被陈明远当成"分行散文"典型的《新华颂》。《"六一"颂》甫一发表,就受到现代派诗人吴奔星的来函责难。郭沫若在回复吴奔星时说:"和谐固然是一种美,但在平板中增加一点破格,便会增加效果。""我写出那首诗,只是想表示我对于儿童的爱护,并促进世间对于儿童的爱护,倒根本没有当成文艺作品来看。""至于口号不口号或者能否与'天地长春',我根本没有考虑到。"他还指出吴奔星"把问题也看得太严重了一点。思想上有些地方成问题"①。正如笔者在讨论郭沫若批评沈从文的《看虹摘星录》时指出,郭沫若的文学观念和"纯文学"观念是不同的,他不可能以"纯文学"的观念去鄙弃自己富有创造力的诗作。这是陈明远造假的内证。

为了给"郭沫若"鄙夷自己的新诗作品提供佐证,陈明远在《诗歌——我生命的翅膀》中还提供了如下的"故

---

① 《郭沫若与吴宫草讨论〈"六一"颂〉一诗的信》,《淮阴师专学报》增刊《活页文史丛刊》第32期。

事"。1957年夏,陈明远和"田汉"讨论说:"郭老解放后的白话诗,越写越像分行的散文、杂文,没有多少诗味;而他的一些旧体诗,倒确实包含着优美的诗意。""田汉"认同他的看法,但陈明远担心郭沫若不认可。"田汉"说:"你哪里知道!我们现在都老了,怕写新体诗。在这方面,你的话是'童言无忌'。你敢说皇帝没穿上新衣裳。"① 果然,"郭沫若"认同了陈明远的看法。但这个"故事"十分可疑,正如王戎笙所说,陈明远有关郭沫若的回忆中出现的事没有明确的地点,出现的人物像田汉、老舍等也都是过世的,所引用的他们的"信件"也拿不出依据,这就查无对证,最可能瞒天过海。在历史研究中,孤证不足为凭。陈明远说的都是孤证。所以这个"故事"只能存疑。但这个可疑的"故事"指向的却是"不真诚的郭沫若"形象。

四

1992年春,中国社会科学院文学所黄淳浩编辑《郭沫若书信集》时,得到了陈明远提供的29封"郭沫若"书信。据说"这二十九封书信,是陈明远家住上海的哥哥搬家时,从阁楼上翻出来的郭沫若书信手迹抄件中的一部分"②。黄淳浩整理为《郭沫若致陈明远——新发现的郭老

---

① 陈明远:《诗歌——我生命的翅膀》,《人物》1986年第5期,第17页。
② 黄淳浩:《郭沫若致陈明远——新发现的郭老书信二十九封》,《郭沫若学刊》1992年第2期。

第五章 陈明远伪造书信与"阴阳脸"郭沫若

书信二十九封》发表在《郭沫若学刊》1992 年第 2 期和 1993 年 3 月 10 日《文汇报·笔会》上,并收入《郭沫若书信集》中。这批书信所署日期多为 1956 年前和 1963 年后,由于郭沫若与陈明远通信时期为 1956 年 9 月至 1963 年 1 月,这批书信又没有手迹为证,所谓"手迹抄件"实际上并不存在,故被王戎笙等人确认为伪。陈明远在这批伪信中,基本完成了对"不真诚的郭沫若"形象的塑造。

首先,在这批伪信中,"郭沫若"在繁忙的行政事务中倍感疲倦,对环境十分厌恶,并猛烈地批评了他所在的时代。

在 1982 年和 1986~1988 年,陈明远两次塑造的"郭沫若"对他的住宅所体现出的"官僚制度"都有所不满,并泛泛批评"社会的复杂",这在 1992 年第三次塑造的"郭沫若"的言谈中有了更具体的所指:"现在我国的新诗那里称得上有什么'坛'来?别看一些自诩为'新诗人'者架子十足,也不过是写走江湖的天桥把式而已。"但这并不是主要的。陈明远第三次塑造"郭沫若"最关键的地方在于:他将"郭沫若"的不满和批判指向郭沫若自己的身份和 20 世纪 50~60 年代的具体政策,从而使得"不真诚的郭沫若"更加血肉丰满起来。比如,"郭沫若"对作为政治活动家的自己的生活十分厌倦,觉得这侵蚀了他的"文艺女神":"建国以后,行政事务缠身,大小会议、送往迎来,耗费了许多时间和精力。近年来总是觉得疲倦。""上次谈

流言与真相
革命视野中的郭沫若

话时,我说过早已厌于应酬、只求清净的话,指的是不乐意与那帮无聊之辈交往。""自从建国以来担负了国家行政工作,事务繁忙;文艺女神离开我愈来愈远了。不是她抛弃了我,而是我身不由己,被迫地疏远了她。有时候内心深处感到难言的隐衷。"又如,"郭沫若"十分尖锐地批判了"大跃进":"大跃进运动中,处处'放卫星'、'发喜报'、搞'献礼',一哄而起,又一哄而散;浮夸虚假的歪风邪气,泛滥成灾。(中略)'上有好之,下必甚焉'。不仅可笑,而且可厌!假话、空话、套话,是新文艺的大敌,也是新社会的大敌。"

但上引信件内容明显不符合常识,显然是伪造。首先,如果真有这些书信的存在,陈明远又声称这些书信真迹被专案组抄走了,专案组得到这些材料,不可能轻轻放过陈明远,本来地位就岌岌可危的郭沫若也会惹上更大麻烦,但这样的事情并没有发生。其次,即便这批书信没有被红卫兵发现,当时的陈明远也不会放过郭沫若。"文革"开始后,中国科学院出现的第一张大字报,正是陈明远"炮打"郭沫若的,在当时,"郭沫若"的这些信不正好给陈明远提供了口实吗?可陈明远却迟至1992年才将其披露出来,这不符合情理。当然断定其为伪的主要原因在于这些信的落款时间不在郭、陈通信时期之内。最后,在这批伪信中,陈明远塑造的"郭沫若"十分丧气地承认《新华颂》与《百花齐放》以及自己在中华人民共和国成立后创作的新诗

第五章　陈明远伪造书信与"阴阳脸"郭沫若

都不是"新诗"。如果说陈明远1982年塑造"郭沫若"只是在谈话中说自己的新诗是"应时应景的分行散文",1986~1988年塑造的"郭沫若"将"应时应景的分行散文"具体落实为《百花齐放》,那么1992年塑造的"郭沫若"则通过自己的文字将这一批评更加具体化,也更加"实证"化了。"郭沫若"说:"我的《百花齐放》是一场大失败!尽管有人作些表面文章吹捧,但我是深以为憾的。""尽管《百花齐放》发表后博得一片溢美之誉,但我还没有糊涂到丧失自知之明的地步。那样单调刻板的二段八行的形式,接连一〇一首都用的同一尺寸,确实削足适履。倒象是方方正正、四平八稳的花盆架子,装在植物园里,勉强地插上规格统一的标签。天然的情趣就很少很少了!……现在我自己重读一遍也赧然汗颜,悔不该当初硬着头皮赶这个时髦。"不仅如此,"郭沫若"还将批评的对象延伸到《新华颂》以及他的很多其他的"诗":"确实如你所指摘的:《新华颂》里没有多少'新意'。我自己还要加上一句:甚至没有一首可以称得上是'新诗'!所有的只是老掉了牙的四言、五言、七言老调,再有就是一些分行印出来的讲演辞。""近二十多年来我所发表的许多所谓的'诗',根本就算不上是什么文艺作品!这都是我的真心话。"

陈明远1992年出版的《新潮》中收有《新诗与真美的追求》一文,这篇文章引用了1986年《诗歌——我生命的翅膀》中关于《百花齐放》的评论。1986年的原文是:

流言与真相
革命视野中的郭沫若

"大跃进中他写的诗集《百花齐放》就是尝试发展新体诗的一种格律:每首八行,每行四—五音步;分前后两片,逢双行押韵,或一、二、四句尾押韵。这是从旧体诗的七律脱胎而来。原先郭老曾用七律形式写过几首咏花的旧体诗,这次都翻译成了新体。但是《百花齐放》的尝试太仓促,突击生产,难免失之于滥。"① 显然,这是陈明远对郭沫若诗歌的批评,但1992年引用时却篡改了原文,不仅具体表述中字句有变,而且他还在这段引文前面加上了"他当时曾对我说:",在"难免失之于滥"后面加上"我自己很不满意。我是老而无能了。我的尝试失败了。"② 这就将陈明远对《百花齐放》的批评置换成郭沫若的自责。这就不是作者所谓的引用时"个别字句有所校正",而是篡改了文意,这无疑呼应了上述伪信对《百花齐放》的看法,进一步塑造"不真诚的郭沫若"形象。但我们正是从这里看出,陈明远有关郭沫若评论《百花齐放》的文字都是杜撰的。难怪明眼人校对两个版本后不禁感叹,"看到这里,你会产生怎样的惊叹?"③

经过1982年、1986~1988年、1992年的三次塑造,陈明远笔下的"不真诚的郭沫若"形象已经成型了,其主要特点表现在两个方面:第一,作为新中国的重要领导人和

---

① 陈明远:《诗歌——我生命的翅膀》,《人物》1986年第5期,第23页。
② 陈明远:《新诗与真美的追求》,《新潮》,中国文联出版公司,1992,第16~17页。
③ 雷仲平:《读〈新潮〉之惑》,《文艺报》1996年5月24日。

第五章　陈明远伪造书信与"阴阳脸"郭沫若

科学文化教育战线的旗手,"郭沫若"表面上紧跟党,紧跟政策,但私底下对那个时代强烈不满,进行猛烈批评;第二,"郭沫若"在中华人民共和国成立后写了大量新诗,出版了《新华颂》《百花齐放》等诗集,他在这些新诗中赞美领袖毛泽东,赞美新中国的各项建设成果和发展,私底下却对这些新诗十分不满,称自己"糊涂""赶时髦"。

五

1992年,陈明远已经将他所要塑造的"不真诚的郭沫若"形象基本完成了。这样的"郭沫若"形象符合20世纪80年代以来文史研究领域中的"非郭沫若"认识装置,让那些带着伤痕记忆的文史研究者十分兴奋。尽管后来在王戎笙、王廷芳、郭平英等人的考辨下,陈明远伪造信件及回忆录已是不可辩驳的事实,但很多学者仍然倾向于相信陈明远塑造的"不真诚的郭沫若"形象,并在此基础上发展出"郭沫若现象"的说法。

当这些伪信被黄淳浩全部收入1992年出版的《郭沫若书信集》后,很多研究者认为,他们找到了进入晚年郭沫若心灵世界的重要窗口。既然陈明远已经塑造出了一个引起研究界重视的"不真诚的郭沫若"形象,现在需要画龙点睛了。在1998年的一篇文章中,陈明远说:

郭沫若的文学生涯,可分为前后跨时相等的两半。

流言与真相
革命视野中的郭沫若

但这是怎样悬殊的两半啊！前期硕果累累，后期败叶萧萧。一个曾以屈原李白歌德席勒为榜样的天才，一个从来"昂首天外"的诗人，到了后期，居高位、享厚禄，荣华富贵、不可一世，但是，孤独、忧郁、心烦意乱。每逢政治运动的带头"表态"、"紧跟"、说违心话，废套谎盛行、假大空连篇。

据我多年的观察，郭沫若在心理学分类上属于一种矛盾、多元（多重性）的人格型。一方面，外向、情欲旺盛、豪放不羁；另一方面，内藏、阴郁烦闷、城府颇深。一方面热诚仗义，另一方面趋炎附势。①

如此，由陈明远等人塑造的"不真诚的郭沫若"很快就成了学界闻名的重要形象。为了概括与"不真诚的郭沫若"相似的那一类知识分子形象，在部分学者的推动下，"郭沫若现象"很自然地就从"不真诚的郭沫若"形象的基础上诞生了。陈明远终于完成了这一现代神话的创造工程。而他却在2013年出版的新书《透视名人的心理奥秘》中，装着和自己无关的样子呼应了"郭沫若现象"：

> 客观公正地说，郭沫若的杰出成就主要是在1949年以前。此后，则基本沦为文化官僚。前期是表现自

---

① 陈明远：《湖畔散步谈郭沫若》，《反思郭沫若》，作家出版社，1998，第254、255页。

第五章 陈明远伪造书信与"阴阳脸"郭沫若

> 我的浪漫者,后期转化为逢场作戏型的浪漫者。如今评论家们通常认为,郭沫若以1949年为界,分为两大段。不少研究者认为有两个郭沫若。前一个是才华横溢、风流倜傥、个性张扬的才子和革命者;后一个则异化为迷失自我、唯命是听、歌功颂德的文化官僚。这种人格上的断裂形成了"郭沫若现象"的特征。有人认为,郭沫若现象是20世纪几代中国文化人的缩影,是某些精英——知识阶层的悲剧,也是民族的悲剧,时代的悲剧。①

陈明远此处引证"如今评论家""不少研究者""有人"的说法,似乎跟他无关,其实这些人的说法,正是在他经过30多年苦心塑造、宣传、渲染的"不真诚的郭沫若"形象基础上产生的。

通过上文辨析可见,所谓"郭沫若现象",不过是陈明远等人在30多年的时间里,迎合伤痕记忆者反思新中国的需要,层累地造成的现代神话。"郭沫若现象"中提到的某些现象可能确实存在,但郭沫若本人是否真诚则有待史料证实。既然现有史料不能说明郭沫若不真诚,而部分学者渲染的"郭沫若现象"的内核——"不真诚的郭沫若"——又是杜撰的,则"郭沫若现象"以"郭沫若"冠名缺乏事实依据,

---

① 陈明远:《透视名人的心理奥秘》,中央编译出版社,2013,第62页。

自然也就不能成立了。

第二节 建立在伪史料基础上的"晚年郭沫若"研究

中华人民共和国成立后,郭沫若长期担任多个重要领导职务,为科学文化教育事业和人民外交工作做出了突出贡献,他笔耕不辍,在历史、考古、古籍整理、文学创作等方面留下了丰富的文化遗产。但学界对于"晚年郭沫若"研究重视不够,成果较少,质量不高。这少量的成果中还有相当一部分建立在伪史料基础上。

所谓伪史料,即并非真实存在、由后人伪造的材料。历史研究中经常遇到伪史料,比如《列子》一书,本为魏晋时代所作,却被伪托为战国时代的列御寇所作。相对于列御寇研究来说,这就是伪史料。宗白华认为:"鉴别史料是研究历史的第一步。不可将伪史料作真史料。"[1]这是历史研究者的共识。

关于郭沫若研究中的伪史料,主要包括"著作作伪""书信作伪""书法作伪"三类[2]。郭平英等人对署名郭沫

---

[1] 宗白华:《中国哲学史提纲》,重庆大学出版社,2014,第2页。
[2] 李斌:《新时期以来郭沫若作品整理的成就与问题》,《郭沫若研究》2017年第1辑,社会科学文献出版社,2017,第24页。

第五章　陈明远伪造书信与"阴阳脸"郭沫若

若、陈明远的《新潮》作伪、王戎笙对"书信书法作伪"①都有过详细考辨，但这些考辨尤其是王戎笙的著作并没有受到学界严肃对待。作为本节论述基础的"晚年郭沫若"研究中的伪史料，主要指上一节中提到的，陈明远先后四次伪造的郭沫若的50余封书信。

一

陈明远公布了"郭沫若"给他的书信抄件尤其是第四批抄件、塑造出"不真诚的郭沫若"形象后，立即在学术界引起关注。1992年，署名郭沫若、陈明远合著的《新潮》出版，这本书引起了郭沫若的小女儿郭平英和秘书王戎笙、王廷芳等人的注意，他们由此关注到陈明远公布的抄件，并陆续发表文章提出质疑。不久，郭平英因《新潮》的署名问题将陈明远告上法庭，陈明远败诉。但陈明远、丁东等人反驳王戎笙等人关于书信抄件的质疑，并将单方面的反驳文章收入丁东编的《反思郭沫若》一书，由作家出版社1998年出版。王戎笙对陈明远、丁东等人的反驳文章进行驳难，驳难文字收入他出版于2005年的《郭沫若书信书法辨伪》一书。陈明远和丁东等人的文章通过互联网等渠道广泛传播，为多数研究者广泛使用，而王戎笙等人的辨伪文章反而不受重视。

---

① 王戎笙：《郭沫若书信书法辨伪》，兰州大学出版社，2005。

流言与真相
革命视野中的郭沫若

王戎笙、郭平英、陈明远等人公布的有手迹（包括秘书抄件）的郭沫若致陈明远书信共有 12 封①，这 12 封有 3 封在陈明远处，其余存于郭沫若纪念馆。在这 12 封之外，陈明远提供的其余 50 余封均没有手迹作证。通过抄件与手迹比较，可以发现第一、二批抄件中有一部分有手迹依据，余皆没有手迹为证；第三、四批都没有手迹依据。在文献整理中，如果既没有作者手稿或手稿照片、影印件等手迹存在，也不是作者生前公开发表并予以承认的作品，就都不能认为是该作者的作品。何况王戎笙等人在文章中以亲历者的身份落实了陈明远和郭沫若通信交往的时间区域（该时间区域与现存手稿一致，即始于 1956 年 9 月 14 日，止于 1963 年 1 月），并通过公布手迹影印件等方式证实了陈明远所示抄件对原件的增删、篡改、肢解处，还敏锐地抓住陈明远回忆文章中前后不一、与常理相悖等漏洞。王戎笙等人的文章事实确凿、有理有据、令人信服，在这样强大的质疑下，陈明远仍然拿不出手迹来证明自己。如果真有手迹，按照常理和他的个性来说，他是不会不拿出来为自己辩解的。陈明远曾辩解说这些手迹在"文革"中被抄走了，如果真被专案组抄走，"文革"中郭沫若的处境本就不妙，这些信件足以给郭沫若戴上"大右派"的帽子，把

---

① 参考王戎笙《郭沫若书信书法辨伪》、郭平英《陈明远与郭沫若往来书信质疑》（《文艺报》1996 年 5 月 10 日）、陈明远《劫后诗存》（世界知识出版社，1988）等。

第五章　陈明远伪造书信与"阴阳脸"郭沫若

他彻底打倒，而陈明远的"罪行"在"伪造"毛主席诗词外，必定还会加上诋毁新中国一条，但这些事情都没有发生。二十多年来，陈明远始终未能提供一件证据来证明这些抄件为真，否则，在目前的情况下，我们只能认为陈明远提供的没有手迹证实的50余封"郭沫若"信件是伪造的。

陈明远伪造信件本应引起郭沫若研究者的严肃对待，但"晚年郭沫若"研究中仍大量使用第三、四批抄件。在使用这些抄件的研究者中，有些对此不知情，有些明明知道这些信件可疑却仍然使用。有学者在大量使用这两批抄件时声明说："尽管他与陈明远的书信存有争议，但这些在文革后逐渐披露的书信，却帮助读者走进了郭沫若完全不同于他在报纸、电视上的'形象'的另一个复杂的精神世界，人们更感到震惊的，也许是'另一个'郭沫若的存在。"① 直到最近，还有学者在著作中大量引用第三、四批抄件后说："对于这些信的真实性，郭沫若的秘书和女儿曾著文质疑，我倾向于相信这是郭沫若的心里话。"② 既然已经知道这些抄件可能是假的，这些研究者为什么还要用它"帮助读者"走进"'另一个'郭沫若"？这显然违背了历史研究的原则。假如这些研究者不信任王戎笙等人的辨伪，按照正常研究程序，第一步工作就是证明王戎笙等人辨错

---

① 王丽丽、程光炜：《郭沫若后期的文化心态》，《新文学史料》2002年第4期。
② 邢小群：《郭沫若的30个细节》，陕西人民出版社，2013，第165页。

了，陈明远提供的抄件是真的，然后在此基础上立论。如果不经过这样的论证，只是在"我倾向于相信"这样的声明之后，就大量将伪信作信史引用，那么这些研究者所论及的"郭沫若"就跟真实的郭沫若没什么关系了。

但这些研究者为什么罔顾事实，而"倾向于相信这是郭沫若的心里话"？是什么原因导致他们产生了这样的"倾向"？这不能不令人深思。陈寅恪认为："然真伪者，不过相对问题。而最要在能审定伪材料之时代及作者，而利用之。盖伪材料亦有时与真材料同一可贵。如某种伪材料，若迳认为其所依托之时代及作者之真产物，固不可也。但能考出其作伪时代及作者，即据以说明时代及作者之思想，则变为一真材料矣。"①也就是说，《列子》虽然相对于列御寇为伪史料，但因其作于魏晋时代，却可以据此研究魏晋时代的思想。所以，我们应该在王戎笙等人辨伪的基础上，进一步研究陈明远伪造信件的动机和其依托的时代思潮。

陈明远伪造信件的动机，正如笔者在上一节所分析的，最初当然是出自他的功名心，所以他将郭沫若信中批评斥责他的语句删除，而增加很多奖掖赞赏他的语言。但第三、四批抄件之所以获得一些学者的认同和曲为辩解，还与其内容切合了伤痕史学的需要有关。而伤痕史学者又在这批伪信的基础上塑造出他们笔下的"晚年郭沫若"形象，并

---

① 陈寅恪：《冯友兰中国哲学史上册审查报告》，《金明馆丛稿》（二编），台湾：里仁书局，1981，第248页。

第五章　陈明远伪造书信与"阴阳脸"郭沫若

对郭沫若研究产生了深刻影响。

二

自"文革"结束后,伤痕记忆者对新中国的历史和文化形成了一定的共识。这种共识充斥在他们的回忆录和伤痕文学、伤痕史学中。本书所关注的陈明远即在发表于1986年的一篇回忆中说:"对于这个一切被颠倒了的恶浊世界我已无可留恋。批斗、毒打、游街、示众,'打翻在地,再踏上千万只脚'。我多年来从事的科研成果被没收,呕心沥血的诗歌作品被付之一炬……我的耳目五官已经到了忍无可忍的地步,只希望这场噩梦早一点儿结束!"①

面对如此不堪的历史,伤痕记忆者总是在回忆录中将自己打扮成"慷慨赴义"的英雄。他们由此产生出一种新的英雄/奸佞的二元对立思维。与他们有着相似境遇的新中国历史上的受难者和边缘人物跃身一变而为文化英雄,而郭沫若自然就属于非我族类的"奸佞"了。如陈明远的朋友丁东就如此说道:"本世纪中叶以来,中国知识分子是在一场接一场运动中度过的。除'文革'那一场运动对郭老有所伤害而外,郭沫若一直充当革命动力。一方面,他率先对诸如胡适派、胡风集团、右派分子等革命对象声讨、

---

① 陈明远:《诗歌——我生命的翅膀》,《劫后诗存》,世界知识出版社,1988,第357~358页。

流言与真相
革命视野中的郭沫若

批判……"① "郭老在'科学的春天'开始不久就去世了,当时官方评价极高,有与鲁迅并肩的美誉。但我和周围的朋友私下议论时,总觉得我们这一代人对郭老的感受与官方的评价有较大的差距。"②

但问题在于,郭沫若在《女神》时代的超人才华,在历史考古研究中的杰出成就,在北伐和抗战中正义凛然的表现,这都是伤痕记忆者难以否定的。为何同一个人,在新中国成立前是知识分子的真正代表,而在共和国历史上却"成为笑柄"?伤痕记忆者难以自圆其说。于是,他们想到的合理解释是:天纵聪明的郭沫若在新中国只是"逢场作戏",他内心对新中国和自己的表现不以为然。但这需要证据。丁东就说:"我无意嘲笑郭老。明眼人一看即知,郭老晚年表面上地位显赫,实际上并无尊严。否则,年轻时曾经呼唤凤凰在烈火中再生,到暮年何必如此阿谀?""我只是想找到一个通向他内心世界的窗口。"③郭沫若发表的大量诗歌和文章都十分坦率地表露了他对新中国和中国人民的真诚赞美,这难道还不能反映郭沫若的内心世界吗?可见,丁东所谓的能够"通向"郭沫若"内心世界的窗口",显然是有特定指向的、与郭沫若公开发表的诗文完全不同

---

① 丁东:《从五本书看一代学人》,《反思郭沫若》,作家出版社,1998,第233页。
② 丁东:《编后记》,《反思郭沫若》,作家出版社,1998,第417页。
③ 丁东:《从五本书看一代学人》,《反思郭沫若》,作家出版社,1998,第233页。

第五章　陈明远伪造书信与"阴阳脸"郭沫若

质的文字。

而陈明远也面临着特殊困难,他在已经公布的抄件、发表的回忆文章和出版的诗集中屡次表明,郭沫若是他的诗歌教师,"《新潮》是在郭老师指导下进行的"[①]。但陈明远和他的朋友们又公开否定新中国,否定郭沫若为新中国所唱的赞歌。那样一位擅长于写作不光彩赞歌的"郭沫若",却指导出陈明远创作出追求"真美""开一代诗风"[②]的好诗来,这难道不是明显的矛盾吗?陈明远毕竟聪明,他终于找到了一个解决办法——在郭沫若公开发表的诗作和他私下对诗歌的品评中划一条界线:"郭老后期的诗学观点和他的诗作实践,一直存在着很大的矛盾。"[③]"郭老后期在内心深处的诗学观点、理想与追求,跟他对外应酬的某些'大白话诗'及表面文章,两者之间一直存在很显著的矛盾。对于这样充满矛盾的混合体的一分为二,乃可发掘出郭老的真面目。"[④]而"内心深处的诗学观点"只靠陈明远的回忆还不具备说服力,必须由"郭沫若"现身说法。

一方面是陈明远的朋友们对"通向"郭沫若"内心世

[①] 陈明远:《新诗与真美的追求》,《新潮》,中国文联出版公司,1992,第22页。
[②] 郭沫若(陈明远伪造):《〈新潮〉后叙》,《新潮》,中国文联出版公司,1992,第7页。
[③] 陈明远:《诗歌——我生命的翅膀》,《忘年交——我与郭沫若、田汉的交往》,学林出版社1999年版,第44页。值得注意的是,1988年出版的《劫后诗存》在收录这篇文章时,并没有这段文字。这是否陈明远出于自圆其说的需要新添加的?有待考察。
[④] 陈明远:《新诗与真美的追求》,《新潮》,中国文联出版公司,1992,第21页。

流言与真相
革命视野中的郭沫若

界的窗口"的寻觅和召唤,另一方面是陈明远自圆其说的需要,托名"郭沫若"的第三、四批抄件被陈明远伪造出来了。伪造出了第三、四批抄件,陈明远十分得意:"好在晚年郭沫若还是多少留下了一些发自内心的文字和话语,虽说一鳞半爪,也隐约能够窥见真身。人们从他那'怆恼的面孔'底下,似乎还能依稀辨认出深深压抑的'内心的忏悔',和一声声无可奈何的呻吟。"① "郭沫若"在这些伪信中批评《百花齐放》,但陈明远忘了,他在回忆录中却又让"郭沫若"说:"我对于新诗的发展、诗歌新形式的探讨问题,一直在关心着、思索着。《百花齐放》就是尝试发展新体诗的一种格律。"② 同时,陈明远还冒了一个大险,史学研究中讲究孤证不足为凭,郭沫若在留下的文字中从来没有表现出对新中国和他的新诗创作如此恶意的批评,倒是与这些文字完全相反的表述在郭沫若的诗文中处处可见,严肃的历史学者对这些孤证不得不打一个大问号。所有这些矛盾、突兀,不仅处处表明这些抄件为伪,也印证了笔者在前文中提出的陈明远伪造信件的时间和动机。

以伤痕记忆者的语气说话的"郭沫若"当然符合丁东们的需要。丁东兴奋地说,他等待的"窗口出现了,这就是 90 年代发现的一批他写给陈明远的信"。他仿佛发现了

---

① 陈明远:《湖畔散步谈郭沫若》,《反思郭沫若》,作家出版社,1998,第 255 页。
② 陈明远:《新诗与真美的追求》,《新潮》,中国文联出版公司,1992,第 16 页。

第五章　陈明远伪造书信与"阴阳脸"郭沫若

通往新中国历史的新航线，就连那位大红大紫的郭沫若，对新中国历史和文化也与他们抱着相似的看法。有了这位大人物做"知己"，丁东当然欣喜若狂。他翻遍《郭沫若书信集》，"感到只有写给陈明远的信最为特殊，堪称摘下面具，口吐真言"①。当王戎笙等人质疑这些抄件的真实性时，丁东撰文为陈明远辩解，倒不是因为他有手迹去证明这些抄件的真实性，而是因为："郭沫若晚年的著作很多，通信的对象也很多，但很少在文字中吐露心迹。而在与陈明远的通信中，却多处吐露心迹。"②

丁东的话代表了一种普遍的渴求，他们太需要第三、四批抄件了。李辉回顾自己阅读郭沫若作品的感受时说："如果把郭沫若的作品，按照编年史的方式选编出来，一定会给人们一个非常强烈的刺激。一方面，读者能够从郭沫若每年创作的代表作品，看到这位才华横溢的文人，如何出色地在诸多领域取得瞩目成就；另一方面，还能够感叹一个人的一生，前后居然有着那么大的反差，人的个性居然会以一种难以想象的方式得到彻底改变。郭沫若用作品也用他的一生，为后人留下了一个巨大的思索空间。"李辉苦苦思索而不得其解的这"难以想象"的"彻底改变"，终于从第四批抄件中找到了答案："如果不是读到《文汇报》

---

① 丁东：《从五本书看一代学人》，《反思郭沫若》，作家出版社，1998，第233、234页。
② 丁东：《郭沫若书信案又有新说法》，《南方周末》1996年12月27日。

流言与真相
革命视野中的郭沫若

（1993年3月10日）上发表的《新发现的郭沫若书简》（致陈明远），我的思路也许不会那么快地从周扬走到这里，更不会把当年的费解重新拾起，让这样一个棘手的、难以理解透彻阐述透彻的题目，走上我的笔端。"[1]谢泳深感郭沫若研究"很少深入到他的内心世界"，而第三、四批抄件的出现，"就隐隐约约透露出郭沫若内心世界的另一面"。"读后就让人感到历史人物是多么的复杂。这些书信虽然带着那个时代的历史痕迹，但从中也流露出不少郭沫若的无奈。"他希望"通过大量的资料的收集和分析"，"尽可能地接近他的内心世界，让更多的人了解一个知识分子是在怎样的历史巨变中丧失了自己的个性，或者说压抑了自己的天性而去盲从，虽然对自己的所为有认识，但连自嘲的机会都没有，这是很痛苦的"[2]。这充分说明，第三、四批抄件大大满足了某些研究者的需要，他们甚至希望有更多类似的材料出现。

当我们明白了第三、四批抄件是在陈明远为了自圆其说及丁东们千呼万唤之下产生的时，我们也许就会理解，为什么在郭平英、王戎笙等人已经事实确凿地证明这批抄件为伪的情况下，陈明远、丁东们还在反复进行没有事实根据的诡辩，甚至将他们的一面之词收入《反思郭沫若》一书，后来又借助互联网反复炒作，流播甚广，导致很多

---

[1] 李辉：《太阳下的蜡烛》，《反思郭沫若》，作家出版社，1998，第214、222页。
[2] 谢泳：《郭沫若内心有话》，《书城》1996年第3期。

第五章　陈明远伪造书信与"阴阳脸"郭沫若

人只知道有这批抄件,而不知道这批抄件为伪。

丁东等人在第三、四批抄件之上,塑造出符合他们需要的"晚年郭沫若"形象:表里不一、"逢场作戏"、诌媚、内心痛苦的悲剧"两面人"与"阴阳脸"。"逢场作戏"最初出现在陈明远杜撰的郭沫若与他的谈话中。这被丁东大加发挥。丁东在大量引用第四批抄件后感叹说:"知道自己逢场作戏,又不得不逢场作戏;知道逢场作戏会遭到后人的嘲笑,又无法不让自己被后人嘲笑。随波逐流,随遇而安,放弃自我,迎合时尚。郭老内心的这种苦味,极为耐人深思。"[①]"郭老的悲剧在于,他不是没有自省能力,而是有心自省,无力自拔。""他内心世界其实是极为痛苦。而他性格中软弱的一面,又加剧着这种痛苦。"[②]陈明远,这位昔日深受郭沫若器重,并以"郭沫若学生"暴得大名的人,在伪造郭沫若信件的基础上还借"宗白华"议论郭沫若1966年的"焚书"说:"哪里是什么凤凰再生?全是逢场作戏、支支吾吾蒙混过关。归根结底,无论是郭沫若还是巴金还是什么别的人,恐怕大半都是为了保全自己,屈膝求饶。这不是什么真忏悔,而是假忏悔和愚忏悔两结合。"[③]鄢烈山在阅读第四批抄件后认为:"郭老在这批秘不示人的信

---

① 丁东:《逢场作戏的悲哀》,《书屋》1996年第4期。
② 丁东:《从五本书看一代学人》,《反思郭沫若》,作家出版社,1998,第236页。
③ 陈明远:《湖畔散步谈郭沫若》,《反思郭沫若》,作家出版社,1998,第254、257页。

稿中，流露的情绪是厌恶、厌倦、愤慨、自责、悔恨、担忧"，从中可以看出郭沫若"不加抑制的悲凉""苦衷"①。余杰认为郭沫若是"戏子的头儿"，"除了捍卫自己的利益之外，没有捍卫过别的什么"，"住了人家的房子骨头软"，"骨子里依然是奴隶"②。黎焕颐则认为晚年郭沫若"当驯服的奴仆丧失自我的道路"，"完全政治化"，"信仰人格神"③。这些看法缺少过硬的证据作为佐证，所以很难服众。

三

第三、四批抄件不仅被陈明远和他的朋友们所炒作，还被严肃的学者们所看重，并逐渐成为"晚年郭沫若"研究最重要的材料，陈明远、丁东等人有关"晚年郭沫若"的看法甚至成为一些学术著作和相关论文的核心观点。

第三、四批抄件之所以能被学术界认可，是因为"郭沫若"对《新华颂》《百花齐放》等的批评，正符合20世纪80年代后在"二十世纪中国文学"和"重写文学史"等思潮的影响下所形成的有关文学的认识装置。处于这种新的认识装置中的学者对诗歌等文学作品逐渐有了新的共识，这种共识就是以"审美""人性"等观念而非社会功能或

---

① 鄢烈山：《学术与良心》，《反思郭沫若》，作家出版社，1998，第277~278页。
② 余杰：《王府花园里的郭沫若》，《反思郭沫若》，作家出版社，1998，第282~283页。
③ 黎焕颐：《一道畸形的文化风景线》，《随笔》1998年第2期。

第五章　陈明远伪造书信与"阴阳脸"郭沫若

"为工农兵服务"作为价值评判标准。当他们以这种共识去阅读郭沫若的《新华颂》《百放齐放》时,他们难以理解,感到困惑。钱谷融在郭沫若一百年诞辰纪念会上就坦率地表达了他"有时不免感到"的"一些困惑":郭沫若晚年为什么写不出《女神》那样的诗篇?为什么要烧书?为什么写《李白与杜甫》那样偏颇的著作?第三、四批抄件解答了他的困惑:"我们从他写给陈明远同志的某些信中可以看出,他当时其实仍旧是清醒的、明智的,他之所以有时不得不说一些违心的话,实在有不得已的苦衷。"[①]郭沫若研究专家黄侯兴认为,晚年郭沫若"热衷于政治,自觉服务于政治的需要,制作了许多连他自己也承认是标语口号一类的诗——宣传品,政治读物。他的这些诗,简直可以作为中国当代革命与建设简史来读。但他又珍爱诗人的桂冠,很想再次爆发《女神》时代的创作冲动,再次写出能够梳人灵魂的诗篇。"[②]第四批抄件中"郭沫若"对《新华颂》和《百花齐放》的批评,显然为他们的观点提供了有力证据。

于是,在"晚年郭沫若"研究中,有学者即便知道第三、四批抄件有争议,但仍然舍不得不用,而且在有关文学的新的认识装置的作用下,丁东等人对这些抄件的阐释

---

① 钱谷融:《一点启示》,《郭沫若百年诞辰纪念文集》,社会科学文献出版社,1994,第96~97页。
② 黄侯兴:《郭沫若:"青春型"的诗人》,山东人民出版社,1994,第287~288页。

居然成为高被引。有学者在利用第三、四批抄件研读了郭沫若的《百花齐放》等诗歌后认为:"自由和真诚是诗歌的灵魂。失去了自由和真诚,诗歌是不可能具有感染力与生命力的。如果诗歌沦为权力的奴仆,即使作者再有才华,也难免落下笑柄。郭沫若在大跃进年代的诗歌活动,为后人留下了一笔教训。那个时代,不幸处于中国知识分子整体上被改造、精神被阉割的严酷环境中,郭沫若虽然有着灵魂的挣扎与困惑,但他的主导面,不是疏离这种严酷的环境,而是顺应和强化着这种严酷的环境。从总体上讲,他已成为知识界依附权势的标兵和表率。这就是他身前身后引起了许多负面评价的基本原因。"① 又有学者在引用第三、四批抄件后认为:"如果上述文字属实,不是讹传,也不是伪造,那么可以断言,这是 50、60 年代郭沫若用整个灵魂吐诉出来的绝叫,没有沉痛经验的人,是写不出这样沾着血泪的独白的!""以上的书信,从一个侧面证明了他思想上发生的变化,而这一感受与他对历史经验的了解结合起来,呈现的恰恰是过去研究中一直忽略的郭沫若相对完整的世界。"显然,作者并不认为第三、四批抄件是伪造的,并在此基础上认为:"他外露、浅显的诗人气质使他从文化革命转向了政治革命,但后者只是把他看作随用随扔

---

① 邢小群:《试析郭沫若在大跃进年代的诗歌活动——从〈百花齐放〉到〈红旗歌谣〉》,《中国青年政治学院学报》2003 年第 3 期。

第五章　陈明远伪造书信与"阴阳脸"郭沫若

的'喇叭'。"① 还有学者在第三、四批抄件和丁东等人言论的基础上得出如下结论:"郭沫若建国后的诗歌创作由真挚的政治抒情诗滑向大量虚假的政治打油诗,这些诗作毫无个人的真情实感,完全是对时代政治的图解,成为其政治活动的工具。郭沫若对这种诗体的运用达到随心所欲的地步,完全违背诗歌创作的基本规律,毫无诗意之美。"②像这样的观点在"晚年郭沫若"研究中比比皆是。

21 世纪以来,"晚年郭沫若"研究中有三本著作出版,这是目前为止专以"晚年郭沫若"为研究对象的仅有的著作。但正如有学者所指出的,陈明远提供的第三、四批抄件成为这三本著作"多次援引的重要文献"③。

其实不仅是文献的引用,陈明远、丁东等人的看法竟然成为冯锡刚《"文革"前的郭沫若:1949 – 1965》《郭沫若的晚年岁月》两部书的核心观点。客观来讲,冯锡刚这两部著作发掘了很多材料,在叙述上也多有可取之处,但十分遗憾的是,这两部著作主要是在学术/政治、文学/政治,独立自由/依附领袖的二元对立框架下,指责郭沫若没有坚持独立的学者或文学家立场,而是在趋附和谄媚中丧失了自我。其具体观点显然不是在材料的基础上独立思考所得,而是来自陈明远、丁东等人。因此,该书观点先行,

---

① 王丽丽、程光炜:《郭沫若后期的文化心态》,《新文学史料》2002 年第 4 期。
② 刘海洲:《国家话语中的"时代颂歌"——论郭老建国后的诗歌创作》,《郭沫若学刊》2013 年第 4 期。
③ 税海模:《关于郭沫若研究文献的思考》,《新文学史料》2007 年第 4 期。

流言与真相
革命视野中的郭沫若

其结论与其使用的材料基本没什么关系。作者认为："有人称郭沫若是太阳下的蜡烛。这篇纪念文章庶几为一分写照。"可见他的材料不过是为李辉的观点下一个注脚。作者又认为："平心而论，《新华颂》确实是作者建国以来第一本也是最糟糕的一本诗集。"这是为第四批抄件中"郭沫若"的自我批评提供证明。最令人奇怪的是，冯锡刚居然认为《武训传》批判后，"郭沫若的学术生命，在这次'瞠然自失'的检讨之后，基本上已告结束"[①]。如果不是像陈明远、丁东等人一样对新中国学术文化成就的全盘否定，怎么会无视《管子集校》、《再生缘》研究、兰亭论辩、《李白与杜甫》而得出这样的结论来？而且在这两本书的前言、后记中，冯锡刚还不断批评郭沫若的"庸人气味""难以与鲁迅比肩"[②]，其诗作"根本就不能算是诗""言行不一致"[③] 等，这些简单武断的观点，都与《反思郭沫若》如出一辙。

贾振勇的《郭沫若的最后29年》无论是在思考的深度，还是在可读性上，都远胜过冯锡刚的两部著作。更难能可贵的是，《郭沫若的最后29年》基本上摆脱了《反思郭沫若》的不良影响，对郭沫若的文学创作和人生经历都

---

① 冯锡刚：《"文革"前的郭沫若：1949-1965》，中央文献出版社，2005，第83、97、63页。
② 冯锡刚：《后记》，《郭沫若的晚年岁月》，中央文献出版社，2004，第3、2页。
③ 冯锡刚：《前言》，《"文革"前的郭沫若：1949-1965》，中央文献出版社，2005，第383、384页。

第五章　陈明远伪造书信与"阴阳脸"郭沫若

有作者自己的感悟和判断。比如，对于郭沫若批判胡适和胡风，丁东、冯锡刚等人都大加贬斥，认为他丧失了学者的独立性，屈从于权力。但《郭沫若的最后29年》却注意到了郭沫若在批判胡适时"与政治主流不尽相同的声音"；而对于胡风，作者更是注意到了郭沫若在1952年就曾给过忠告与建议，"这显示郭沫若具有政治远见的同时，是否也显示出与人为善的一面呢？更难能可贵的是，在大多数文艺界人士将胡风视为异端时，郭沫若认为'这是理论问题，一时搞不清楚'，是否显示出他在胡风问题上的宽容与平和的态度呢？"尤其是对郭沫若最被丁东等人奚落的与毛泽东的诗词唱和问题，作者并不将其看成对权力的谄媚，而是看到："对毛泽东本人的敬佩，与毛泽东渐渐密切的私人关系，对毛泽东历史观念、政治理念和价值目标的共鸣等等包括前者在内的诸种复杂因素，共同促成了此后郭沫若与毛泽东的友谊的升温。"这都显示出作者对历史人物的"同情之理解"。不过遗憾的是，尽管作者也清楚陈明远提供的抄件尤其是第三、四批抄件的真伪问题存在"争论"，却被强大的"共识"所裹挟，人云亦云地表示："值得庆幸的是，宏大、整齐的历史叙事，毕竟会拐弯抹角地留下许多裂缝。在这些历史裂缝中，郭沫若可以找到一条吐露些许心声的渠道，我们也可以模模糊糊地看到郭沫若内心世界潜藏很深的另一种滋味。郭沫若和陈明远的通信，现在可以称得上是浮出历史水面的一条隐约的缝隙。"基于这个判断,作者大量引用这些伪信,甚至不惜放弃自己的真实阅读体验而屈从于伪信的内容。这就使得这本著作在一定程度上存在瑕疵。作者认为,《新华颂》"这种以政治叙事、政治抒情、政治感怀为主要内容的诗歌,在一个政治可以移情为审美的泛政治文化语境中,是可以被人们当作诗歌来接受,并认为是理所当然的"。作者虽然引用了第四批抄件中贬斥《新华颂》的文字,却又说:"郭沫若时常好用偏激、夸张之语,如果都不当成诗歌来看待,郭沫若内心深处,可能也未必完全赞同。"其实,假如没有这些伪信的干扰,作者完全可以对《新华颂》做出相对深入的解读。作者对于郭沫若的《国庆颂——一九五八》有着较高评价:"诗歌融现实和想象于一体,思绪从天上到地下、从历史到现实、从国内到国外,中间几经回旋、几经转合,叙事、抒情、言志、载道诸如此类的文学手法和功能,一起展现在诗中。如果仔细阅读,诗人的思路有条不紊,叙事分门别类,结构井井有条,抒情恰如其分,说理张弛有度。"但作者又很快引用第四批抄件中对《百花齐放》的否定,说明"郭沫若对自己这一时期诗歌创作的好坏得失,对诗歌自身价值的优劣,有着清醒而理智的认识和判断"[①]。与对《新华颂》的研究一样,此处作者再次用伪信否定自己的真实判断,让人感到十分可惜。

---

① 贾振勇:《郭沫若的最后29年》,中国文史出版社,2005,第48、51、72、78、93、110~111、112页。

第五章 陈明远伪造书信与"阴阳脸"郭沫若

陈明远、丁东等人基于伪信对"晚年郭沫若"形象的塑造,还影响了学界对《蔡文姬》、兰亭论辩、《李白与杜甫》这些课题的研究。多数研究者在着手开展研究时,总是从"逢场作戏"、诣媚等先入之见出发,于是所谓的成果也不过只是用更细致的材料去证明丁东等人的观点,遮蔽了更为复杂的历史,从而成为"晚年郭沫若"研究质量不高的重要原因。

四

从上述分析中我们可以发现,"晚年郭沫若"研究中出现了这样的怪现象:在未仔细研究"晚年郭沫若"之前,由于部分研究者对新中国历史有着或多或少的伤痕记忆,而郭沫若又曾对那个让他们受到伤害的时代又大唱赞歌,于是他们有了对"晚年郭沫若"带着厌恶情绪的本能反应,为了证明他们这种反应的合理性,他们伪造了郭沫若书信,伪造了相关回忆文字。也就是说,建立在陈明远提供的伪史料基础上的"晚年郭沫若"研究,本是伤痕史学自娱自乐的把戏,与郭沫若无关,但他们却拉来郭沫若做道具,伪造材料得出"晚年郭沫若""表里不一"、"逢场作戏"、诣媚领导却内心痛苦的悲剧形象,这一形象当然是虚假的,但他们却大肆渲染,并通过互联网等渠道广为流传,误导公众。

陈明远和他的朋友们之所以能够通过伪造书信对学界

产生影响,是因为他们和多数学者对新中国历史和文学的看法是一致的。80年代后史学研究中的"现代化范式"、文学史研究中的"重写文学史"思潮、学术史研究中对"为学术而学术"的崇拜,其实是"历史的终结"和资本主义全球化的一种学术表征,是另一种意识形态。陈明远、丁东等人通过伪造材料塑造不真实的"郭沫若"形象,正是这种意识形态作用的结果。

"晚年郭沫若"研究是复杂而艰巨的课题,相关史料有待进一步发掘整理,相关思考需要摆脱情绪化的主观偏见。而目前最重要的工作,就是对因伪史料的渗入而变成乱麻一团的已有研究展开清理,在鉴别史料和获得更多真实材料的基础上,在自觉拆解"非郭沫若"认识装置后,对晚年郭沫若开展客观的、实事求是的研究,以展现其本来面目。

余 论

余 论

笔者认为,之所以出现有关郭沫若在婚姻生活、道德品质、人生道路以及学术成果等方面的各种流言,是因为关于郭沫若以及他所代表的知识分子的奋斗目标、人生路向及活动方式的认识装置发生了改变①。新时期以来,对于中国独特的现代化道路,以及知识分子在这一过程中应扮演何种角色,知识界的认识与20世纪50~70年代有了断裂,产生了全新的认识装置。在这种认识装置之下,我们不能有效与革命中国和社会主义中国对话,故而需要对这种认识装置进行反思。

---

① "认识装置"一词来源于柄谷行人《日本现代文学的起源》(赵京华译,生活·读书·新知三联书店,2003)。

流言与真相
革命视野中的郭沫若

一

在笔者看来，当下很多中国知识分子有一种强烈的"内在移民"（inner emigration）倾向。"内在移民"是阿伦特在分析二战结束后德国人的思想状态时提出来的重要概念。阿伦特认为，部分德国人"把1933年到1945年这段历史当做仿佛从未存在过，仿佛德国、欧洲和世界历史中的这一段可以从史书上抹掉"，"内在移民""是一种奇特的暧昧现象"，"它一方面意味着，某些人身在德国但其行为却仿佛不再属于这个国度，他们在感觉上像是移民；另一方面它又说明，他们并没有真的移民，而只是退缩到了内在的领域，退缩到思想和情感的个体性之中"。"从世界及其公共空间转到一种内在的生活中，或者，完全忽略这个世界，而去热衷于一个幻想的'应然'世界或曾经存在过的世界。"①德国在二战中经历了不光彩的历史，很多德国人无法直面这段历史，于是有了"内在移民"的倾向。在具有"内在移民"倾向的当下中国知识分子那里，革命中国不再成为他们关心的话题，与革命相关的学术活动和学人，成为他们唯恐避之不及的对象。他们"热衷于一个幻想的'应然'世界或曾经存在过的世界"，将民国时期幻想为"黄金十年"。他们着力表彰那些表现个体细腻丰富的内心

---

① 〔美〕汉娜·阿伦特：《黑暗时代的人们》，王凌云译，江苏教育出版社，2006，第16~17页。

余 论

世界、表现文学技术不断创新的作家和作品，赞誉那些与革命保持一定距离的、远离政治纷争的专家学人，沈从文、张爱玲、胡适、陈寅恪等成为他们镜像化的理想人物，不断被追捧，掀起热潮。而郭沫若这样以文学和学术为现实政治服务的人，则被他们蔑视和放逐。

在"内在移民"的心态下，史学史和思想史研究中的学者们提倡"为学术而学术"，他们反复提及的，是陈寅恪的"士之读书治学，盖将以脱心志于俗谛之桎梏，真理因得以发扬。思想而不自由，毋宁死耳"；"惟此独立之精神，自由之思想，历千万祀，与天壤而同久，共三光而永光。"[①]以及胡适的"发明一个字的古义，与发现一颗恒星，都是一大功绩"[②]。这些言论被认为表征了无功利的纯粹学问，是学术现代性的重要内涵。以学术为社会和人民服务的马克思主义史学则被认为是传统的、不够现代的，从而被很多人忽略和抛弃。有学者在20世纪90年代初提出，"在实际生活中，有可能做到学术归学术，政治归政治"。"在研究过程中，政与学，合则两伤，分则两利。""有政见或牢骚，可以写杂文或政论，为了'出一口气'而牺牲学术，实在不值得。上两代学者中不少人为了服从政治权威而放弃学术的尊严，难道我们这代人愿意为了反叛政治权威而

[①] 陈寅恪：《清华大学王观堂先生纪念碑铭》，《金明馆丛稿二编》，上海古籍出版社，1980，第218页。

[②] 胡适：《论国故学》，《胡适文集》（第2卷），北京大学出版社，2013，第296页。

牺牲学术的独立？若如是，殊途同归。之所以苦苦维护学术的独立与尊严，不外认为它比政治更永久，代表人类对于真理的永恒不懈的追求。"① 这典型代表了"为学术而学术"的立场。

新时期以来，随着中国现代文学研究界对政治与革命的反感与抛弃，夏志清的《中国现代小说史》等海外中国现代文学研究著作在大陆产生了巨大影响，与此相呼应，大陆学界提倡"重写文学史"与"二十世纪中国文学"。认同这些观点的学者主张以审美的、个人情感的方式去解读文学作品。刘再复回顾说："80 年代，大陆一群思想者与学人从'文化大革命'的巨大历史教训中得到教育，知道放下政治斗争留下的包袱与敌意是何等重要"，"对任何作家，不管他过去选择何种政治立场，都可以批评，但这种批评应当是同情的，理解的，审美的。"②不看文学的党性与实践功能，而以"审美"作为评判文学的首要标准，正是"重写文学史"以来有关文学的占据主导位置的认识装置。"二十世纪中国文学"的提倡者认为："'二十世纪中国文学'这一概念首先意味着文学史从社会政治史的简单比附中独立出来，意味着把文学自身发生发展的阶段完整性作为研

---

① 陈平原：《学者的人间情怀》，《读书》1993 年第 5 期。
② 刘再复：《张爱玲的小说与夏志清的现代小说史》，《文学八十题》，中信出版社，2011，第 297 页。

余 论

究的主要对象。"①在这一标准下,他们对不符合审美标准的作品做了分离:"搞我们这个专业的人,总感到这一段的文学不太象文学,而且文学家总是在关键时刻很自觉地丢掉文学,很自觉地要求文学不象文学,象宣传品就好了。"②"重写文学史"的提倡者认为,他们"反思的对象,是长期以来支配我们文学史研究的一种流行的观点,即那种仅仅以庸俗社会学和狭隘的而非广义的政治标准来衡量一切文学现象,并以此来代替或排斥艺术审美评论的史论观"③。正如论者所说:"这一观点,也正是文学界倡导的'文学自觉'、'回到文学自身'等文学本体论观念在文学史研究中的反应。"④有论者认为:"在80年代,'纯文学'的标准和'文学现代化'的标准几乎是同时产生和确立的。也就是说,将'文学现代性'理解为'文学现代化',将'文学现代化'又理解为'纯文学'和'现代主义'的追求。这种理解直到90年代被固定为常识。"⑤直到现在,这种"固定"的"常识"仍然支配着很多中国现代文学研究者。

---

① 黄子平、陈平原、钱理群:《论"二十世纪中国文学"》,《文学评论》1985年第5期。
② 陈平原、钱理群、黄子平:《"二十世纪中国文学"三人谈·缘起》,《读书》1993年第5期。
③ 陈思和、王晓明:《主持人的话》,《上海文论》1989年第5期。
④ 李杨:《没有"十七年文学"与"文革文学",何来"新时期文学"?》,《文学评论》2001年第2期。
⑤ 旷新年:《"重写文学史"的终结与中国现代文学研究转型》,《当代作家评论》2003年第2期。

流言与真相
革命视野中的郭沫若

与"为学术而学术""重写文学史"等观念的提倡者理想中的学者文人形象不同,郭沫若与革命和政治结合得十分紧密。

郭沫若自接受马克思主义之后,就不再把自己当成纯粹的诗人或学者,而是以昂扬的姿态,参与到中国革命与现实变革中去。他根据中国现实的变化和革命的需要,不断调整自己的身份角色、写作姿态和研究领域。与马克思一样,郭沫若的首要身份是革命家,他的文学创作和学术研究都是为革命服务的,革命家的郭沫若统摄文学家和学者的郭沫若,成为整体性的郭沫若。

作为文学家,郭沫若没有去建构自己有关伟大作品的理想形态;作为在多个领域都有突破的大学者,郭沫若很少有一以贯之、穷追不舍的特定专业领域。他的创作和研究,始终有着明确的问题意识。这种问题意识与我们在当下规范性的专业领域中所强调的"问题意识"不同。后者仅仅是某一专业内自身需要突破的具体问题,前者则是革命所需要解决的理论问题,是现实所需要解决的群众动员问题。

郭沫若流亡时期从事甲骨文、金文研究,探讨中国古代社会的真相,目的是检验马克思主义关于人类社会发展阶段的理论在中国的适用性。他在抗战和新中国建设时期,写作了大量为普通百姓能读懂的白话新诗,这些诗与那些追求"纯诗",致力于诗艺精进的现代派新诗明显不同。这

余 论

种不同,不是郭沫若本人水平欠佳,而是他有意为之的结果。他需要诗歌发挥社会动员和政治功效,当然就要为更大范围的受众写作。郭沫若对屈原有长期深入的研究,对他的时代背景、生平活动、诗艺特征都有独到的看法,在剧本《屈原》中,他却选择了屈原和南后的关系这一更能为普通观众所能接受的角度去结构全剧,因为他的对象是陪都重庆的普通市民,他需要这些市民对两千多年前的爱国诗人、人民诗人的处境有切身体会,从而争取他们的民族认同和民主追求。中华人民共和国成立后,郭沫若将更多精力投入事务性工作之中,为新中国的文化教育事业竭力贡献自己的聪明才智,他这一时期的学术研究和文学创作,大都体现了鲜明的现实功利目的。

在"重写文学史""为学术而学术"等思潮下,主张学术研究和文学创作为现实政治服务的郭沫若被割裂、鄙弃、放逐。即便是专门从事郭沫若研究的学者,也大多受到这些思潮的左右,形成了颇具影响的"非郭沫若"认识装置。

第一,很多以20世纪学术史和思想史为研究对象的著作对郭沫若避而不谈。在"非郭沫若"认识装置下,强调"为学术而学术",强调学术规范的胡适等人受到推崇,像郭沫若这样的左翼学者,则成了"为了服从政治权威而放弃学术的尊严"被屏蔽在外的异类。只要考察最近20年来比较有影响的中国现代学术史著作,就可以发现"非郭沫若"认识装置是如何发生作用的了。比如陈平原《中国现代学术之建立——以章太炎、胡适之为中心》（北京大学出版社1998年）、罗志田《裂变中的传承——20世纪前期的中国文化与学术》（中华书局2009年）、桑兵《晚清民国的学人与学术》（中华书局2008年）等较有影响的著作在推崇章太炎、胡适、陈寅恪等人的同时，无一例外地对郭沫若、范文澜、翦伯赞、侯外庐、吕振羽等将学术研究与革命和政治紧密结合的马克思主义学者避开不谈。

第二，很多研究者回避郭沫若的马克思主义者和革命者身份。谢保成先生的《郭沫若学术思想评传》十分全面而细致地阐述了郭沫若的学术成就，仍然是目前探讨郭沫若学术成就的必备参考书。但这本重要著作宁肯花相当的篇幅去谈米海里斯的《美术考古学发现史》对郭沫若学术研究的影响，却很少分析对郭沫若影响更为重大的《资本论》《政治经济学批判》《德意志意识形态》《家庭私有制和国家的起源》等马克思主义经典著作。当然，我们可以理解作者的苦心，在"为学术而学术"占据主导的史学史研究中，不提郭沫若接受马克思主义的一面，似乎可以让更多的学者接纳郭沫若，但付出的代价十分沉重，因为去马克思化的郭沫若根本就不是真实的郭沫若。类似成果还有很多，谈郭沫若的甲骨文金文研究、考古工作、古籍整理、先秦思想研究等，大都放置在特定的学术史脉络中去考察，而不谈这些研究在郭沫若革命斗争中的现实意义。

第三，郭沫若研究中出现了"文献史料主义"现象。

余 论

不可否认，文献史料是某一研究的基础和前提，尤其是对某一人物的研究，首先要搞清他的生平经历、人际交往、著述的写作和发表情况等。郭沫若是20世纪中国最为复杂的知识分子之一，著述十分丰富，版本变化多样。从1978年到现在，郭沫若研究真正开展40余年，有关郭沫若的文献史料还有大量工作需要去做。但目前出现新的苗头，就是在部分学者那里，成了为做文献史料而做文献史料，做文献史料高于一切。这其实是在"为学术而学术"的认识装置下从事郭沫若研究。有些研究者以为发现郭沫若的某篇佚文或订正郭沫若研究中的史实错误就是郭沫若研究的目的，事实上离推动郭沫若研究的真正发展还差得远。

第四，受"纯文学"的影响，很多学者否定郭沫若作品尤其是20世纪50~70年代作品的价值。"二十世纪中国文学"的提倡者所举的非文学的例子，正是郭沫若的《防治棉蚜歌》。[①] 有人用"太阳下的蜡烛"来比喻郭沫若在中华人民共和国成立后的形象，认为郭沫若这一时期的创作"无论形式或者精神，在缺少流动性的生命这一点上，它们均达到了极端"。这位论者还将郭沫若的旧体诗与胡风、聂绀弩等相比，认为后者表现出了"坚韧、执着和真挚"，"洋溢着精神活力"，而前者则体现了"个人的、历史的、

---

① 陈平原、钱理群、黄子平：《"二十世纪中国文学"三人谈·缘起》，《读书》1985年第10期。

文学的悲哀"①。还有研究者认为，郭沫若的"敏感阈值太低，好奇心太重，总是浅尝辄止，见异思迁。他所有的作品都像刚刚发现的伟人中学时代练习本，似乎处处流露将来必成大器的闪光点，然而接下来没有下文了，因为作者已经转向另一方面，然后又是刚刚冒出天才的苗头就见异思迁"②。无论是说郭沫若的作品中缺少"精神"，缺少"生命"，说他的作品不像文学作品，还是说他的作品像"伟人中学时代练习本"，"见异思迁"，其实都是以"纯文学""审美"作为标准衡量的结果。

第五，除了直接否定郭沫若作品的"审美"特性外，更多研究者是以审美分析这种研究"纯文学"的方法去探讨郭沫若的作品。对文学作品进行审美分析，在20世纪形成了一些成熟的理论方法，包括新批评、叙事学理论等，这些理论强调回到文本，强调对文本的审美特性，诸如含混、反讽、张力、隐喻、叙事模式、叙事人称等进行分析。自"二十世纪中国文学""重写文学史"等思想观念占主导地位后，对现代文学作品开展审美分析的成果越来越多，关于郭沫若文学作品审美研究的著作和学术论文不断出现，比如《女神》的诗艺分析，郭沫若戏剧作品的结构分析等。很多成果在对郭沫若文学作品进行分析时，会自觉不自觉地与鲁迅、老舍、曹禺等人的作品做对比，在对比中总能

---

① 李辉：《平和，或者不安分》，河南文艺出版社，2002，第48、58、55页。
② 刘仲敬：《泛滥的郭沫若》，爱思想网·历史学专栏，2015年4月29日。

余 论

得出郭沫若作品某些方面的不足。也就是说,开展这种范式的研究工作之前,我们总是存在什么是好作品的先入之见,然后以此为尺度和标准,去衡量郭沫若作品的价值和意义。还有一些学者用郭沫若前期的符合"审美"标准的作品去否定他20世纪50~70年代的作品。其实,"审美"只是一种人为的建构,并没有放之四海皆准的标准与尺度。更何况郭沫若很多作品本来就不是为"审美"而写作的,他有另外的写作目的和方式。所以从叙事理论、新批评理论等审美的范式去研究郭沫若某一方面的成果,尽管可以拓展和局部地提升郭沫若研究,对于郭沫若的某一阶段或一个小的方面是适用的,但并不能认为这就尽了郭沫若研究之能事,反而需要警惕这种研究有可能矮化和肢解郭沫若,将郭沫若纳入本不属于的系统和模式之中。

其实,将郭沫若分割为历史学家和文学家从而在不同的研究领域分头讨论,本身就是"非郭沫若"认识装置的重要特点。随着对学术独立的强调,我们的专业分工越来越细,这导致我们常常用一孔之见去肢解整体性的郭沫若。这就需要我们突破自己的专业局限,综合文学史、史学史、思想史、革命史等学科的方法,从整体上理解和把握郭沫若。这当然对研究者的知识背景和学术能力包括古文字、文学作品的解读能力、中国古代社会史和思想史的知识和视野等提出了更高的要求,但如果不这样要求,我们就不可能真正理解和读懂郭沫若。

流言与真相
革命视野中的郭沫若

二

要求"维护学术的独立与尊严",反感通过学术谈政治,其实只是在威权和谋略的层面理解"政治",而忽略了"政治"作为维护社会公平正义、改善人民生活和处境的意义。这种凸显学术、不具体分析"政治"的内涵而一味贬低现实政治的观点,不仅不符合学术发展的历史,也必然抽空学术的现实根基,让学术如空中楼阁,沙上建塔、缥缈无垠、无所依附,也就降低了学术的价值。古往今来,真正的大学者必然将他的学问与社会现实紧密结合,学术为解决现实问题服务,处理现实问题的能力建立在丰厚的学养根基之上。中国学术历来就有经世致用、资治通鉴的传统,郭沫若将学术和革命统一起来,正是处于这一传统之中。即便在资本主义全球化的今天,仍然有不少学者对"为学术而学术"有着反省和批判。萨义德就曾尖锐指出:"每位知识分子的职责就是宣扬、代表特定的看法、观念、意识形态,当然期望它们能在社会发挥作用。宣称只是为了他或她自己、为了纯粹的学问、抽象的科学而写作的知识分子,不但不能相信,而且一定不可以相信。20世纪的大作家热内就说过,在社会发表文章的那一刻就已经进入了政治生活;所以如果不要涉及政治,那就不要写文章或发表意见。"[①] 从

---

① 〔美〕萨义德:《知识分子论》,单德兴译,陆建德校,生活·读书·新知三联书店,2002,第92~93页。

余 论

这个角度来看,学术研究从来都不可能是纯粹的,所谓"为学术而学术",要么是一厢情愿,要么是某些学者出于特定目的掩饰自己的意识形态倾向。从某种角度上说,近年来学界所推崇的胡适等学者,与郭沫若的主要区别在于前者为当时的政府服务,而后者则为人民服务;而并非某些学者认为的胡适是独立学者,而郭沫若是为政治而"牺牲学术独立"的不纯净的学者。

著名马克思主义者葛兰西认为,对于知识分子的理解,"最普遍的方法上的错误便是在知识分子活动的本质上去寻求区别的标准,而非从关系体系的整体中去寻找",所以一些哲学家、科学家、理论家或许会"感到自己不间断的历史延续性和自己的特性,因此自认为能够自治并独立于居统治地位的社会集团"。"这些知识分子以此自认为是'独立的'、自治的并且具有自我特性等等",事实上他们并不能够独立于一定的社会集团,相反,他们与占统治地位的社会集团有着千丝万缕的联系,可以说本身就是统治集团的有机知识分子。与这些旧的统治集团的有机知识分子不同,新产生的社会集团"同时有机地制造出一个或多个知识分子阶层,这样的阶层不仅在经济领域而且在社会与政治领域将同质性以及对自身功用的认识赋予该社会集团"。当新的社会集团逐渐走向统治地位时,它就会同化"传统"知识分子,使他们变成本集团的有机知识分子。"任何在争取统治地位的集团所具有的最重要的特征之一,就是它为同化和'在意识形态上'征服传统知识分子在做斗争,该集团越是成功地构造其有机的知识分子,这种同化和征服便越快捷、越有效。"①所以在葛兰西看来,所有知识分子都是属于某一社会集团的有机知识分子。有机知识分子应"构建本阶级的意识形态,并使后者认识自己的使命,进而使这种意识形态成为渗透到整个社会的世界观"②。

郭沫若虽然在五四时期有"传统"知识分子的特点,但在接受马克思主义之后,他就被无产阶级的政党所同化,成为无产阶级的有机知识分子。无论是全面抗战期间,还是社会主义建设时期,当无产阶级政党在进行新的实验时,作为它的有机知识分子,郭沫若有责任自觉去维护、宣扬这场实验,我们无权以后知之明要求郭沫若背叛他的阶级和他所属的社会集团。有机知识分子并不是要自我封闭在某一疆域,也不是要孜孜追求系统的理论体系,而是根据其所属社会集团的需要,不断调整自己的研究领域和研究方向,甚至不断更正自己的观点。马克思、恩格斯都是这样的人,郭沫若也是这样的人。很多学者从"传统"知识分子的立场出发,责怪郭沫若变得太快,指责郭沫若谄媚或是愚忠,这其实都是"非郭沫若"认识装置作用下的偏见。

---

① 〔意〕葛兰西:《狱中札记》,曹雷雨等译,河南大学出版社,2015,第1、4、5、8页。
② 田时纲:《译序》,葛兰西《火与玫瑰》,人民出版社,2008,第9页。

余 论

对"非郭沫若"认识装置进行反思,也就是要重新正视郭沫若的革命者这一身份。这既符合历史事实,也符合现实需要。但这种正视并不简单。郭沫若与一般职业革命者不同,他的革命理念和相关实践隐藏在他的著作之中,他的著作对此不仅有很多明白的表示,也有很多碍于条件和环境不得不为之的隐微修辞,这些有待研究者去钩沉烛照。当然,正视郭沫若的革命者身份,并不否定他有着丰富多元的其他身份,甚至他有时还会对革命者这一身份有质疑和反思。但在研究郭沫若的其他身份时,革命者的身份也应该作为一个不存在的存在,作为一种潜在的结构性因素。确定郭沫若革命者的身份,并非要对什么是革命以及革命的标准有本质化的理解,革命在郭沫若那里,更多的是作为一种活动方式,是郭沫若与现实相处、构思作品的重要维度。只有这样,才能有效地对"非郭沫若"认识装置进行反思和拆解,并将郭沫若作为一个整体进行探讨。

郭沫若长期处于中国革命的旋涡之中,他参加过辛亥革命、大革命、全面抗日战争、解放战争、社会主义建设等现代中国几乎所有的重大历史事件,并在这些事件中处在比较核心的位置。郭沫若具有多重身份,不仅是革命者,也是文学家、历史学家、古文字学家、书法家等,以他为中心,辐射出既有深度也有广度的现代中国文化图景。郭沫若的多重身份和复杂经历,使他成为我们研究现代中国的一个绝佳标本。研究郭沫若并不仅仅是研究一个历史人

流言与真相
革命视野中的郭沫若

物,而且是同他所代表的中国革命知识分子和五四以来的 20 世纪中国文化对话。对话者由于各自的知识背景、价值观念和现实利益的不同,对话的姿态也就迥异,所以郭沫若始终处于争议中心。这种对话冲动不仅来自学界,也来自公众,所以有关郭沫若的很多话题都是社会舆论不断提出来并广泛关心的。如何解答这些问题,不仅需要知识积累,更需要有经过操练的思想,并自觉不自觉地凸显解答者的立场和观念。

本书所讨论的有关郭沫若的流言都为舆论普遍关心。遗憾的是,除部分问题外,郭沫若研究界对此大都缺乏有力的分析和回应,作为郭沫若研究者,我们是有责任的。郭沫若研究的现实性非常强,某种意义上可以说是学术研究中的"十字街头",而很多郭沫若研究者仅在"象牙塔"中自说自话。这一方面可能是我们的知识储备不够,没有能力回答舆论广泛关心的问题;另一方面也因为我们认识不足,未将自己的研究提升到应有的高度,很多研究者甚至有意回避争议话题。

郭沫若引起舆论的广泛关注,受到极大程度的质疑与抹黑,这不但不会给郭沫若研究带来麻烦,而且给郭沫若研究带来深入和繁荣的契机,但关键要看研究者是否有将挑战变为机遇的勇气和能力。除了鲁迅,还有哪一位中国现代作家能像郭沫若那样,在网络上被广泛讨论并引起巨大争议呢?公众对这一问题的参与热情恰好说明了郭沫若

余　论

研究的巨大潜力。郭沫若研究的进一步深入，必须走向"十字街头"，深入回答公众关心的问题，否则只能越走越窄，成为"象牙塔"中的高级玩物。中国现代文学研究早已告别了20世纪80年代的繁荣和广受关注的景象，成为波澜不惊、与现实越来越远的学术自留地，而郭沫若研究最有可能成为撬动这一局势的杠杆。

反思"非郭沫若"认识装置，质疑有关郭沫若的文学和学术的本质化理解，取消作为衡量郭沫若的"纯文学""为学术而学术"等标准，将郭沫若放置到20世纪中国社会、政治、革命、学术、文学等流动关系中去解读，从而对整体性郭沫若展开更深入的研究；通过郭沫若研究，对20世纪中国做出真正的反思，并将郭沫若作为对话对象，作为资源和方法，去寻求知识分子与政治、社会、阶层、种族、媒体等构建新型关系的另一种可能性。这才是郭沫若研究的题中应有之义。

三

"重写文学史""为学术而学术"影响下的"非郭沫若"认识装置的出现，主要源自知识界对"历史的终结"和资本主义全球化的急切拥抱。伴随着这种拥抱的，是知识界对自身身份从有机知识分子到"传统"知识分子的定位，以及因专业分工的深化和钻进学术象牙塔所带来的活动领域的窄化。这些都导致了今天知识界对郭沫若难有感同身受的理解。

有学者已经指出，当下学术研究中的"现代化范式"，包括与这一范式相呼应的"二十世纪中国文学"的提倡、"为学术而学术"的兴起等，其实都是冷战时代的美国社会科学界为了对付社会主义阵营而发明的研究模式。80年代中国知识界对这些范式的拥抱，"与其说是从传统社会向现代社会的启动，毋宁说这仅仅是基于民族—国家内部视野而作出的将西方视为理想现代化道路的'典范'的、带有明显西方中心主义色彩的'启蒙主义'阐释"①。随着国际学术界对以美国为代表的自由民主的反思和重新兴起的马克思主义研究热潮，以及中国在全球化过程中所产生的种种问题所导致的现实需要，中国知识界需要从80年代所形成的那种对全球资本主义的理想主义式的拥抱热情中摆脱出来，重新定位自己的社会角色和知识结构，重新调整自己与政权、民众、媒体之间的关系。在此过程中，必须认真面对和严肃思考革命中国的经验教训。

认真面对整个20世纪中国，既不是无条件拥抱全球资本主义，也不意味着要回到改革开放前，而是"面对新的经验，就理应在反省传统左翼的同时，扬弃自由主义传统，实现否定之否定，构建包容性更强的理论"②，在"构建包容性更强的理论"的过程中，作为与革命中国和社会主义

---

① 贺桂梅：《思想中国：批判的当代视野》，广东人民出版社，2014，第15页。
② 祝东力：《我们这一代人的思想曲折》，（台湾）《批评与再造》2005年2月号。

余 论

中国紧密联系在一起的郭沫若，理应作为我们重新思考20世纪中国时需要汲取的重要资源。如果长期处于"非郭沫若"认识装置中而不持有一种反省的立场，我们不仅可能遗憾地错过这一资源，也可能根本就深入不到20世纪中国的肌理之中，构建不出面对现实和阐释历史的更具包容性的理论。

参考文献

参考文献

一　报刊档案

《新青年》（1919 年）
《少年中国》（1920 年）
《时事新报》（1921～1922 年）
《创造》（1922～1924 年）
《中国青年》（1923 年）
《读书杂志》（1923 年）
《创造周报》（1923～1924 年）
《创造月刊》（1926～1928 年）
《学艺》（1923 年）
《孤军》（1923～1925 年）
《洪水》（1926 年）

《独立青年》（1926年）

《新月》（1933年）

《社会新闻》（1934年）

《国闻周报》（1935年）

《东方文艺》（1936年）

《现世界》（1936年）

《质文》（1936年）

《中国文艺》（1937年）

《中华公论》（1937年）

《中国诗坛》（1937年）

《文学》（1937年）

《文坛》（1942年）

《抗战文艺》（1943年）

《周报》（1945年）

《民主》（1946年）

《群众》（1946年）

《文萃》（1946~1947年）

《大众文艺丛刊》（1948年）

《科学通报》（1951年）

重庆《新华日报》（1941~1942年、1947年）

延安《解放日报》（1941年、1946年）

上海《联合日报晚刊》（1946年）

上海《文汇报》（1946~1947年）
上海《大公报》（1946~1947年）
天津《益世报》（1946年）
天津《大公报》（1947年）
香港《华商报》（1947~1948年）
《光明日报》
《人民日报》
中国科学院档案（1955、1960）
郭沫若纪念馆馆藏资料

二 著作类

郭沫若等：《三叶集》，上海：亚东图书馆，1920。

郭沫若：《女神》，上海：泰东图书局，1921。

北社编《1919年新诗年选》，上海：亚东图书馆，1922。

〔日〕河上肇：《社会组织与社会革命》，郭沫若译，上海：商务印书馆，1925。

郭沫若：《文艺论集》，上海：光华书局，1925。

漆树芬：《帝国主义经济侵略下之中国》，上海：光华书局，1925。

郭沫若：《三个叛逆的女性》，上海：光华书局，1926。

郭沫若：《沫若诗集》，上海：创造社出版部，1928。

郭沫若：《恢复》，上海：创造社出版部，1929年再版。

郭沫若：《中国古代社会研究》，上海：上海联合书店，1930。

郭沫若：《文艺论集续集》，上海：光华书局，1931。

郭沫若：《创造十年》，上海：现代书局，1932。

郭沫若：《黑猫》，上海：现代书局，1933。

朱湘：《中书集》，上海：生活书店，1934。

郭沫若：《豕蹄》，上海：不二书店，1936。

郭沫若：《离沪之前》，上海：今代书店，1936。

郭沫若：《创造十年续编》，上海：北新书局，1938。

郭沫若：《羽书集》，香港：孟夏书店，1941。

郭沫若：《凤凰》，重庆：明天出版社，1944。

郭沫若：《十批判书》，重庆：群益出版社，1945。

郭沫若：《青铜时代》，重庆：文治出版社，1945。

许杰：《文艺，批评与人生》，上饶战地图书出版社，1945。

郭沫若：《苏联纪行》，上海：中外出版社，1946。

郭沫若：《地下的笑声》，上海：海燕书店，1947。

郭沫若：《盲肠炎》，上海：群益出版社，1947。

郭沫若：《天地玄黄》，上海：大孚出版公司，1947。

郭沫若：《历史人物》，上海：海燕书店，1947。

〔德〕米海利斯：《美术考古一世纪》，郭沫若译，上海：群益出版社，1948。

郭沫若：《郭沫若选集》（上），北京：开明书店，1951。

郭沫若：《抗战回忆录》（样本），上海：群益出版社，1951。

郭沫若：《海涛》，北京：新文艺出版社，1951。

郭沫若：《石鼓文研究》，商务印书馆，1951，第3版。

参考文献

郭沫若:《中国古代社会研究》,人民出版社,1954。

郭沫若:《管子集校》,科学出版社,1956。

郭沫若:《洪波曲——抗战回忆录》,《人民文学》1958年7~12月号。

郭沫若:《洪波曲》,百花文艺出版社,1959。

郭沫若:《文史论集》,人民出版社,1961。

郭沫若:《读随园诗话札记》,作家出版社,1962。

郭沫若:《李白与杜甫》,人民文学出版社,1971。

郭沫若:《郭沫若全集·历史编》(1-4卷),人民出版社,1982。

桑逢康编《〈女神〉汇校本》,湖南人民出版社,1983。

黄淳浩编《郭沫若书信集》,中国社会科学出版社,1992。

《郭沫若全集·考古编》(第5、10卷),科学出版社,1992。

《郭沫若全集·文学编》(全20卷)、人民文学出版社,1982~1992。

陈永志编《〈女神〉校释》,华东师范大学出版社,2008。

蔡震编:《〈女神〉及佚诗》,人民文学出版社,2008。

〔美〕汉娜·阿伦特:《黑暗时代的人们》,王凌云译,江苏教育出版社,2006。

〔美〕萨义德:《知识分子论》,单德兴译,陆建德校,生活·读书·新知三联书店,2002。

〔日〕柄谷行人:《日本现代文学的起源》,赵京华译,生活·读书·新知三联书店，2003。

〔意〕葛兰西：《狱中札记》，曹雷雨等译，河南大学出版社，2014。

〔意〕葛兰西：《火与玫瑰》，田时纲译，人民出版社，2008。

《阿英全集》（第2卷），安徽教育出版社，2003。

《北京百科全书·总卷》，奥林匹克出版社，2002。

《尘封的记忆：茅盾友朋手札》，文汇出版社，2004。

《悼念郭老》，生活·读书·新知三联书店，1979。

《反思郭沫若》，作家出版社，1998。

《傅斯年文集》（第3卷），中华书局，2017。

《公正评价郭沫若》，中共中央党校出版社，1999。

《顾颉刚日记》（第10卷），中华书局，2011。

《郭沫若百年诞辰纪念文集》，社会科学文献出版社，1994。

《郭沫若研究文献汇要》（卷十），上海书店，2012。

《郭沫若与中西方文化》，当代中国出版社，1998。

《胡适文集》（第2卷），北京大学出版社，2013。

《列宁选集》（第3、4卷），人民出版社，2012。

《列宁专题文集·论资本主义》，人民出版社，2009。

《马克思恩格斯文集》（1~10卷），人民出版社，2009。

《马克思恩格斯选集》（第3卷），人民出版社，2012。

《毛泽东年谱1949-1976》（第6卷），中央文献出版社，2013。

《瞿秋白百周年纪念——全国瞿秋白生平和思想研讨会论文集》，中央文献出版社，1999。

参考文献

《沈从文全集》（第 12、13、14、16、17、18、19 卷），北岳文艺出版社，2002。

《沈从文研究资料》（下），知识产权出版社，2011。

《新四军和华中抗日根据地人物词典》（上），中共党史出版社，2016。

《崖州志》，广东人民出版社，1963。

《阳翰笙百年纪念文集》（第 3 卷），中国戏剧出版社，2002。

《叶圣陶集》（第 21 卷），江苏教育出版社，1994。

《中国民主同盟历史文献》，文史资料出版社，1983。

《中国新文学大系·诗集》，上海：良友图书印刷公司，1935。

《周而复文集》（第 19 卷），文化艺术出版社，2004。

《朱自清全集》（第 3、10 卷），江苏教育出版社，1998 年。

《竺可桢全集》（第 21 卷），上海科技教育出版社，2007。

安文江：《找人说人话》，广东人民出版社，2004。

白井重范、王风编《左翼文学的时代——日本"中国三十年代文学研究会"论文选》，北京大学出版社，2012。

陈明远：《劫后诗存》，世界知识出版社，1988。

陈明远：《透视名人的心理奥秘》，中央编译出版社，2013。

陈寅恪：《金明馆丛稿二编》，上海古籍出版社，1980。

程凯：《革命的张力》，北京大学出版社，2014。

董延梅：《君子兰的情意：编书忆旧》，百花文艺出版社，1991。

范文澜主编《中国通史简编》（修订本第三编第二册），人民出版社,1965。

废名、朱英诞:《新诗讲稿》,北京大学出版社,2008。

冯锡刚:《"文革"前的郭沫若:1949—1965》,中央文献出版社,2005。

冯锡刚:《郭沫若的晚年岁月》,中央文献出版社,2004。

冯至:《杜甫传》,人民文学出版社,1952。

傅庚生:《杜甫诗论》,古典文学出版社,1956。

顾颉刚:《当代中国史学》,上海古籍出版社,2006。

何静恒:《月亮神》,北京时代华文书局,2014。

〔日〕河上肇:《河上肇自传》(上),储元熹译、龙仁校,商务印书馆,1963。

贺桂梅:《思想中国:批判的当代视野》,广东人民出版社,2014。

胡适:《白话文学史》,安徽教育出版社,2006。

黄侯兴:《郭沫若:"青春型"的诗人》,山东人民出版社,1994。

吉少甫:《郭沫若与群益出版社》,上海百家出版社,2005。

季羡林:《清华园日记》,人民文学出版社,2015。

贾振勇:《郭沫若的最后29年》,中国文史出版社,2005。

金达凯:《郭沫若总论:三十至八十年代中共文化活动的缩影》,台湾:台湾商务印书馆,1988。

金介甫:《沈从文传》,符家钦译,国际文化出版公司,2005。

旷新年:《新文学的镜像》,广东人民出版社,2014。

参考文献

李辉:《平和,或者不安分》,河南文艺出版社,2002。

李向东、王增如:《丁玲传》,中国大百科全书出版社,2015。

梁漱溟、田新民:《李闻案调查报告书》,上海:民主出版社,1946。

林甘泉、蔡震主编《郭沫若年谱长编》,中国社会科学出版社,2017。

林甘泉主编《郭沫若与中国史学》,中国社会科学出版社,1992。

刘德有:《随郭沫若战后访日——回忆与纪实》,辽宁人民出版社,1988。

刘奎:《诗人革命家:抗战时期的郭沫若》,北京大学出版社,2019。

刘再复:《回归古典,回归我的六经——刘再复讲演集》,人民日报出版社,2011。

刘再复:《文学八十题》,中信出版社,2011。

〔德〕尼采著:《善恶的彼岸》,朱泱译,团结出版社,2001。

钱理群等:《中国现代文学三十年》,北京大学出版社,1998。

桑逢康:《现代文学大师品评》,中央编译出版社,1996。

沈从文:《花花朵朵 坛坛罐罐——沈从文文物与艺术研究文集》,外文出版社,1994。

四川大学马列主义教研室、中共党史科研组编《政治协商会议资料选编(内部资料)》,1979。

《王国维全集》(第8卷),浙江教育出版社,2010。

王锦厚等编《郭沫若纵横论》，成都出版社，1992。

王戎笙：《郭沫若书信书法辨伪》，兰州大学出版社，2005。

王瑶：《中国新文学史稿（下）》，新文艺出版社，1953。

闻少华：《周佛海评传》，武汉出版社，1990。

吴世勇：《沈从文年谱》，天津人民出版社，2006。

吴永平：《〈胡风家书〉疏证》，中国社会科学出版社，2012。

吴征镒：《百兼杂感随忆》，科学出版社，2008。

夏志清：《新文学的传统》，台湾：台湾时报文化出版事业有限公司，1979。

萧涤非：《杜甫研究》，山东人民出版社，1956。

谢保成：《郭沫若评传》，百花洲文艺出版社，1995。

邢小群：《郭沫若的30个细节》，陕西人民出版社，2013。

徐彬如：《六十年历史风云纪实》，中国文联出版公司，1991。

张劲夫：《怀念集》，中共中央党校出版社，1994。

中国人民大学马列主义发展史研究所编《马克思主义史》（第2卷），人民出版社，1995。

中国人民政治协商会议长沙市委员会文史资料研究委员会编《长沙文史资料》（第2辑），1985。

中央档案馆等编《上海革命历史文件汇集（中共上海区委文件）一九二六年——一九二七年》，1986。

周恩来：《周恩来书信选集》，中央文献出版社，1988。

周国平：《岁月与性情：我的心灵自传》，长江文艺出版社，2004。

宗白华:《中国哲学史提纲》,重庆大学出版社,2014。

Pu Wang: *The Translatability of Revolution: Guo Moruo and Twentieth-Century Chinese Culture* Harvard University Press 2018.

三 文章类

〔苏联〕H. 费达林柯:《论郭沫若的诗歌创作》,王维良等译,《人文科学杂志》1958年第6期。

《郭沫若同志就〈李白与杜甫〉一书给胡曾伟同志的复信》,《东岳论丛》1981年第6期。

《郭沫若与吴宫草讨论〈"六一"颂〉一诗的信》,淮阴师专编《活页文史丛刊》第32期。

《恽逸群遗作选》,上海《社会科学》1981年第2期。

卜庆华:《"飞向自由的王国"——试论郭沫若成为马克思主义的道路》,《湖南师院学报》(哲学社会科学版)1983年增刊。

蔡震:《遗香犹自透尘埃——郭沫若纪念河上肇的若干佚诗文》,《现代中文学刊》2012年第5期。

曹建坤:《1945-1949年间中国共产党与自由主义势力的关系研究》,中央党校博士学位论文,2007年。

陈俐:《郭沫若政治转向过程中的人际关系探微》,《新文学史料》2011年第3期。

陈明远:《诗歌——我生命的翅膀》,《人物》1986年第5~6期。

陈平原、钱理群、黄子平：《"二十世纪中国文学"三人谈·缘起》，《读书》1993年第5期。

陈平原：《学者的人间情怀》，《读书》1993年第5期。

陈榕甫：《杜甫优劣古今谈》，上海《文汇报》1980年12月17日。

陈守宁：《缘起"文夕大火"的是是非非——〈洪波曲〉之修订隐情》，《书屋》2015年第10期。

陈思和、王晓明：《主持人的话》，《上海文论》1989年第5期。

陈徒手：《午门城下的沈从文》，《读书》1998年第10期。

丁东：《逢场作戏的悲哀》，《书屋》1996年第4期。

丁东：《郭沫若书信案又有新说法》，《南方周末》1996年12月27日。

高信：《〈洪波曲〉余波》，《书房写意》，上海远东出版社，2009。

龚刚：《反浪漫主义的诗学檄文——解析钱锺书唯一的新文学作品论》，《文学评论》2016年第3期。

顾颉刚：《我的治学计划》，张岱年主编《传统文化与现代化》1993年第2期。

郭静洲、熊卫国：《张治中与郭沫若　赤诚相待传佳话》，《文史春秋》2001年第3期。

郭平英：《陈明远与郭沫若往来书信质疑》，《文艺报》1996年5月10日。

参考文献

韩诚:《一波三折的〈洪波曲〉》,《新文学史料》2017年第1期。

何刚:《郭沫若对马克思主义的早期理解——以郭沫若与孤军社论战为主的考察》,《辽宁行政学院学报》2010年第7期。

胡可先:《论〈李白与杜甫〉的历史与政治内涵》,《杜甫研究学刊》1998年第4期。

黄子平、陈平原、钱理群:《论"二十世纪中国文学"》,《文学评论》1985年第5期。

解志熙:《爱欲抒写的"诗与真"——沈从文现代时期的文学行为叙论(下)》,《中国现代文学研究丛刊》2012年第12期。

柯灵:《心向往之——悼念茅盾同志》,《上海文学》1981年第6期。

旷新年:《"重写文学史"的终结与中国现代文学研究转型》,《南方文坛》2003年第1期。

雷仲平:《读〈新潮〉之惑》,《文艺报》1996年5月24日。

黎焕颐:《一道畸形的文化风景线》,《随笔》1998年第2期。

李斌:《〈老同志〉与沈从文创作转型的努力》,《中国现代文学研究丛刊》2019年第4期。

李斌:《郭沫若思想中的尼采资源新探》,《中国现代文学研究丛刊》2016年第4期。

李斌:《鲁迅逝世后北平文化界的反响》,《北京社会科学》

2009年第6期。

李斌:《沈从文的土改书写与思想改造》,《中国现代文学研究丛刊》2018年第4期。

李斌:《现代作家在抗战时期的身份认同与社会位置——以郭沫若、沈从文的关系为出发点》,《抗战文艺研究》(第6辑),广西师范大学出版社,2012。

李衡:《难忘的激情》,《云南日报》1979年12月9日。

李虹:《河上肇与中国的马克思主义传播》,武汉大学博士学位论文,2013年。

李扬:《从佚文〈新书业和作家〉看沈从文与郭沫若的关系》,《新文学史料》2012年第1期。

李杨:《没有"十七年文学"与"文革文学",何来"新时期文学"?》,《文学评论》2001年第2期。

李一氓:《北伐和南昌起义(下)》,中共中央党史研究室编《中共党史资料》(第40辑),中共党史资料出版社,1992。

李怡:《国家与革命——大文学视野下郭沫若的思想转变》,《学术月刊》2015年第2期。

廖久明:《正题戏说——〈马克思进文庙〉之我见》,《郭沫若学刊》2005年第1期。

林甘泉:《郭沫若早期的史学思想及其向唯物史观的转变》,《史学史研究》1992年第2期。

刘海洲:《国家话语中的"时代颂歌"——论郭老建国后的诗歌创作》,《郭沫若学刊》2013年第4期。

刘海洲：《时代的反讽　人生的反思——论郭沫若的〈李白与杜甫〉》，《文艺评论》2011年第2期。

刘奎：《郭沫若的翻译及对马克思主义的接受（1924—1926）》，《现代中文学刊》2012年第5期。

刘纳：《重读〈李白与杜甫〉》，《郭沫若学刊》1992年第4期。

刘悦坦、魏建：《苏俄无产阶级革命文化与郭沫若的思想"转换"》，《长白学刊》2002年第2期。

刘再复：《媚俗的改写》，《当代作家评论》2010年第2期。

柳阳：《"西来意"与"东土法"——郭沫若之马克思主义唯物史观的接受》，《郭沫若学刊》2008年第4期。

楼栖：《论郭沫若的诗》，《文学研究》1957年第2期。

糜华菱：《郭沫若和沈从文的文字恩怨》，《新文学史料》2001年第3期。

潘世圣：《关于郭沫若与"孤军派"关系的概略考察》，《广西师范学院学报》1986年第1期。

钱三强：《忆我尊敬的长者——郭老》，《光明日报》1982年11月17日。

裘锡圭、曹峰：《"古史辨"派、"二重证据法"及其相关问题——裘锡圭先生访谈录》，《文史哲》2007年第4期。

〔日〕三田刚史：《留日中国学生论马列主义革命——河上肇的中国学生与〈孤军〉杂志》，《徐州师范大学学报》2005年第5期。

邵燕祥：《〈李白与杜甫〉传达了晚年郭沫若怎样的心灵信息》，《北京日报》2004年9月6日。

税海模：《关于郭沫若研究文献的思考》，《新文学史料》2007年第4期。

宋剑华、田文兵：《现代文学话语转型中的"郭沫若现象"》，《湘潭大学学报（哲学社会科学版）》2005年第5期。

田居俭：《郭沫若与中国马克思主义史学》，《历史研究》1992年第2期。

汪晖：《作为思想对象的二十世纪中国（上）——薄弱环节的革命与二十世纪的诞生》，《开放时代》2018年第5期。

王锦厚：《略论对〈李白与杜甫〉的批评》，《郭沫若研究专刊》（第四集），《四川大学学报》编辑部，1983。

王丽丽、程光炜：《郭沫若后期的文化心态》，《新文学史料》2002年第4期。

王南湜：《李大钊对马克思主义内在张力的意识及其意蕴》，《南京大学学报》（哲学·人文科学·社会科学）2012年第6期。

王鹏程、储峰：《大革命时期〈中国青年〉对国家主义的批判探微》，《湖湘论坛》2016年第3期。

王璞：《从"奥伏赫变"到"莱茵的葡萄"——"顿挫"中的革命与修辞》，《现代中文学刊》2012年第5期。

参考文献

王廷芳：《〈新潮〉的作者到底是谁?》，《郭沫若学刊》1996年第4期。

王维燊：《从〈女神〉中两首诗的修改谈〈女神〉的研究》，《破与立》1979年第4期。

王琰：《〈李白与杜甫〉：悼己、悼子、悼李杜的三重变奏》，《福州大学学报》（哲学社会科学版）2013年第4期。

闻黎明：《李闻惨案之善后》，《近代史研究》2011年第4期。

吴奚如：《郭沫若同志和党的关系》，《新文学史料》1980年第2期。

谢保成：《从"神交"到"握手言欢"——郭沫若与历史语言研究所20年》，《郭沫若研究年鉴2010卷》，人民出版社，2011。

谢保成：《写〈李白与杜甫〉的苦心孤诣》，《郭沫若学刊》2012年第2期。

谢新华：《郭沫若同志和党的关系探疑》，《郭沫若学刊》1999年第1期。

谢泳：《郭沫若内心有话》，《书城》1996年第3期。

邢小群：《试析郭沫若在大跃进年代的诗歌活动——从〈百花齐放〉到〈红旗歌谣〉》，《中国青年政治学院学报》2003年第3期。

熊权：《郭沫若对河上肇的接受与修改》，《中国现代文学研究丛刊》2017年第1期。

颜炼军：《1925，马克思与孔子对话——以郭沫若小说〈马克思进文庙〉为中心》,《现代中文学刊》2013 年第 1 期。

杨建民:《〈洪波曲〉问世引发的一场论争》,《中华读书报》2019 年 3 月 20 日。

杨建民、邓志勇:《郭沫若张治中论争"长沙大火"》,《党史博采》2005 年第 4 期。

杨胜宽:《〈李白与杜甫〉研究综述》,《郭沫若学刊》2009 年第 2 期。

杨希祖:《郭老和〈辞海〉》,《出版》1979 年第 12 期。

杨芝明:《关于〈女神〉的初版和一九二八年版本》,《安徽师范大学学报》1978 年第 4 期。

叶汉明:《从"中间派"到"民主党派":中国民主同盟在香港(1946~1949)》,《近代史研究》2003 年第 6 期。

余建新:《恽代英在反对国家主义斗争中的贡献》,《杭州师范学院学报》1992 年第 1 期。

翟清福、耿清珩:《一桩学术公案的真相——评余英时《〈十批判书〉与〈先秦诸子系年〉互校记》,《中国史研究》1996 年第 3 期。

张光年:《论郭沫若早期的诗》,《诗刊》1957 年 1 月号。

张剑平:《郭沫若向马克思主义者转变史料略论》,《郭沫若学刊》2010 年第 3 期。

张声卫:《第一次国内革命战争时期中国共产党对国家主义派的斗争》,《历史教学》1979 年第 10 期。

参考文献

张新颖：《黄永玉先生聊天记》，《钟山》2017年第1期。

张亦驰：《杜甫"冤案"》，《北京晚报》1980年9月6日。

赵德教：《国家主义派在第一次国内革命战争时期的反革命活动——兼谈共产党人对国家主义派的斗争》，《史学月刊》1982年第2期。

周汝昌：《李杜文章磋谤伤》，《杜甫研究学刊》1996年第4期。

周文：《郭沫若与"孤军派"——兼论其对国家主义的批判》，《新文学史料》2016年第2期。

周文萍：《郭沫若与沈从文的"文字情结"》，《郭沫若学刊》1995年第3期。

朱敏彦：《恽代英对国家主义派的批判》，《山东医科大学学报》（社会科学版）1991年第2期。

朱受群：《郭沫若与河上肇及其〈社会组织与社会革命〉》，《江西师院学报》1980年第2期。

祝东力：《我们这一代人的思想曲折》，（台湾）《批评与再造》2005年2月号。

后 记

后　记

2018年5月，中国现代文学馆邀请我演讲，题目为《如何正确评价郭沫若》；翌月，"女神读书会"微信群请我讲《后革命时代的郭沫若评价》。两次演讲都引起了一定的反响。

"女神读书会"将我的演讲整理成文字在微信公众号上刊布后，复旦大学中国研究院的林凌兄读后很感兴趣。他刚好来北京出差，我们在北京大学见面。他约我8月份去上海一趟，在复旦大学中国研究院与观察者网合作主办的"观天下讲坛"第30期做《谣言与真相——纪念与重新认识郭沫若》的演讲。演讲在哔哩哔哩直播，腾讯、优酷视频都有转载。演讲稿整理后在"观学院"微信公众号上以《究竟谁在抹黑郭沫若？为什么?》刊发，多家网站和一些

流言与真相
革命视野中的郭沫若

内刊转载。此后,我还以同样的主题在中国人民大学、清华大学、中国社会科学院党校等学校的课堂上和同学们交流,也在杭州、宁波一些高校做过演讲,得到了比较热烈的反响。每次出席会议或友朋聚会,都有学者主动和我谈起有关郭沫若的"谣言",或认可我的观点,或提出疑问,切磋砥砺,我对此的思考也逐渐完善。

中国社会科学杂志社的王兆胜先生读了我刊发在"观学院"上的演讲整理稿后,鉴于此文没有正式发表,建议我整理好后投稿给《中国文学批评》,这就是发表于该刊2019年第2期的《有关郭沫若的五个流言及真伪》。此文被"中国学派"微信公众号推送,包括"中国历史研究院"在内的十多家微信公众号转载。"中国历史研究院"官方微博转发后,获得了上百万的点击量。很多学界前辈发来鼓励信息。一位我所尊敬的学部委员敦促我编一本批驳有关郭沫若流言的书以正视听。他说你在郭沫若纪念馆,你们不承担这个责任让谁去承担呢?我把这当成一项重要任务。

郭沫若故乡四川省乐山市沙湾区的领导读了《有关郭沫若的五个流言及真伪》后,请我给中共乐山市沙湾区委理论学习中心组做一次同题报告。报告结束后,沙湾区区委袁仕伦书记邀我将这次报告拓展,写一本批驳有关郭沫若流言的书,由他们资助出版。我略作思考就答应了下来,因为这次演讲其实是我很多文章的浓缩,把这些文章组织构架起来,是可以成为一本书的。这就是本书的出版因由。

后　记

　　给本书取了这个标题后，不禁忐忑不安。这标题听起来响亮，征求策划者意见，他们也同意，而我也确实以这样的题目做过多次演讲，似乎也就顺理成章了。但我担心：很多人看见标题会掂量，这是学术著作吗？流言一般传于大众之口，大众不明真相，但对于学者来说这不就是常识吗？这本书只是把学术常识讲给大众听的普及读物吧？读者如果这样想，我未免有点冤。本书的每一节都是严肃的学术文章。最早的文字是关于"《女神》形象"生成的，写于我初到中国社会科学院郭沫若纪念馆工作的2011年秋天，以《郭沫若心中的〈女神〉》为题发表于《郭沫若学刊》2012年第1期。讨论郭沫若批评沈从文的部分，写于2012年，曾分别发表于《中国现代文学研究丛刊》2013年第7期与《郭沫若学刊》2013年第4期。"余论"中的部分文字曾以《对"非郭沫若"认识装置的反思》为题发表于《文艺理论与批评》2017年第5期。第一章第一节以《河上肇早期学说、苏俄道路与郭沫若的思想转变》为题发表于《文学评论》2017年第5期。关于《李白与杜甫》的讨论发表于《首都师范大学学报》2017年第4期。第五章曾分别发表于《首都师范大学学报》2018年第3期与《当代文坛》2018年第1期。"绪论"中的部分文字曾以《"妖魔化"郭沫若是拒绝与中国的"短二十世纪"对话》为题发表于《东方学刊》2018年冬季卷。第四章第一节以《"做学问的革命家"：郭沫若的治学目的与成就》为题发表于中国历史研究院新创办的《历史评论》上。最后完成的是《张治中与〈洪波曲〉的修改》与《郭沫若的党籍与党龄》，写于 2019 年夏天，前者发表于《传记文学》2019 年第 11 期，后者发表于《海南师范大学学报》2020 年第 4 期。当然，随着认识的深化，以及从本书的整体性、统一性出发，我对上述文章都做了补充或删改。

上述文章刊发后，多篇被《新华文摘》《人大复印报刊资料》《郭沫若研究年鉴》等转载，很多微信公众号主动联系推送。在此，我对邀请我做相关演讲，刊发和转载、推送这些文章的王锦厚、陈俐、廖久明、张中良、傅光明、王兆胜、罗岗、何吉贤、张洁宇、崔柯、刘艳（首都师范大学）、姚丹、周群、林凌、李音、陈艳、向芬、窦兆锐、赵雷、俞武松、斯日、张勇、晏洁等诸位师友表示敬意。也对支持本书出版的中共乐山市沙湾区委尤其是区委宣传部的朋友们表示感谢，对高雁编辑的辛苦付出致以谢意。在此，还要感谢在百忙之中为本书写下推荐语的张伯江和王兆胜先生。郭平英老师通读了书稿，指出了一些错讹，这是值得铭记的。

本书中的部分文字在上述刊物发表后，李松睿兄在《守成与创新的变奏——2018 年度现代文学研究综述》（《华中师范大学学报》2019 年第 4 期）中认为"郭沫若研究无疑是近年来中国现代文学研究的一大亮点"，具体来说：

后　记

在 2018 年度，最引人注目的郭沫若研究成果当数李斌的《建立在伪史料基础上的"晚年郭沫若"研究》、《陈明远与层累的"郭沫若现象"》、《"妖魔化"郭沫若是拒绝与中国的"短二十世纪"对话》等论文。这一系列文章均以严肃认真的态度，用扎实的史料和事实说话，对诸如《蒋委员长会见记》的写作背景、黄淳浩编《郭沫若书信集》中所收郭沫若致陈明远的 57 封信的真伪问题、伪诗《毛主席赛过我亲爷爷》等广为流传的谣言进行辨析，试图还原出一个真实的郭沫若形象，并为净化网络生态、廓清谣言以及抵制历史虚无主义做出了重要贡献。此外，李斌还对形成使这类伪史料能够流传甚广的社会氛围的原因予以分析，并指出其对学术研究的危害。这类辨伪的研究虽然只是抵制了谣言的流行，并没有为学术界提供新的知识，但其意义却无论如何也不能低估。特别是对郭沫若研究来说，由于这个研究对象一段时期被刻意抹黑，使得相关研究的推进较为困难，也很少有新的研究者加入到研究队伍中去，而只有驱散围绕在郭沫若身边的种种谣言，才能吸引新的研究者参与到郭沫若研究的事业中来，为学术研究的正常发展提供健康的社会氛围。

在我的研究尚有争议的情况下，作为著名青年学者的

流言与真相
革命视野中的郭沫若

李松睿兄对我的研究做了公开的充分肯定,让我十分感动。松睿兄的评论我绝大部分都赞成。但松睿兄认为我这三篇文章"没有为学术界提供新的知识",我得略作申辩,也请松睿兄理解我的苦衷。我对于"新的知识"的理解可能和松睿兄稍有不同,在我看来,"新的知识"是个相对的概念:既可以是"新材料",也可以指"新观点";对于部分学者来说不是"新的知识",但对于另一部分学者来说可能就是"新的知识"。我这三篇文章的确"新材料"不多,但也并非没有,比如引用了郭沫若有关胡风问题的未刊稿;"新观点"也不少,比如对陈明远伪造书信的动机的剖析。何况对于绝大多数学者来说,他们通过这三篇文章第一次知道郭沫若研究中居然存在如此严重的伪史料问题,而且初步了解了这些伪史料的产生和传播过程,这对于他们也就是"新的知识"了。

而且我担心有些人会误读,以为包含上述三篇文章的本书也没有"提供新的知识"。这也需要我有所声明。从"新材料"的角度来说,本书很多章节为学界提供了"新的知识"。比如在学界首次对沈从文《从现实学习》这篇文章的初刊文和全集本做了校勘,得出了沈从文对此文的关键改动,对这篇文章的写作背景进行钩沉,首次披露了王康的《沈从文批判》这篇重要文献;首次将《李白与杜甫》放在1949年后的杜甫研究谱系中,并详细比较了郭沫若与萧涤非、傅庚生、冯至等人的杜甫研究的异同以及郭沫若

后 记

写作该书的心态；首次揭示了郭沫若为将张治中的信作为《洪波曲》的附录所写的《附录》；首次披露了邓颖超和聂荣臻办公室有关郭沫若的党籍和党龄的信。除了"新材料"，本书也为学界提供了很多"新观点"。本书中所界定的很多"流言"并非来自大众的一知半解，而出自著名学者。关于郭沫若修改作品出于"媚俗""投机"、《李白与杜甫》是为了逢迎领袖、《斥反动文艺》导致沈从文改行等观点都出自著名学者。更为重要的是，对于郭沫若的流言，学界长期以来缺乏建立在第一手资料上的系统澄清，以致以讹传讹，对郭沫若研究造成了严重的负面影响，本书有感而发，辨别真伪、澄清流言，指出目前绝大部分对郭沫若的"反思"都是虚假的，我们需要深入与20世纪中国对话，在此基础上才可能真正反思郭沫若，这也算得上提供了"新的知识"。

作为年轻学者，我这些观点受到了一些误解、批评和质疑，承担了相当的压力。但学术研究总不能一团和气，应该敢于挑战前辈，敢于在扎实材料的基础上提出独立见解。而且我还得再次申明，郭沫若并非不能反思，我也不是要将郭沫若再次"神话"，相反，我觉得真正反思并充分汲取20世纪中国的经验教训并将之作为构建我们新的主体的重要资源，离不开对郭沫若的深入反思。只是我们的反思必须建立在真实的、可靠的、丰富的材料基础之上。对于真正反思郭沫若，本书所做的工作虽然只是廓清迷雾，但也算奠定了一定的基础。

  本书写作前后长达八年，关于成书的想法是最近才有的，故而本书在整体性、前后照应上可能有些地方还欠考虑。同时，囿于见识和材料，本书中的很多观点和论述也可能会有所不周。这些都欢迎师友们批评指正，以便以后有机会继续完善。

李　斌

2019 年 9 月 10 日初稿

2020 年 2 月 27 日修改

2021 年 8 月 13 日改定

出版后记

出版后记

　　四川沙湾人杰地灵，钟灵毓秀，走出了很多伟大人物，郭沫若是杰出代表。

　　郭沫若是坚定的马克思主义者。他参加了北伐战争，担任北伐军总政治部副主任。他参加了南昌起义，担任了中国国民党革命委员会主席团成员兼宣传委员会主席。在起义部队撤退途中，他由周恩来、李一氓介绍加入中国共产党，此后长期作为中共秘密党员，发挥重要作用，为党的事业做出了重要贡献。他参加了全面抗日战争，担任国民政府军事委员会政治部第三厅厅长。他是1946年政协的38位代表之一，战斗在国统区民主运动的前沿。中华人民共和国成立后，郭沫若担任政务院副总理兼文化教育委员会主任、全国人民代表大会常务委员会副委员长、全国政协副主席、中国科学院院长、中国文联主席、中国人民保

流言与真相
革命视野中的郭沫若

卫世界和平大会委员会主席这些重要职务。他长期奋斗在科教文卫、人民外交等领域，贡献卓著。

郭沫若是五四新文化运动的重要参与者，他的《女神》奠定了中国新诗的基础，全面抗战时期，创作了《屈原》等历史剧，代表了当时历史剧创作的最高水平。郭沫若是中国马克思主义史学派的领军人物，研究涉及历史学、考古学、文学、古文字学等诸多学科，在中国古代社会分期、古籍整理、古文字释读、重要历史人物考论以及思想史、形象史、文学史、书法史等多个领域，均取得了令人瞩目的丰硕成果。他亲自编辑学术刊物、延揽和培养史学人才、指导考古发掘、领导擘画了许多重要的史学研究工作。

党和国家领导人对郭沫若的贡献给予高度评价。1944年11月21日，毛泽东同志给郭沫若写信说："武昌分手后，成天在工作堆里，没有读书钻研机会，故对于你的成就，觉得羡慕。你的《甲申三百年祭》，我们把它当作整风文件看待。小胜即骄傲，大胜更骄傲，一次又一次吃亏，如何避免此种毛病，实在值得注意。""你的史论、史剧有大益于中国人民，只嫌其少，不嫌其多，精神决不会白费的，希望继续努力。"[①] 1941年11月16日，周恩来同志在《新华日报》上发表《我要说的话》："郭沫若创作生活二十五

[①] 《毛泽东给郭沫若的信》，中共中央文献研究室、中央档案馆编《建党以来重要文献选编（一九二一——一九四九）》（第21册），中央文献出版社，2011，第634页。

出版后记

年,也就是新文化运动的二十五年。鲁迅自称是'革命军马前卒',郭沫若就是革命队伍中人。鲁迅是新文化运动的导师,郭沫若便是新文化运动的主将。鲁迅如果是将没有路的路开辟出来的先锋,郭沫若便是带着大家一道前进的向导。"① 郭沫若逝世后,邓小平同志代表中共中央所致的悼词认为:"郭沫若同志是我国杰出的作家、诗人和戏剧家,又是马克思主义的历史学家和古文字学家。""他和鲁迅一样,是我国现代文化史上一位学识渊博、才华卓具的著名学者。他是继鲁迅之后,在中国共产党领导下,在毛泽东思想指引下,我国文化战线上又一面光辉的旗帜。"② 2016年,习近平总书记在哲学社会科学工作座谈会上的讲话中指出:"在长期实践探索中,产生了郭沫若、李达、艾思奇、翦伯赞、范文澜、吕振羽、马寅初、费孝通、钱钟书等一大批名家大师,为我国当代哲学社会科学发展进行了开拓性努力。"习近平总书记首先提到的就是郭沫若。

作为郭沫若的故乡,沙湾以郭沫若为骄傲,沙湾人民以郭沫若为骄傲。我们长期以来都将弘扬"沫若文化"作为工作重点。我们维护并开放了郭沫若故居,新建了郭沫若纪念馆(沙湾),接待了来自世界各地的瞻仰者。我们开设有关郭沫若的专题讲座,组织全区党员干部学习郭沫若。

---

① 周恩来:《我要说的话》,《新华日报》1941年11月16日。
② 邓小平:《在郭沫若同志追悼会上的悼词》,《悼念郭老》,生活·读书·新知三联书店,1979,第1、2页。

流言与真相
革命视野中的郭沫若

在郭沫若精神的激励下,我们努力把沙湾建设得更好。

近年来,对于郭沫若的生活经历、道德人品出现了一些不实之词,歪曲和抹黑了郭沫若形象,对维护"沫若文化"造成了负面影响。我们认为,这些建立在不实之词基础上的对郭沫若的抹黑言词流布较广,危害也较大。为此,我们邀请中国社会科学院研究员、中国郭沫若研究会秘书长、著名学者李斌先生写作本书。我们坚信,清者自清、浊者自浊,任何对郭沫若的抹黑都是暂时的,随着民族文化自信的不断增强,我们会越来越尊重历史事实,郭沫若的功绩也将获得越来越多的人承认。

本书由徐岳泉、汪秀丽、王一君、干世伦同志为顾问,杨国忠同志策划,杨柳、王盼盼、李宇琨同志亦为此书的出版做出贡献。作为沙湾人,能为发扬"沫若文化"贡献绵薄之力,这是我们的荣幸。

中共乐山市沙湾区委宣传部
2021 年 9 月 6 日

图书在版编目(CIP)数据

流言与真相:革命视野中的郭沫若/李斌著. --北京:社会科学文献出版社,2021.10
ISBN 978 - 7 - 5201 - 9064 - 0

Ⅰ.①流… Ⅱ.①李… Ⅲ.①郭沫若(1892-1978)-人物研究 Ⅳ.①K825.6

中国版本图书馆 CIP 数据核字(2021)第 191502 号

流言与真相:革命视野中的郭沫若

著　者 / 李　斌

出 版 人 / 王利民
责任编辑 / 高　雁
责任印制 / 王京美

出　　版 / 社会科学文献出版社(010)59367226
　　　　　 地址:北京市北三环中路甲29号院华龙大厦　邮编:100029
　　　　　 网址:www.ssap.com.cn
发　　行 / 市场营销中心(010)59367081　59367083
印　　装 / 三河市东方印刷有限公司

规　　格 / 开 本:880mm×1230mm　1/32
　　　　　 印 张:12.25　插 页:0.25　字 数:233千字
版　　次 / 2021年10月第1版　2021年10月第1次印刷
书　　号 / ISBN 978 - 7 - 5201 - 9064 - 0
定　　价 / 89.00元

本书如有印装质量问题,请与读者服务中心(010 - 59367028)联系

版权所有 翻印必究